베조스의 청사진,
커뮤니케이션 기술

**베조스의 청사진,
커뮤니케이션 기술**

초판 1쇄   2023년 7월 10일

지은이 카민 갤로
옮긴이 이정미
발행인 최홍석

발행처 ㈜프리렉
출판신고 2000년 3월 7일   제 13-634호
주소 경기도 부천시 길주로 77번길 19 세진프라자 201호
전화 032-326-7282(代)   **팩스** 032-326-5866
URL www.freelec.co.kr

편   집 박영주
디자인 황인옥

ISBN 978-89-6540-364-7

이 책은 저작권법에 따라 보호받는 저작물이므로 무단 전재와 무단 복제를
금지하며, 이 책 내용의 전부 또는 일부를 이용하려면 반드시 저작권자와
㈜프리렉의 서면 동의를 받아야 합니다.

책값은 표지 뒷면에 있습니다.

잘못된 책은 구입하신 곳에서 바꾸어 드립니다.

이 책에 대한 의견이나 오탈자, 잘못된 내용의 수정 정보 등은 프리렉
홈페이지(freelec.co.kr) 또는 이메일(help@freelec.co.kr)로 연락 바랍니다.

아마존 퇴사자들이
대놓고 훔쳐온
성공 방정식

제프 베조스식
설득과 협업의
기술

베조스의 청사진,
커뮤니케이션 기술

카민 갤로 지음 이정미 옮김

프리렉

THE BEZOS BLUEPRINT

Copyright © 2022 by Carmine Gallo

Published by arrangement with St. Martin's Publishing Group. All rights reserved.

Korean translation copyright © 2023 by Freelec

Korean translation rights arranged with St. Martin's Press

through EYA Co.,Ltd

이 책의 한국어판 저작권은 EYE Co.,Ltd를 통해

St. Martin's Press와 독점계약한

주식회사 프리렉에 있습니다.

저작권법에 의하여 한국내에서 보호를 받는 저작물이므로

무단전재 및 복제를 금합니다.

세상의 모든 몽상가에게

감사의 말

담대한 꿈을 좇을 때 곁에 옹호자가 있으면 도움이 된다. 바네사 갤로Vanessa Gallo는 내 옹호자다. 우리는 1996년에 만났고 2년 후 결혼했다. 바네사의 변함없는 지지는 내게 열정을 추구할 수 있는 자신감과 용기를 줬다. 바네사와 나는 CEO와 리더들을 탁월한 커뮤니케이터로 변모시키는 사업을 운영하고 있으며, 하버드 대학교에서 함께 경영자 교육 수업을 즐겁게 가르치고 있다. 두 딸 조세핀Josephine과 렐라Lela는 바네사와 나를 훌륭한 롤 모델로 삼아 잘 따라줬다.

내 집필 작업을 지지해준 세인트 마틴 출판사St. Martin's Press 팀에게도 감사를 표한다. 세인트 마틴 출판 그룹 회장인 샐리 리처드슨Sally Richardson은 회사에서의 50주년을 기념할 만큼의 베테랑이다. 그런 샐리와 함께 일하게 돼 정말 기쁘다. 세인트 마틴 출판사의 편집자 팀 바틀렛Tim Bartlett은 친구이자 조언자며, 항상 내 글의 질을 높여주는 조력자다. 세인트 마틴 출판사의 영업팀, 마케팅팀, 홍보팀과 내 글을 음성으로 바꿔준 맥밀란 오디오Macmillan Audio의 훌륭한 직원들에게도 감사를 전한다.

작가 대리인인 로저 윌리엄스Roger Williams와의 오랜 인연에도 깊이 감사한다. 로저, 자네의 귀한 통찰, 피드백, 역사 수업에 감사하네.

기조연설 대리인인 브라이트사이트 스피커스BrightSight Speakers의 톰 닐센Tom

Neilssen과 레스 투르크Les Tuerk는 사적으로는 내 홍보인이자 스승이고, 친구이며, 영감을 주는 사람들이다. 내게 길잡이가 되어준 두 사람에게 감사한 마음을 전한다.

어머니 주세피나Giuseppina, 형 티노Tino, 형수 도나Donna, 조카 프란체스코Francesco와 닉Nick과 같은 사랑스러운 가족들과 함께할 수 있음을 축복으로 생각한다. 가족 모두에게 사랑을 전한다.

또 내 책을 지지해 주는 독자 여러분에게도 깊은 감사를 전하고 싶다. 여러분의 놀라운 아이디어가 세상을 발전시키는 원동력이 될 것이다.

여러분의 성공을 기원하며

카민Carmine

차례

감사의 말 ··· 06

서론 매일이 첫날이다 ··· 15
- 제품이 아닌 꿈을 팔아라 ·· 20
- 채용 조건: 일류 커뮤니케이션 능력 ································ 23
- 베조스를 연구하는 이유 ·· 25
- 4만 8,062단어 ·· 26
- 마음과 정신을 설득하라 ·· 30

1부 의사소통의 기초를 세워라
THE BEZOS BLUEPRINT

1장 이제 단순함이 최고다 ·· 37
- 단순화는 경쟁자보다 한 수 더 앞서 나가는 것이다 ········ 41
- 청중을 이해하라 ··· 48
- 워런 버핏의 '명료한 글쓰기를 위한 간단한 비결' ·········· 52
- 단 620단어로 구현해 낸 27년의 혁신 ···························· 54
- 데이터의 바다에서 길을 잃지 마라 ································· 55

2장 오래된 단어에 대한 현대적 재해석 · 61

- 위기 상황에서는 쉽고 짧은 단어를 택하라 · 67
- 사람들에게 복잡한 개념을 설명하는 방법 · 70
- 아포리즘, 강력한 아이디어를 압축해 표현하라 · 74
- 유명한 제프이즘 · 75
- 오마하의 현자 · 77
- 탁월한 커뮤니케이터는 듣기 좋은 글을 쓴다 · 79

3장 눈부시고, 반짝이고, 빛나는 글 · 83

- 1. 주어와 동사로 문장을 시작하라 · 91
- 2. 강조할 내용에 맞게 단어를 배치하라 · 92
- 3. 능동태를 많이 사용하라 · 94
- 4. 강한 동사를 사용하라 · 97
- 5. 동사 수식어와 '애매모호한 말'은 피하라 · 100
- 6. 문장 길이에 변화를 줘라 · 101
- 7. 병렬 구조를 써라 · 104

4장 로그라인, 한 문장으로 요약한 핵심 개념 · 109

- 제임스 패터슨의 '확실한 이점' · 113
- 로그라인 · 117
- 핵심부터 이야기하라 · 121
- 아마존식 정확성 · 125
- 거꾸로 일하는 베조스 · 130

5장 기억에 남는 은유 · 135

- 생명이 없는 것에 생명 불어넣기 · 139

- 피자 두 판 팀 ⋯⋯ 143
- 피자 두 판을 싱글 스레드로 대신하기 ⋯⋯ 145
- 베이글 한 다스 법칙 ⋯⋯ 149
- 플라이휠 ⋯⋯ 151
- 커뮤니케이션 도구로서 은유 사용하기 ⋯⋯ 154

6장 유추, 커뮤니케이터의 '가장 강력한' 무기 ⋯⋯ 161

- 유레카의 순간 ⋯⋯ 165
- 물구나무서기 유추 ⋯⋯ 168
- 전구는 최초의 '킬러 앱'이었다 ⋯⋯ 170

2부 이야기 구조를 구축하라

7장 3막으로 구성된 서사시적 스토리텔링 ⋯⋯ 181

- 3막 구조 ⋯⋯ 187
- 아직 첫날이다 ⋯⋯ 193
- 이야기를 연구하는 학생이 되어라 ⋯⋯ 200

8장 기원설 ⋯⋯ 205

- 골리앗, 다윗을 만나다 ⋯⋯ 210
- 백 번의 거절, 400억 달러가 되다 ⋯⋯ 212
- 여행의 대변혁 ⋯⋯ 214
- 100단어로 설명하는 기원설 ⋯⋯ 216

9장 정보를 배가하는 내러티브 ···················· 221

- 제프의 그림자 ···················· 224
- 모든 것을 바꿔 놓은 에세이 ···················· 225
- 내러티브: 좋은 의도보다 좋은 메커니즘이 쓸모 있다 ···················· 229
- 훌륭한 내러티브 메모를 작성하기 위한 5가지 전략 ···················· 232
- 무시하기에는 너무 훌륭한 내러티브 ···················· 240

10장 앞으로 나아가기 위해 거꾸로 일하기 ···················· 249

- 오프라가 가장 좋아하고, 또 '좋아하는 것' ···················· 255
- 베조스의 '빨간 펜' ···················· 261
- 명확하고 정확한 사고를 유도하는 글쓰기 ···················· 264
- 거꾸로 일하면 경력이 빠르게 발전한다 ···················· 267
- 모두를 일치시키기 ···················· 270

11장 이끄는 자는 읽는 자다 ···················· 275

- 지금보다 더 많은 책을 읽어야 하는 4가지 이유 ···················· 280
- 목적을 갖고 읽는 3가지 방법 ···················· 283

3부 함께 계획을 이행하라

THE BEZOS BLUEPRINT

12장 활력 있는 프레젠테이션, 청중에게 영감을 ···················· 293

- 발표에 활력을 불어넣어라 ···················· 297

- 탁월한 커뮤니케이터로 변신한 베조스 ··· 299
- 스티브 잡스를 '타고난' 연사로 만든 노력 ··· 306

13장 사명을 주문mantra으로 삼아라 ··· 313

- 10배 더 많이 전달하기 ··· 316
- 고객에 대한 강박적 집착 ··· 320
- 애플의 핵심 ··· 323
- 스티브 잡스가 190포인트 글씨를 사용한 이유 ··· 326
- 목적의 옹호자들 ··· 327
- 정전, 1,500억짜리 아이디어의 도화선이 되다 ··· 330
- 집착이 여러분을 찾을 것이다 ··· 333

14장 큰 아이디어를 전하는 상징 ··· 337

- 오래된 뇌에 내장된 상징주의 ··· 340
- 상징은 강력한 수사적 도구다 ··· 343

15장 데이터를 인간화하다 ··· 347

- 첨단 기술 세계의 고대 두뇌 ··· 351
- 가치를 창출하라 ··· 357

16장 갤로 메소드: 15초 안에 아이디어 설득하기 ··· 361

- 커뮤니케이션에서 가장 강력한 숫자 ··· 364
- 갤로 메소드 메시지 맵 템플릿 ··· 366

| 결론 | 발명하고 방황하라 | 375 |

찾아보기 ·· 382

☑ 일러두기

- 이 책의 '참고문헌 및 출처'는 [프리렉 홈페이지 자료실]에서 별도 PDF 파일로 확인하실 수 있습니다. 본문 인용문은 숫자 위첨자로 표시되어 있습니다.

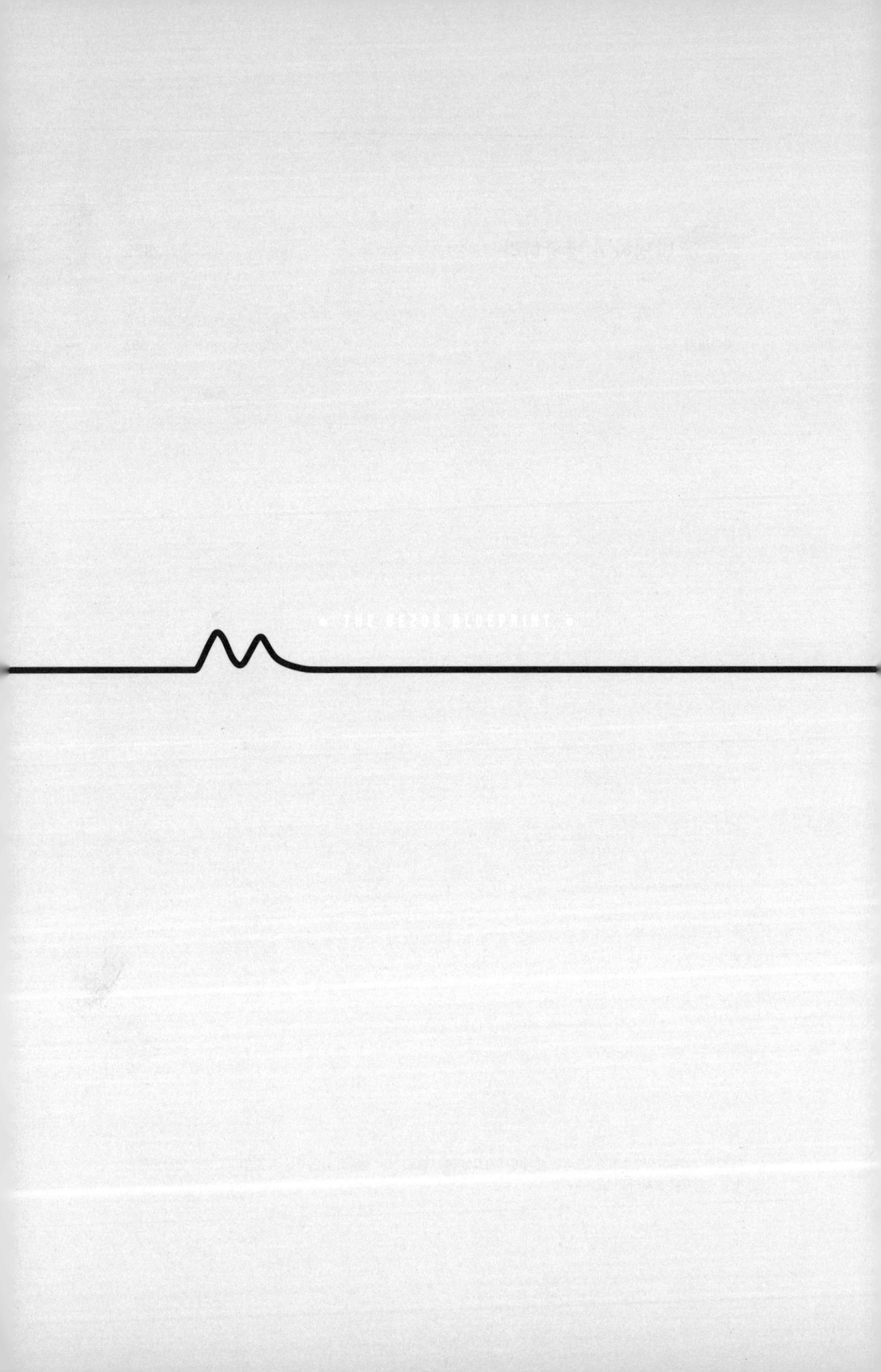

✦ THE BEZOS BLUEPRINT ✦

서론

매일이 첫날이다

THE BEZOS BLUEPRINT

    2004년 여름, 아마존의 CEO 제프 베조스_Jeff Bezos_는 리더십팀을 깜짝 놀라게 할 결정을 내렸다. 파워포인트 사용을 금지한 것이다. 아마존의 경영진은 슬라이드와 글머리 기호_bullet point_ 대신, 메모_memo_*와 내러티브_narrative_** 형식으로 아이디어를 제시해야 했다. 세계 최고의 전자 상거래 기업이 최신 프레젠테이션 도구를, 발명된 지 5,000년이 넘은 고대의 의사소통 방식인 '글'로 대체한 것이다. 새로운 시스템에서는 모든 사람이 간단한 단어, 간결한 문장, 명확한 설명으로 아이디어를 공유해야 했다. 베조스가 도입한 이 청사진은 향후 20년간 아마존의 놀라운 성장을 촉진하는 토대가 됐다.

    제프 베조스는 대담한 아이디어를 세계에서 가장 영향력 있는 회사로 바꿔 놓은 몽상가다. 그 과정에서 그는 리더가 프레젠테이션을 수행하고, 아이디어를 공유하고, 공동 비전을 중심으로 팀을 단결시키는 방식을 근본적으

---

* 여기서 말하는 '메모'는 Memorandum의 약어로, 포스트잇 등에 쓰는 간단한 것이 아니라, "특정 문제에 대한 정보를 포함하는, 관련된 사람이나 그룹을 위해 특별히 준비된 짧은 서면 보고서"를 의미한다. 다만 일반적으로 목록과 요약, 표 등을 포함하는 보고서와 달리 베조스의 보고서는 이야기 구조가 있는 줄글에 가까우므로, 뉘앙스 전달을 위해 원어인 메모를 그대로 표기하기로 한다. _편집주

** 어떤 사물이나 사실, 현상에 대하여 일정한 줄거리를 가지고 하는 말이나 글 _편집주

로 재해석하는 전략을 만들었다. 리더십과 의사소통을 연구해온 베조스는 사람들이 불가능하다고 여겼던 일을 성취하게끔 동기를 부여하는 방법을 알고 있었다. 이제 그가 사용했던 도구를 여러분도 사용할 수 있게 됐다.

이 책은 억만장자 베조스나 전자 상거래 대기업인 아마존에 관한 책이 아니다. 그러한 주제는 다른 책들에서도, 부의 역할이나 아마존의 영향력에 대한 무수한 토론에서도 다뤄지고 있다. 이 책에서는 모든 독자에게 적용될 수 있는, 보다 근본적인 것을 말하고자 한다. 《베조스의 청사진, 커뮤니케이션 기술》은 아마존의 성장기에서 간과되고 과소평가된 부분이자, 여러분의 삶과 직업적 성공의 기초가 되는 주제를 중점적으로 다룬다. 바로 **의사소통**이다.

베조스를 차별화해 주는 그의 글쓰기와 스토리텔링 기술에 집중한 저자는 지금껏 아무도 없었다. 베조스가 24년 동안 주주 서한을 작성하면서 사용한 4만 8,000여 단어를 분석한 책도 없었다. 또 베조스의 커뮤니케이션 모델을 도입해 자신의 회사를 설립한 전직 아마존 임원과 CEO들을 인터뷰한 저자도 없었다.

실리콘 밸리의 한 전설적인 벤처 투자자는 경영대학원 학생들이 베조스의 글쓰기와 커뮤니케이션 전략에 대해 배워야 한다고 내게 이야기했다. 심지어 그는 자신이 20년만 더 젊었어도 직접 학생들을 가르쳤을 것이라 말하기도 했다.

베조스는 아마존 임직원들이 글쓰고, 협업하고, 혁신하고, 설득하고, 발표하는 방식을 개선하기 위해 일련의 커뮤니케이션 도구를 앞장서 개발했다. 그렇게 함으로써 그는 시애틀 차고에서 일하는 소규모 팀이 세계에서 가장 많은 직원을 고용한 기업 중 하나로 성장할 수 있는 확장 가능한 모델을 만들었다. 한마디로, 베조스는 **청사진**$_{\text{blueprint}}$을 그린 것이다.

나는 하버드 디자인 대학원Harvard University Graduate School of Design의 고급 리더십 프로그램에서 경영진을 대상으로 커뮤니케이션 기술을 가르치고 있다. 그들은 '건축 환경built environment' 분야의 리더들이자 전 세계의 멋진 구조물, 건물, 도시를 만들어낸 건축가와 개발자들이다. 그들의 비전은 더 스마트하고, 더 건강하고, 더 친환경적이고, 전체적으로 더 살기 좋은 곳을 만드는 것이다. 투자자, 이해관계자, 지역 사회 사람들을 설득하지 못한다면 뭔가 만들어질 가능성이 거의 없기 때문에, 커뮤니케이션 기술 교육은 해당 프로그램 교과 과정에서 필수적인 요소이다.

하지만 아무리 원대한 비전을 갖고 있어도, 청사진이 없으면 아무 일도 일어나지 않는다.

청사진은 설계자의 비전을 상세한 모델로 바꾸어, 다른 사람들이 그 아이디어를 분명히 이해하고 실현해 낼 수 있게 해준다. 청사진은 건설 과정에 참여하는 모든 사람이 같은 생각을 갖고 있는지 확인하기 위한 평면도 역할을 한다. 또 청사진은 확장 가능하므로, 기사, 도급업자 및 작업자가 비전을 현실화하는 자리에 설계자가 직접 참석할 필요가 없다.

제프 베조스는 자선 활동과 우주 탐사에 대한 열정을 추구하기 위해 2021년 아마존의 CEO 자리에서 물러났지만, 그가 만들어낸 커뮤니케이션 청사진은 사내 모든 부서의 직원과 리더 모두에게 계속해서 모범이 되고 있다. 현재 아마존 경영진은 베조스가 27년의 재임 기간 동안 연설, 인터뷰, 프레젠테이션에서 일관되게 반복했던 것과 동일한 언어를 사용하며, 동일한 원칙에 대해 설명한다.

베조스가 아마존에서 개발한 커뮤니케이션 전략은, 아마존의 거대한 발자취마저 훌쩍 뛰어넘었다. 아마존의 별명이 '미국의 CEO 공장'이 될 정도로, 전직 아마존 직원 중 많은 이가 자신의 스타트업을 설립해 여러분의 삶에 영향을 미치고 있다. 그들은 《월스트리트 저널》이 "기업계에 제프 베조스의 비즈니스 복음을 전파하는 아마존의 이탈자들", **아마조니언스**Amazonians라 부르는 집단에 속한 사람들이다. 여러분이 이 책에서 만나게 될 이 전직 임직원들은 자신의 리더십 스타일에 맞는 아마존 문화의 여러 측면을 도입하고, 자사에 맞지 않는 문화는 과감하게 없애고 있다.

베조스의 청사진은 아담 셀립스키Adam Selipsky에게 지울 수 없는 인상을 남겼다. 11년 동안 아마존에서 근무한 셀립스키는 2016년 아마존을 떠나 시애틀의 거대 소프트웨어 기업 태블로Tableau의 CEO가 됐다. 그는 "제가 아마존에서 대놓고 훔쳐온 것 중 하나가 바로 내러티브였습니다"라고 인정했다.[1] 파워포인트를 글로 쓴 내러티브로 대체하거나 제품을 만들기 전에 보도 자료를 작성하는 것(이 책에서 배우게 될 전략이다)과 같은 베조스의 아이디어는, 셀립스키가 아마존에서 경력을 쌓고 떠났을 때나 다시 아마존으로 돌아왔을 때 모두 그에게 훌륭한 모범이 됐다.

셀립스키는 넷플릭스Netflix, 에어비앤비Airbnb, 줌ZOOM 등 100만 곳이 넘는 고객사에 인터넷 초고속 통신망을 제공하는 아마존의 클라우드 컴퓨팅 사업부인 아마존 웹 서비스Amazon Web Services, AWS를 운영하기 위해 2021년 아마존으로 돌아왔다. AWS의 CEO로서 처음 응한 텔레비전 인터뷰에서 셀립스키는 베조스 바로 밑에서 일한 적이 없음에도 불구하고(셀립스키는 베조스를 대신해 아마존 CEO로 취임한 앤디 재시Andy Jassy 밑에서 일했다), 아마존 창업자인 베조스와 구분하기 어려울 정도로 비슷했다.

"AWS와 저희 고객에게는 아직 첫날Day 1입니다."[2] 셀립스키는 베조스가 첫 주주 서한에서 경영 철학으로 제시한 은유를 언급하며 이같이 말했다. "장기적인 비즈니스 전략은 경쟁업체가 아닌 고객에게 광적으로 집중하는 것입니다. 우리는 고객이 앞으로 무엇을 필요로 하는지 매일 정확히 파악하고, 거기에서부터 거꾸로 작업해 나가야 합니다." 나중에 알게 되겠지만, 셀립스키는 베조스의 메시지를 그대로 전달하고 있었다.

전직 아마존 직원들만이 베조스의 청사진을 지지하는 것은 아니다. 이 책에 소개된 전략들은 베스트 바이Best Buy, 홀 푸드Whole Foods, J.P.모건J.P.Morgan, 훌루Hulu, 그 외 수많은 유명 브랜드의 CEO와 임원들이 자사에 도입해 실행한 것이다. 전 펩시코PepsiCo CEO 인드라 누이Indra Nooyi와 같은 리더들은 아마존 내부에서 더 많이 배울 수 있는 기회를 갖기도 했다. 누이는 펩시코를 떠난 후, 가장 혁신적이고 고객 중심적인 기업 중 하나인 아마존의 철학을 가장 가까이에서 접할 기회를 얻기 위해 아마존 이사회에 합류했다. 여러분 역시 이 책을 읽음으로써, 아이디어로 우리가 살고 있는 세상을 변화시키고, 커뮤니케이션을 경쟁력으로 삼은 몽상가를 면밀히 살펴볼 수 있을 것이다.

제품이 아닌 꿈을 팔아라

온라인 서점으로 창업한 아마존은 전 세계에 3억 5,000만 개에 달하는 제품을 판매하는 인터넷 소매업체로 성장했다. 그런데 아마존이 모든 사람에게 모든 것을 판매하기 때문에 베조스가 '세계 최고의 세일즈맨'인 것은 아니다. 그가 세계 최고의 세일즈맨인 이유는, 제품이 아닌 꿈을 팔기 때문이다. 그리고 바로 그 점이 모든 차이를 만들어냈다.

아마존이 책을 판매하기 1년 전, 베조스는 제품보다 더 중요한 것을 판매해야 했다. 그는 자신의 비전을 팔아야 했다. 1994년과 1995년 초에 베조스는 가족, 친구, 잠재적 투자자들과 60차례나 회의를 거듭했다. 그는 자신의 혁신적인 아이디어에 한 사람당 5만 달러씩 투자해줄 것을 그들에게 요청했다. 당시만 해도 전자 상거래 경험이 있는 사람이 거의 없었기 때문에 투자를 받는 데 어려움이 있었다. 사람들이 베조스에게 가장 많이 던진 질문은 "인터넷이 뭐죠?"였다.

모든 회의가 성공적으로 끝난 것은 아니다. 베조스는 투자자 대부분을 설득하는 데에는 실패했지만, 스물두 명이 자신의 스타트업에 투자하도록 설득해냈다. 투자자 세 명 중 한 명의 투자 유치는 스타트업 입장에서 보면 놀라운 성과다. 90년대 중반의 전자 상거래 기업임을 감안하면 더더욱 놀라운 성과다. 아마존의 초기 투자자들은 회사에 투자한 것이 아니라 창업 아이디어 뒤에 있는 사람에게 투자했다. 그들은 베조스와 그의 비전에 설득됐다.

톰 알버그Tom Alberg도 투자자 중 한 명이었다. 알버그가 23년 만에 아마존 이사회에서 물러났을 때, 그의 초기 투자 가치는 3,000만 달러 이상으로 불어나 있었다. 알버그는 초기 회의에서 베조스란 인물과, 장기 투자자 입장에서 거부할 수 없는 숫자를 제시하는 그의 능력에 깊은 인상을 받았다고 말했다(15장에서 데이터 스토리텔링에 대해 다룰 것이다). 시간이 지나면서 알버그는 매일 자신의 원칙을 실천하는 팀을 만들어 나가는 베조스의 능력에도 감탄하기 시작했다.

그 후 1996년 6월, 베조스는 존 도어John Doerr의 벤처캐피털 회사인 클라이너 퍼킨스Kleiner Perkins에서 800만 달러를 추가로 투자받았다. 이는 아마존이 상장하기 1년 전에 조달한 유일한 벤처캐피털 자본으로, 훗날 10억 달러 이상의 수익을 거둔 투자가 되었다. 도어는 베조스와의 첫 번째 회의를 이렇게 회상했다. "제가 발견한 것은 엄청난 창업자와 엄청난 기회였습니다. 그는 기술 분야의 경력과 함께, 빠르게 성장해 세상이 돌아가는 방식을 바꿀 수 있다는 꿈을 품고 있었지요."[3]

도시의 '허름한 지역'에 있는 회사를 방문하기 위해 시애틀로 날아간 도어는, 홈디포Home Depot에서 구입한 나무문으로 만든 책상을 보고 깜짝 놀랐다.

14장에서 살펴보겠지만, 그 나무문은 아마존의 핵심 원칙 중 하나인 검소함을 직원들에게 끊임없이 상기시켜주는 가시적 은유였다. 앤디 재시가 베조스를 대신해 CEO로 취임했을 때, 도어는 베조스의 원칙이 조직 전체에 깊이 스며들어 있기 때문에 아마존이 그 가치를 잃지 않을 것이라고 예측했다.

이것이 바로 청사진의 힘, 여러분의 아이디어나 회사가 성장함에 따라 확장될 수 있는 모델의 힘이다.

여러분에게 훌륭한 아이디어가 있을 수 있지만, 어떤 시도를 하든지 간에 성공의 비결은 다른 사람이 그 아이디어를 실행에 옮기도록 설득하는 데 있다. 영업팀 직책을 갖고 있어야만 영업 사원이 될 수 있는 것은 아니다. 판매는 매우 중요한 일이고 여러분은 생각보다 더 자주 판매하는 일을 하게 된다. 대니얼 핑크Danial Pink와 다른 연구자들의 연구에 따르면, 비즈니스 전문가들은 업무 시간 중 40퍼센트를 판매와 비슷한 일, 즉 설득하고, 영감을 주고, 동기를 부여하고, 마음을 움직이고, 납득시키는 일을 하는 데 소비한다. 다시 말해 매일, 매시간마다 리셋되는 24분간 여러분의 영향력을 충분히 행사하려면, 반드시 이 설득의 달인에게서 배울 수 있는 기술을 연마해야만 한다.

제프 베조스 곁에서 수년간 근무했던 앤 하이엇Ann Hiatt은 이렇게 말했다. "제 인생에서 가장 큰 선물은 세계에서 가장 똑똑한 CEO들 옆에 앉아 그들이 어떻게 생각하고, 행동하고, 동기를 부여하고, 의사 결정을 내리는지 단계별로 배운 거였어요."[4] 하이엇은 자신이 전 상사에게 배운 가장 중요한 습관은 배움에 우선순위를 두는 것이라고 말했다. 매일 아침 베조스는 신문 세부를 겨드랑이 밑에 끼고 사무실로 들어왔다. 그는 신문을 다 읽고 나면 기사와 간단한 보고서로 넘어가곤 했다. 하이엇은 베조스의 책상 위에 있는 신문을 재빨리 챙겨 뒀다가 점심시간에 읽었다.

모든 것을 안다고 생각하는 순간이 바로 성장이 멈추는 순간이다. 베조스는 시간이 지나면서 서서히 리더로 성장했고 저자와 연설가로서도 괄목할 만한 발전을 이뤘다. 여러분도 극적인 변화를 일으킬 수 있다. 단, 자기 자신을 '모든 것을 아는 사람'이 아니라 '무엇이든 다 배우려는 사람'으로 바라볼 수 있을 때에만 가능하다.

이제부터 배우게 될 글쓰기, 스토리텔링, 프레젠테이션 전략은 여러분이 잠재력을 발휘하여 학생, 기업가, 임원, 리더, 비즈니스 전문가로서 어느 분야에서든 성공할 수 있는 토대를 마련해줄 것이다. 글쓰기와 커뮤니케이션 기술로 탄탄한 기초를 다지고 나면 그 기술이 아마존의 '플라이휠$_{flywheel}$'처럼 작동해 멈추지 않는 성공의 순환을 만들어내는 것을 보게 될 것이다.

제프 베조스가 아마존에서 개발한 커뮤니케이션 전략은 우리 삶에 매일매일 영향을 미치고 있다. 여러분이 3억 명에 달하는 아마존의 전 세계 활성 고객 중 한 명이 아니라고 해도, 아마존의 서비스 지원을 받거나 아마존에 영감을 받은 회사들과 교류하고 있을 가능성이 높다. 제프 베조스만큼 우리 일상에 큰 영향을 미친 기업가가 없으며, 베조스만큼 자신의 비전을 전달하는 데 '첫날'부터 세심한 주의를 기울여온 비즈니스 리더도 드물다.

채용 조건: 일류 커뮤니케이션 능력

1994년 8월 23일, 베조스는 처음으로 채용 공고를 냈다. 베조스는 자신이 설립한 전자 상거래 회사명은 아직 정하지 못했지만, '자본력을 갖춘 시애틀의 스타트업'을 성공으로 이끌기 위해 필요한 기술의 명확한 비전을 갖고 있었다. 베조스는 유닉스$_{UNIX}$ 개발자를 찾고 있었으므로, 지원자는 프로그래밍 언어 C++를 알고 있어야 했다. 베조스는 웹 서버와 HTML을 잘 알고 있다면 도움이 될 수 있지만 "필수는 아님"이라고 덧붙였다. 베조스는 어느 직책

에든 꼭 필요한 기술은 딱 하나라고 생각했다. 그 기술은 바로 "일류 커뮤니케이션 능력"이었다.[5]

베조스는 시대를 앞서갔다. 베조스가 아마존닷컴(Amazon.com)의 첫 채용 공고를 게재한 지 25년 뒤에 채용 전문가 4,000명을 대상으로 이루어진 링크드인(LinkedIn) 설문조사에서, 어느 분야든지 '커뮤니케이션 기술'이야말로 성공의 필수 요건이라는 결과가 나왔다. 채용 관리자들은 120개 기술 중 커뮤니케이션 기술에 대한 수요는 높은 반면 공급은 부족하다고 응답했다. 대부분의 경우 기계학습, 인공지능, 클라우드 컴퓨팅과 같은 복잡한 분야에서도 전문 지식만으로는 정상에 오를 수 없다. 링크드인 CEO 제프 와이너(Jeff Weiner)는 "인간은 과소평가되고 있습니다"라고 말했다.[6] 말하기와 글쓰기, 즉 인간적인 기술은 어떤 분야에서든 성공의 기본이다. 채용 관리자를 대상으로 한 설문조사에 따르면, 글쓰기와 커뮤니케이션은 거의 모든 산업과 전문 분야에서 가장 많이 찾는 기술이다. 세계 최대 구인 구직 웹 사이트인 인디드닷컴(Indeed.com)의 한 보고서에서는, 원격 근무가 증가하면서 기본 기술의 중요성이 더 커졌다고 말한다. 고용주가 가장 필요로 하는 11가지 기술 목록에서도 쓰고 말하는 커뮤니케이션 기술이 1위를 차지했다. 팀워크와 리더십 기술이 각각 2위와 3위에 자리했는데, 이 두 가지 기술 모두 효과적인 말하기와 글쓰기를 배움으로써 향상될 수 있다.

코로나19 팬데믹으로 근무 방식이 원격 근무로 전환되고, 창업을 하기 위해 직장을 그만두는 직원들이 늘어나면서 커뮤니케이션 기술의 중요성이 더욱 커졌다. 15개국 1만 8,000명을 대상으로 한 맥킨지(McKinsey) 설문조사에서, 앞으로 직업적 경쟁력을 갖추려면 커뮤니케이션 기술이 필요하다는 사실이 밝혀졌다.[7] 맥킨지의 2021년 보고서는 인공지능, 자동화, 디지털 기술의 발전과 함께 코로나19 이후 근무 환경의 변화를 고려한 가장 포괄적인 연구 보고서 중 하나였다. '디지털 유창성$_{digital\ fluency}$'은 미래의 고용주가 구직자에게 적극적으로 요구할 수 있는 중요한 기술이지만, 앞으로 직업적 경쟁력을 갖추는 데 필요한 기술 대부분은 스토리텔링, 연설, 메시지 통일 및 명료화, 다양한 청중과 맥락에 따른 정보 해석, 영감을 주는 비전 만들기, 관계 발전시키기, 신뢰 쌓기와 같은 모든 형태의 커뮤니케이션 기술에 속한다. 맥킨지가 "기본 기술"이라고 부르는 이러한 커뮤니케이션 기술들을 어떻게 개발할 수 있는지, 여러분은 이 책에서 자세히 배우게 될 것이다.

베조스를 연구하는 이유

베조스는 커뮤니케이션 능력이 기본이란 걸 누가 말해 주지 않아도 알았다. 아마존 창립 초창기부터 그는 효과적인 커뮤니케이션을 뛰어난 혁신과 연결시켰다. 베조스는 고객 경험을 향상시키는 데이터의 힘을 이해하는 한편, 혁신이 아마존의 성장을 촉진하리라는 것도 인식하고 있었다. 그리고 혁신에는 뛰어난 대인 관계 능력과 커뮤니케이션 기술을 갖춘 인재가 필요했다.

무수한 수상 경력에 빛나는 전기 작가 월터 아이작슨$_{Walter\ Isaacson}$은, 당대 리더들 중 레오나르도 다빈치, 알베르트 아인슈타인, 스티브 잡스 같은 역사적 인물과 같은 범주에 포함될 수 있는 사람이 누구냐는 질문을 자주 받는다고 한다.

아이작슨의 대답은? 제프 베조스다.

아이작슨은 이렇게 말했다. "그들 모두 대단히 똑똑했지만, 그들이 똑똑해서 특별한 건 아니었습니다. 똑똑한 사람은 매우 흔하고, 별 의미가 없는 경우도 많죠. 중요한 것은 창의력과 상상력입니다. 창의력과 상상력이 진정한

혁신가를 만듭니다."⁸

베조스는 열정적인 호기심, 강렬한 상상력 그리고 어린아이 같은 경이감 등, 아이작슨이 전기로 다룬 인물들과 공통된 특징을 갖고 있다. 아이작슨에 따르면, 베조스는 또한 글쓰기, 내러티브, 스토리텔링에 대한 '개인적인 열정'도 갖고 있다. 베조스는 그의 커뮤니케이션에 관한 깊은 관심과 인문학에의 애정을, 기술을 향한 열정과 비즈니스적인 본능과 연결시킨다. "인문학, 기술, 비즈니스, 이 세 가지가 베조스를 이 시대 가장 성공적이고 영향력 있는 혁신가 중 한 명으로 만들었습니다."⁹

비슷하게 "세계 최고의 비즈니스 커뮤니케이터는 누구인가요?"란 질문을 자주 받는 나도 아이작슨의 말에 동의한다.

전작 《스티브 잡스 프레젠테이션의 비밀 The Presentation Secrets of Steve Jobs》에서, 나는 애플의 공동 창업자를 '세계 최고의 기업 이야기꾼'이라고 불렀다. 또 다른 저서 《어떻게 말할 것인가 Talk Like TED》에서는 세계 최고의 연사들을 세상에 알리는 플랫폼으로 'TED 토크 TED Talks'를 소개했다. 그런데 세계 최고의 비즈니스 커뮤니케이터가 누구냐는 질문을 받을 때, 가장 먼저 떠오르는 이름은 따로 있다. 그 이름은 바로 제프 베조스다.

4만 8,062단어

내가 인터뷰한 전직 아마존 임원들에 따르면, 베조스는 뛰어난 소통 능력을 지닌 커뮤니케이터다. 성공적으로 창업해 회사를 이끌고 있는 그들은, 비즈니스 글쓰기와 의사소통의 모범으로 아마존의 연례 주주 서한을 자주 인용한다. 어떤 이들은 베조스가 쓴 주주 서한을 경영대학원에서 가르쳐야 한다는 제안을 내놓기도 한다. 그가 쓴 주주 서한에 담긴 교훈이 분야에 상관

없이 모든 리더에게 적용될 수 있기 때문이다.

베조스는 1997년부터 2020년까지 주주 서한 24통을 직접 작성했다. 주주 서한 24통에는 4만 8,062단어가 포함돼 있다. 나는 모든 편지를 분석하고 자세히 살펴봤다. 또 모든 문장을 하나하나 해부하고 면밀하게 검토했다. 모든 단락을 확실하게 이해하고, 그 내용에 공감했다. 베조스만큼 은유를 능수능란하게 사용하는 비즈니스 리더도 드물다. 그는 아마존의 성장을 견인하기 위해 '플라이휠flywheel' 전략을 만들었다. 그는 거대한 기업으로 성장할 '씨앗'을 심었다. 그는 '피자 두 판 팀'을 만들었고, 실패와 발명이 '분리할 수 없는 한 쌍'인 이유를 설명했고, '용병' 대신 '전도사'를 고용했다. 이러한 은유들은 빙산의 일각에 불과하다.

제프 베조스는 어니스트 헤밍웨이Ernest Hemingway가 아니고, 그의 사명이 위대한 미국 소설을 쓰는 것도 아니다. 그러나 두 저자에게는 공통점이 있다. 그들이 다루는 주제가 복잡함에도, 독자 대부분이 쉽게 이해할 수 있는 간결한 글을 쓴다는 점이다. 단순함이 중요하다. 《하버드 비즈니스 리뷰》에 실린 한 연구에 따르면, "단순함은 과학자들이 뇌의 '처리 유창성processing fluency'이라고 부르는 것을 증가시킨다. 짧은 문장, 익숙한 단어, 깔끔한 구문은 독자가 그 의미를 이해하는 데 지나친 두뇌 활동을 하지 않도록 해준다."[10]

베조스의 주주 서한에서 여러분이 배우게 될 가장 놀라운 교훈 중 하나는 글쓰기가 어느 누구나 꾸준히 배우고 연마해 나갈 수 있는 기술이라는 사실이다. 매년 아마존이 성장함에 따라, 주주 서한을 작성하는 베조스의 글쓰기 실력도 함께 성장했다. 내용의 질이나 명확성에서 가장 낮은 평가를 받은 주주 서한 대부분은 아마존이 기업 공개IPO를 한 이후 초기 몇 년 동안 작성된 반면, 가장 높은 평가를 받은 주주 서한들은 아마존이 상장된 지 10년이 경과한 시점부터 점차 나타나기 시작한다. 2020년 베조스가 마지막으로 작성한 주주 서한은 1997년에 작성한 첫 번째 주주 서한보다 거의 모든 객관적 평가 기준에서 더 높은 평가를 받았다. 거듭 말하지만, 글쓰기는 꾸준히 갈고닦을 수 있는 기술이다.

첫날 정신은 전략이 아닌 마음가짐이다. 1997년 첫 주주 서한에서 베조스는 오늘이 인터넷과 아마존닷컴의 "첫날$_{Day1}$"이라고 썼다. 그 후 20년 동안 베조스는 회사의 규모에 관계없이 혁신 문화를 만들고 유지해 나가야 한다는 은유로 첫날이라는 캐치프레이즈를 사용했다. 아마존은 원대한 발상 하나와 소규모 팀으로 시작했다. 그리고 아마존이 150만 명이 넘는 직원을 거느린 거대 기업으로 성장하는 동안, 베조스는 스타트업의 마음과 정신을 잃지 않도록 노력했다. 늘 배우고, 늘 발전해 왔다.

첫날 정신은 과거에 배우지 못한 기술이 아니라, 미래에 실패하지 않기 위해 새로운 기술을 배우는 것과 관련이 있다. 첫날 정신은 인류 역사상 가장 혁신적인 10년이 될 것을 약속하는 성공의 발판을 여러분에게 선사해줄 것이다.

이 책은 3부로 나뉘어 있다. 1부에서는 "천사들의 맑은 노랫소리 같은 명료함"을 갖추고 글쓰는 법을 익히고, 의사소통의 기초를 세우게 될 것이다. 글의 설득력을 이해함으로써 설득의 힘을 활용하는 방법을 배울 것이다. 강력한 글쓰기 기술이 그 어느 때보다 중요한 이유도 알게 될 것이다. 정상으로 가는 길은 최소한의 단어로 포장돼 있다는 것을 발견할 것이다. 베조스와 다른 혁신적인 리더들이 왜 복잡한 내용을 설명할 때 쉽고 간단한 단어를 사용하는지도 이해하게 될 것이다. 그리고 신중하게 선택한 은유가 어떻게 아마존의 혁신을 촉진하고 아마존이 닷컴 붕괴에서 살아남는 데 도움이 됐는지 보게 될 것이다. 그 외에 여러분이 배우게 될 내용은 다음과 같다.

- 설득력 있는 글과 인상적인 프레젠테이션이 핵심 개념에서 시작되는 이유
- 능동태로 메시지에 생기를 불어넣는 방법
- 아이디어를 단순화하는 리더가 자신의 아이디어를 격하시키는 게 아니라, 사실 경쟁자보다 한 수 더 앞서 가는 것인 이유
- 은유와 유추를 사용해 청중을 교육하고 자신의 아이디어를 설명하는 방법
- 훌륭한 프레젠테이션과 머릿속을 계속 맴도는 노래의 훅$_{hook}$이 가진 공통점

2부에서는 독자와 청자가 행동하도록 이끌 수 있는 이야기 구조를 구축하는 데 필요한 요소를 살펴볼 것이다. 베조스가 파워포인트를 금지한 이유와 금지하게 된 계기, 또 그가 파워포인트를 무엇으로 대체했는지를 정확히 알게 되면, 자신만의 이야기를 만드는 일에 새롭게 접근할 수 있을 것이다. 파워포인트는 계속 사용해도 되니 안심해도 된다. 새로운 접근이라 함은, 여러분이 이야기를 전달하면서 더 이상 프레젠테이션 슬라이드에 의존하지 않는 것을 말한다. 대신 여러분이 전달하고자 하는 이야기를 보완할 목적으로 프레젠테이션을 사용할 수 있다.

또 여러분은 오늘날까지 아마존 임직원들이 따르고 있는 새롭고 효과적인 커뮤니케이션 전략을 도입하기 위해 베조스와 긴밀히 협력했던 전직 아마존 임원들의 이야기도 접하게 될 것이다. 새로운 변화 중 하나인 글로 쓴 내러티브가 어떻게 아마존의 성장을 촉진하고, 우리 삶에 직접적인 영향을 미치고 있는 수많은 제품과 서비스의 발단이 됐는지 확인하게 될 것이다. 그 외에 여러분이 배우게 될 것은 다음과 같다.

- 오랜 시간에 걸쳐 검증된 단순한 스토리텔링 구조로 인상적인 프레젠테이션을 수행하고, 받아들일 수밖에 없는 제안서를 만드는 비법
- 대담한 아이디어를 제안하기 위해 아마존의 '거꾸로 일하기$_{working\ backwards}$' 전략을 활용하는 법

- 기원설_origin story_을 찾아내고 그 이야기를 전달하는 법을 배워야 하는 이유
- 베조스와 창의적인 리더들이 그들을 따르는 사람들보다 훨씬 더 많은 책을 읽는 이유와 그들을 뛰어난 연사로 만든 그들의 독서 습관

3부에서는 계획을 공유하고 메시지를 전달하는 방법에 대해 살펴본다. 베조스가 영감으로 충만한 '전도사들의 팀'을 구성하기 위해, 어떻게 '반복 책임자' 역할을 수행했는지 배울 것이다. 데이터와 통계를 기억에 남고, 이해하기 쉬우며, 실행 가능한 것으로 만들기 위해 사용하는 전술도 알게 될 것이다. 또 어째서 훌륭한 커뮤니케이터는 타고나는 게 아니라 만들어지는 것인지도 설명하고자 한다. 그 외에 여러분이 알게 될 내용은 다음과 같다.

- 세 가지 변수에 집중해 화술과 발표 능력을 발전시키는 방법
- 팀을 하나로 단결시키고 영감을 줄 간결하고 대담한 비전을 분명하게 표현하는 방법
- 간단하게 뇌를 해킹해 창의적인 아이디어를 이끌어내는 방법
- 의사소통에서 3이 가장 설득력 있는 숫자인 이유

또 3부에서는 기업에 컴퓨팅, 스토리지, 네트워킹 기능을 대여해 주는 아마존의 거대 클라우드 사업부인 AWS의 고위 경영진을 포함해, 세계에서 가장 인정받는 브랜드의 CEO와 리더들에게 내가 직접 소개한 갤로 메소드_Gallo Method_와 같은 커뮤니케이션 도구와 템플릿도 찾아볼 수 있다. 갤로 메소드는 여러분에게 한 페이지에 이야기를 시각화함으로써 15분, 짧게는 15초 안에 공유할 수 있는 메시지를 만드는 방법을 알려줄 것이다.

마음과 정신을 설득하라

이 책을 집필하던 중, 나는 노스캐롤라이나주 포트 브래그_Fort Bragg_에 있는

존 F. 케네디 특수전센터학교John F. Kennedy Special Warfare Center and School에서 미국 육군 특전부대U.S. Army Special Forces(이하 그린 베레Green Berets)와 이야기를 나눌 수 있는 특별한 기회를 가졌다. 그린 베레Green Berets는 용감하고, 영리하며, 수준 높은 훈련을 받은 정예 전투 부대로 전 세계에서 인정받고 있다. 그린 베레의 모토는 무기보다 사람을 우선시해 "억압받는 자를 자유롭게" 하는 것이다. 이는 그린 베레가 총화기로 잘 무장돼 있지만, 전사이자 외교관으로서 그들이 선택한 무기는 설득이라는 것을 의미한다. 그들의 임무는 마음과 정신을 설득하는 것이다.

이 훌륭한 전사들은 항상 새롭고 혁신적인 사고방식을 추구한다. 나는 기업가 정신을 가진 군인들이 특전부대에 걸맞은 이상적인 인재라는 것을 알게 됐다. 임무를 성공적으로 수행하려면 다른 국가 사람들의 신뢰를 빠르게 얻을 수 있고, 다른 문화에 거뜬히 적응하고 여러 언어를 구사할 수 있으며, 창의적으로 생각할 수 있는 문제 해결사로 구성된 소규모 팀이 필요하다.

이 책에서 여러분이 배우게 될 전략은 엘리트 군사 전문가들에게 공감을 불러일으킬 것이다. 쓰고 말하는 커뮤니케이션 기술이 리더십에 필수적이기 때문이다. 팀 리더는 명확하고 간결한 프레젠테이션하기, 3의 법칙 적용하기, 능동태로 글쓰기, 호소력 있는 이야기하기, 지휘관이 알아야 할 한 가지 핵심 사항 파악하기와 같은 기술에 능해야 한다.

오늘날 커뮤니케이션과 리더십 기술이 인류 역사상 그 어느 때보다 중요한 세 가지 이유는 다음과 같다. 첫째, 여러분의 관리자, 고객, 동료, 그 외에 여러분이 영향력을 행사해야 하는 모든 사람이 매일 폭발적으로 증가하는 데이터와 정보에 시달리고 있다. 그들은 소음을 차단하고, 우선순위를 정하고, 복잡한 일을 실행 가능한 일로 바꾸고, 중요한 내용을 명확하게 설명하고 요약할 수 있는 강력한 커뮤니케이터를 필요로 한다.

둘째, 앞서 언급했듯이 코로나19 팬데믹으로 인해 원격 근무와 가상 회의의 증가 추세가 가속화됐다. 코로나19 팬데믹으로 미국 경제가 침체되면서 전례 없이 많은 사람이 직장을 그만두는 '대사직$_{\text{great resignation}}$' 사태가 발생했다. 이 책을 쓰고 있는 시점에 발표된 마이크로소프트의 연구에 따르면, 근로자 중 41퍼센트가 직장을 그만두거나 직업을 바꾸는 것을 고려하고 있는 것으로 나타났다. 직업을 바꾸거나 회사를 창업하려면 채용 담당자의 눈에 띄거나 파트너를 유치하기 위해 뛰어난 커뮤니케이션 기술이 필요하다. 원격 협업은 글을 통한 커뮤니케이션과 가상 프레젠테이션이 명확하고 간결하며 구체적일 때 더욱 효과적이다.

셋째, 원격 근무의 유연성을 즐길 수는 있지만, 한편으로는 원하는 일자리를 차지하기 위한 경쟁이 치열해졌다. 구직자들은 이제 더 이상 회사 근처에 거주하는 지원자들과 경쟁하지 않는다. 채용 관리자는 전 세계 어디에서나 인재를 선택할 수 있다. 효과적으로 말하고, 쓰고, 발표할 수 있는 사람이 두각을 나타내고 앞서 나가게 될 것이다.

좋은 소식이 있다. 우리가 소통하는 데 사용하는 도구는 변했지만 인간의 두뇌는 변하지 않았다. 여러분의 청중과 독자가 대면 또는 원격 환경에서 정보를 소비하는 방식을 이해하면, 그들의 참여를 유도하는 능력은 물론이고 여러분의 경력도 크게 우상향할 것이다.

첫날이 항상 배우고 성장할 기회를 찾는 초심자의 마음을 빗댄 은유라면, 둘째 날은 어떤 모습일까? 베조스에 따르면, 둘째 날은 "정체다. 그다음에는 의미를 잃게 된다. 또 그다음에는 극심하고 고통스러운 쇠퇴가 시작돼 결국 종말을 맞이하게 된다."[11]

자신의 기술을 향상시키는 데 있어, 현실에 안주할 여유가 있는 사람은 거의 없다. 우리 모두는 베조스가 상상하는 서서히 고통스럽게 쇠퇴하는 상태를 피하고 싶어 한다. 베조스는 "그렇기 때문에 항상 첫날입니다"라고 강조한다. 이 책에 담긴 방법들을 배우면 쇠퇴하지 않을 것이다. 여러분은 성장하게 될 것이다.

아마존의 리더십 원칙 중 하나는 "크게 생각하라$_{\text{Think Big}}$"다. 베조스는 작게 생각하는 것은 자기 충족적 예언$_{\text{self-fulfilling prophecy}}$이라고 말한다. 첫날 정신을 따르는 리더들은 큰 꿈을 꾸면서 다른 이들에게 영감을 주는 커뮤니케이션 기술을 연마해 왔다. 이 책을 펼침으로써 여러분은 그러한 리더들의 대열에 합류하기로 약속한 것이나 다름없다. 이 책에 소개된 전략들을 채택하고 도입한다면, 여러분의 아이디어를 실현하고 잠재력을 발휘하게 될 것이다.

16개 장을 한 장, 한 장 넘길 때마다 여러분의 자신감도 점점 커질 것이다. 모든 장을 통해 더 크고 담대하며 강력한 미래로 나아가는 데 필요한 기술을 습득하게 될 것이다. 오늘은 그러한 미래를 만들어 갈 여정의 첫날이다. 그리고 베조스가 일깨워주듯이……

매일이 첫날이다.

1부

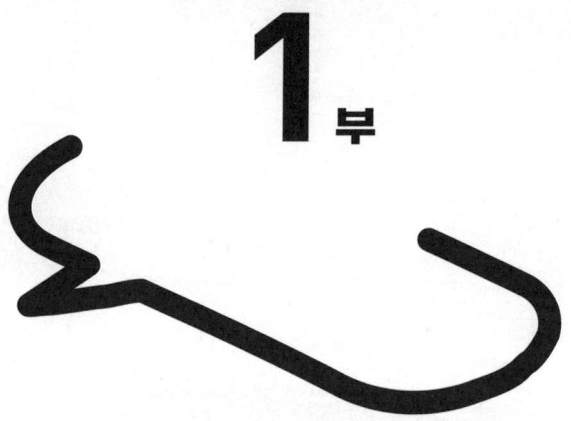

의사소통의 기초를 세워라

이제 단순함이 최고다

1장

무언가를 더 단순하게 만들고 마찰을 줄이면,
더 많은 것을 얻기 마련입니다.

_ 제프 베조스, 2007년 아마존 주주 서한에서

제프 베조스는 프린스턴 대학교에서 이론 물리학을 전공했다. 그는 이론 물리학의 까다로운 교과 과정을 소화할 자신이 있었다. 베조스는 고등학교를 수석으로 졸업한 졸업생 대표였다. 그는 학부 2년 동안 대부분 과목에서 A⁺를 받으며 쉽게 학점을 이수했다.

당시 베조스는 이론 물리학 교과에 등록한 전공생 100명 중 30명만이 살아남았고, 자신이 포함되어 있다는 사실에 자부심을 느꼈다. 그 수는 다시 더 줄어들 참이었다. 그런데 이번에는 베조스가 이론 물리학 전공을 포기한 학생 중 한 명이 되고 말았다. 3학년이 되자 그의 삶의 방향과 인터넷의 미래를 바꿀 장애물이 나타났다.

베조스와 그의 룸메이트 조$_{Joe}$는 양자 역학 수업 수강 신청을 했다. 그들은 편미분 방정식을 풀어 보려다가 당황하고 말았다. 정의에 따르면 편미분 방정식은 "다변수함수의 여러 편도함수 사이의 관계를 나타내는 방정식"을 말한다. 베조스는 수학을 잘했지만, 그 편미분 방정식 문제는 그를 난감하게 만들었다.

세 시간 동안 아무런 성과도 얻지 못하자 베조스와 조는 한 가지 좋은 방법을 떠올렸다.

베조스는 "프린스턴에서 가장 똑똑한 야산타$_{Yasantha}$에게 물어보자"고 제안했다.[1]

그들은 야산타의 방을 찾아가 그에게 그 문제를 풀어 보도록 했다. 야산타는 잠시 생각에 잠기더니, 차분하게 답했다. "코사인$_{Cosine}$이잖아."

"무슨 말이야?" 베조스가 물었다.

"코사인이 답이라고. 왜 그런지 내가 보여줄게."

야산타는 어떻게 해서 그 답을 얻었는지 증명하기 위해 세 페이지 분량의 대수학을 자세히 써내려갔다.

"넌 그냥 머릿속으로 계산해서 답을 구한 거야?" 베조스는 믿을 수 없다는 듯이 물었다.

"아니. 그건 불가능해." 야산타가 답했다. "3년 전에 아주 비슷한 문제를 풀어본 적이 있어서 이 문제를 그 문제와 연결시킬 수 있었어. 그래서 답이 코사인이라는 걸 바로 알게 된 거야."

이 일은 베조스의 인생에 전환점이 됐다. 그는 회상한다. "내가 절대 훌륭한 이론 물리학자가 될 수 없을 거라는 사실을 깨달은 순간이 바로 그때였어요. 벽에 적힌 내용을 보고는 곧바로 제 전공을 전기공학과 컴퓨터과학으로 바꿔버렸죠."

그 후 세월이 지난 어느 날, 야산타는 세계에서 가장 부유한 사람이 그를 프린스턴에서 가장 똑똑한 사람이라고 불렀다는 사실을 알고 흥분했다. 야산타는 이렇게 트윗을 올렸다. "내가 아니었으면 여러분은 아마존을 경험하지 못했을 거다. 제프 베조스는 계속해서 물리학을 공부했을 거고, 만약 그랬다면 전혀 다른 세상이 됐을 테니까." 그런데 역사를 바꾼 사람을 말하자면, 프린스턴 대학교 기숙사 방에 베조스만 있었던 게 아니다. 여러분이 아이폰이나 삼성 스마트폰을 갖고 있다면 야산타가 제작하는 데 도움을 준 칩이나 기술을 사용하고 있는 것이기 때문이다.

  전공을 바꾸기로 한 결정은 베조스에게 매우 유리하게 작용했다. 1986년, 그는 컴퓨터과학과 전기공학 전공에서 최우등생으로 졸업했다. 졸업한 지 약 25년이 지난 후, 베조스는 모교에서 졸업식 축사를 하게 됐다. 2010년에 프린스턴 대학교를 졸업한 학생들은 미국에서 가장 똑똑한 학생들에 속했다. 4년 전인 2006년 당시 프린스턴 대학교는 기록적인 수의 지원서를 받았고, 그 해 지원자 중 10퍼센트에게만 입학을 허가했다.

  2010년 5월 30일, 지능이 매우 뛰어난 억만장자 베조스는 똑똑하기로 소문난 아이비리그 졸업생들에게 졸업식 축사를 하면서 중학생을 상대로 이야기하듯 말했다. 베조스는 쉬운 말로 심오한 메시지를 전달했고, 그의 축사는 바로 큰 인기를 얻었다. 미국의 공영 라디오 방송인 내셔널 퍼블릭 라디오 National Public Radio 는 베조스의 축사를 "역사상 가장 훌륭한 졸업식 축사 중 하나"라고 평했다.

  이 장의 나머지 부분에서 여러분은 베조스와 성공적인 리더들이 복잡한 정보를 어떻게 단순화하는지, 그들이 왜 단순화할 수 있는 능력을 경쟁력으로 보는지, 여러분이 가진 막강한 힘을 단순화하기 위해 지금 당장 어떤 조치를 취할 수 있는지 배우게 될 것이다.

단순화는 경쟁자보다 한 수 더 앞서 나가는 것이다

베조스는 2010년 프린스턴 졸업생들에게 이렇게 말했다. "오늘 제가 여러분에게 말씀드리고자 하는 것은 바로 재능과 선택의 차이입니다. 영리함이 재능이라면, 친절함은 선택입니다. 재능은 쉽게 얻을 수 있습니다. 타고나거나 주어지는 것이니까요. 선택은 어렵습니다. 결국 우리는 우리가 내린 선택 그 자체라 할 수 있습니다."[2]

- 프린스턴에서 축사를 하고 6년 뒤 베조스는 우리의 재능이 아닌 우리의 선택에 자부심을 가져야 한다는 주제를 다시 언급했다. "이건 젊은이들이 꼭 이해해야 할 아주 중요한 것이고, 부모들 역시 자녀들에게 잘 설명해 줘야 합니다. 재능 있는 젊은이가 자기 재능에 자부심을 갖기란 정말 쉽습니다. '나는 운동 신경이 좋아', '나는 정말 똑똑해', '나는 수학을 정말 잘해'라고 생각할 수 있어요. 좋습니다. 여러분은 여러분이 가진 재능을 기뻐해야 합니다. 행복해야 해요. 그러나 여러분이 가진 재능을 마냥 자랑스러워해서는 안 됩니다. 여러분이 자랑스러워 해야 할 것은 바로 여러분의 선택입니다."[3]

  열심히 일했는가? 그것은 선택이다.

  열심히 공부했는가? 그것은 선택이다.

  연습은 했는가? 그것은 선택이다.

  "뛰어난 사람들은 재능과 노력을 겸비하고 있으며, 그중 노력이라는 부분은 선택입니다." 베조스는 말했다.

베조스의 졸업식 축사는 단어 1,353개와 문장 88개로 구성돼 있고, '가독성 점수 readability score'는 7등급이다. 가독성은 글쓰기 능력의 척도 중 하나다. 가독성 점수는 일반 독자들이 텍스트를 얼마나 쉽게 이해할 수 있는지 알려준다. 이 경우, 7등급이라는 점수는 베조스의 프린스턴 졸업식 축사가 최소 7학년(12세) 수준의 교육을 받은 독자라면 이해가 가능하다는 평가 결과를 나타낸다.

가독성 점수는 1940년대에 학자이자 간결하고 명확한 산문의 전도사인 루돌프 플레시 Rudolf Flesch 박사에 의해 처음 만들어졌다. 플레시는 글을 읽기 어렵게 만들거나 쉽게 만드는 요소들을 구분해냈다. 그가 개발한 가독성 테스트는 여러 변수 중 문장과 단어의 평균 길이에 바탕을 뒀다. '읽기 쉬움'의 정도는 1에서 100 사이의 척도로 평가된다. 점수가 높은 글일수록 독자들이 더 쉽게 이해할 수 있다. 예를 들면, 30점은 읽기 '매우 어려움'이다. 70점은 읽기 '쉬움'이고, 90점은 읽기 '매우 쉬움'이다. 1940년대 후반 가독성 점수가 소개된 후, 이 시스템을 채택한 신문사와 출판사들의 독자수가 60퍼센트 증가했다.

1970년대에는 과학자이자 교육자인 J. 피터 킨케이드_{J. Peter Kincaid}가 가독성 점수를 더 쉽게 이해시킬 방법을 플레시와 함께 연구했다. 그들은 가독성 점수를 학년 수준으로 나눠 나타내는 방식으로 전환했다. 이 **플레시-킨케이드**_{Flesch-Kincaid} 테스트는 한 문장의 단어 수, 단어당 음절 수, 능동태와 수동태로 쓴 문장 수를 검사해 평가한다. 능동태 문장과 수동태 문장의 차이는 우리가 3장에서 살펴볼 중요한 글쓰기 개념 중 하나다.

여러분이 일반 성인 독자를 대상으로 글을 쓴다면, 몇 학년 수준의 점수를 목표로 노력해야 할까? 놀랄지 모르지만, 답은 8학년(한국의 중학교 2학년에 해당한다_역주)이다.

8학년 수준으로 작성된 글은 미국인 중 80퍼센트가 읽고 이해할 수 있다. 이해를 돕자면, 독자 대다수가 이해하기 어려운 학술 논문은 16~18학년(대학 학부 4학년~대학원생에 해당) 수준으로 작성된다. 소설 《해리 포터》 시리즈는 6~8학년(한국의 초등학교 6학년~중학교 2학년) 학생들이 읽기에 적합하다. 아마존 직원들은 8학년 수준 이하의 플레시-킨케이드 등급을 목표로 할 것을 지시받는다.

그렇다면 베조스가 프린스턴 대학교 졸업생들에게 한 축사는 몇 학년 수준의 등급일까? 7학년이다. 세계에서 가장 부유한 사람인 베조스는 만 12세 아이가 이해할 수 있는 말로 미국에서 가장 똑똑한 대학 졸업생들에게 영감을 준 것이다.

바로 여기에 답이 있다. 가독성 점수가 7학년이라고 해서, 베조스가 7학년처럼 말을 하는 것은 아니다. 그 점수가 화자가 하는 말의 복잡함이나 정교함까지 반영하지는 못하기 때문이다. 가독성 점수는 청자나 독자가 정보를 흡수하고 이해하기 위해 얼마나 많은 정신적 에너지를 쓰는지 알려준다. 청중이 연설이나 강연을 더 쉽게 알아들을수록, 여러분의 메시지를 기억하고 그에 따른 행동을 취할 가능성이 더 높아진다. 복잡한 생각을 간단하게 표현할 때, 여러분은 그 내용을 '지나치게 단순화'하고 있는 게 아니라 경쟁자보다 한 수 더 앞서 나가고 있는 것이다.

베조스는 1997년부터 2020년까지 매년 아마존 주주들에게 편지를 썼다. 그 편지들의 가독성 점수는 다음과 같다.

- 4만 8,062단어
- 2,481문장
- 문장당 18.8단어
- 11학년 수준의 플레시-킨케이드 등급
- 수동태 문장 6퍼센트, 능동태 문장 94퍼센트 (능동태 문장에서는 주어가 동사의 행동을 수행한다. 따라서 능동태 문장은 수동태 문장보다 요점을 더 먼저 언급하고, 더 간결하며, 더 이해하기가 쉬운 경우가 많다.)

베조스처럼 똑똑한 사람이 일반 고등학생이 읽고 이해할 수 있는 말로 단어 4만 8,000여 개를 사용해 글을 쓰는 것은 매우 인상적이다. 그가 잉여 현금 흐름_free cash flow_, 기업 회계 기준_GAAP, Generally Accepted Accounting Principles_, 추정 손익_pro forma income_과 같이 난해한 재무 관련 주제를 다룬다는 사실을 고려하면 특히 더 그렇다. 베조스는 또 데이터 마이닝, 인공지능, 기계학습과 같은 용어들이 비즈니스 어휘 목록에 등장하기 전부터 고도의 기술적인 주제들에 대한 글을 쓰고 있다.

글쓰기는 다른 기술과 마찬가지로 향상될 수 있다. 베조스는 그의 글쓰기 기술을 꾸준히 연마해 왔다. 아마존 주주 서한 중 베조스가 1997년 처음 쓴 편지와 그가 CEO로서 마지막으로 쓴 편지를 비교해 놓은 표 1을 한번 살펴보자. 아마존이 성장함에 따라 주주 서한의 길이 역시 길어졌다. 게다가 베조스는 글을 더 자주 쓰게 되면서 더 훌륭한 글쓴이가 됐다. 그의 문장 길이는 평균 네 단어 줄어들었고, 그의 편지를 읽는 데 필요한 교육 기간은 2년이 감소했다.

● 표 1: 베조스가 1997년과 2020년에 쓴 주주 서한의 가독성 비교

가독성 요인	1997년	2020년
단어 수	1,600	4,033
문장 길이	20	16
플레시-킨케이드 학년 수준	10학년	8학년

2020년 베조스가 쓴 주주 서한 중 인기 있는 구절은 6학년 학생들이 읽기에도 쉽고 간결하다.

> 여러분이 사업에서 (더 나아가 인생에서) 성공하고 싶다면, 여러분이 소비하는 것보다 더 많은 것을 창출해 내야 합니다. 여러분의 목표는 여러분과 상호 작용하는 모든 사람을 위한 가치를 창출하는 것이어야 합니다. 겉보기에는 성공한 사업처럼 보이더라도, 그 사업과 관련된 사람들을 위한 가치를 창출해 내지 못한다면 그 어떤 사업도 오래가지 못합니다. 사라지고 말 겁니다.[4]

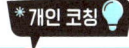

베조스는 아마존 CEO로 재직하는 동안 아마존 직원들이 새로운 프로젝트를 논의하고, 아이디어를 제안하고, 특정 문제를 해결하기 위한 가장 좋은 접근법

을 결정하는 데 늘 적용할 수 있는 16가지 리더십 원칙 확립에 공헌했다. 무엇보다도 이 리더십 원칙은 모든 결정의 중심에 고객을 둔다는 아마존의 기업 정신을 한층 강화시킨다.

아마존 리더십 원칙이 작성된 방식은 16가지 원칙이 완전히 통합되고, 조직 내 모든 계층이 그 원칙을 제대로 이해할 수 있게 된 주요 원인 중 하나다. 전체 문서는 8학년(중학교 2학년) 수준에 해당하는 단어 단 700개로 구성돼 있다. 각 원칙은 간단하고 명확하며, 해당 원칙을 바람직한 행동으로 옮겨야 한다는 간결한 문장들로 이뤄져 있다.

예컨대, 첫 번째이자 가장 중요한 지침은 다음과 같다.

고객에게 집착하라

아마존에 따르면, 고객 집착은 다음과 같은 의미를 지닌다. "리더는 고객으로부터 출발해 거꾸로 거슬러 올라가는 방식으로 일한다. 리더는 고객의 신뢰를 얻고 유지하기 위해 최선을 다해 일한다. 리더는 경쟁 상대에 주의를 기울이고 고객에게는 집착한다."

16가지 원칙 중 이 책과 관련 있는 다른 주요 원칙으로는, "주인 의식을 가져라", "창조하고 단순화하라", "학습하고 호기심을 가져라", "크게 생각하라", "신뢰를 쌓아라", "최고의 기준을 고집하라" 등이 있다. 여러분은 아마존 웹 사이트에 명시돼 있는 리더십 원칙을 쉽게 확인할 수 있다. 아마존은 모든 구직자가 그 원칙을 알고, 모든 신입 사원이 그 원칙을 배우고, 모든 리더가 그 원칙을 내면화하고 공유하기를 원하기 때문이다.[5]

《아마존, 세상의 모든 것을 팝니다 The Everything Store》에 아마존의 번영을 연대순으로 기록한 저자 브래드 스톤 Brad Stone 은, 리더십 원칙의 이 같은 명확한 표현이 사전에 계획된 리더십 전략이라고 썼다. 많은 조직 내 직원들은 자신이 맡은 일을 별 목적 없이, 되는 대로 하는 경향이 있다. 자사가 내세우고 있는 목표가 불분명하거나 복잡하기 때문이다. 반면 아마존의 원칙은 간단하고 명료하며 일관성이 있다.

기업 문화를 구성하는 원칙이나 가치는 그에 따라 행동할 목적으로 만들어진다. 아무도 기억하지 못하거나 이해할 수 없는 원칙을 따라 행동하는 것은 불가능하다. 따라서 여러분은 여러분의 원칙을 읽고, 기억하고, 이해하기 쉽게 만들어야 한다.

문장의 길이를 줄이고 긴 단어를 짧은 단어로 대체하면, 여러분의 생각을 이해하는 데 필요한 정신적 에너지를 절약할 수 있다. 이것이 왜 중요할까? 우리 뇌는 생각하기 위해서가 아니라 에너지를 절약하기 위해 만들어졌기 때문이다.

리사 펠드먼 배럿Lisa Feldman Barrett은 그녀의 수상작 《이토록 뜻밖의 뇌과학Seven and a Half Lessons About the Brain》에 이렇게 썼다. "에너지 효율은 생존의 열쇠였다. 우리 뇌의 가장 중요한 임무는 신체 에너지 수요를 조절하는 데 있다. 간단히 말해서, 우리 뇌의 가장 중요한 임무는 생각하지 않는 것이다."[6]

"정교한 주장과 복잡한 생각을 간단한 단어와 문장으로 표현하는 것은 천재성을 보여주는 징표 중 하나다." 누가 이런 말을 했을까? 바로 노벨 경제학상을 수상한 천재 심리학자, 대니얼 카너먼Daniel Kahneman이다.

"믿을 만하고 지적인 사람으로 보이고 싶다면, 쉬운 말을 두고 괜히 복잡한 말을 사용해서는 안 된다." 카너먼이 획기적인 저서 《생각에 관한 생각Thinking, Fast and Slow》에 적은 말이다. 그는 설득력 있는 말을 하는 사람들은 '인지적 압박cognitive strain'을 줄이기 위해 그들이 할 수 있는 모든 것을 다 한다고 말한다. 정신적 노력을 필요로 하는 것이라면, 그것이 무엇이든 사람들이 읽거나 듣는 동안 그들의 두뇌에 부담을 가중시킨다. 익숙하지 않은 단어, 알 수 없는 약어, 뒤얽힌 문장, 새로운 개념은 모두 부담으로 작용한다. 만약 여러분이 계속해서 그러한 부담에 무게를 더한다면, 여러분의 독자나 청자는 모든 것을 그만두고 포기하려 할 것이다. 카너먼은 '인지적 안정cognitive ease'이 보다 만족스러운 경험을 제공하고, 그리하여 사람들이 만족감을 느낄 때 여러분의 생각을 지지할 가능성이 더 높아진다고 말한다.[7]

단순함, 즉 '인지적 안정 창출하기'는 이 책 전반에 걸쳐 계속 등장하게 될 주제다. 여러분은 인간의 뇌가 왜 무작위적인 사실보다 이야기를 더 쉽게 기억하도록 짜여 있는지 알게 될 것이다. 또 베조스가 복잡한 이론을 설명하기 위해 정신적 지름길로 사용하는 두 가지 수사법인 은유metaphor와 유추analogy에 대해서도 깊이 살펴볼 것이다. 승승장구하는 리더들이 정상에 오르기 위해 꼭 필요한 말만 하는 이유도 알게 될 것이다.

단순함은 결국 이해와 선택의 문제다. 즉 청중을 이해하고, 그들이 알아야 할 정보를 선택하는 것과 관련이 있다.

청중을 이해하라

제이 엘리엇Jay Elliot은 스티브 잡스를 처음 만난 순간을 생생하게 기억하고 있다. 서른아홉 살의 IBM 임원 엘리엇은 실리콘 밸리 중심부의 부촌인 로스 가토스Los Gatos에 있는 멕시코 음식점 라운지에 앉아 있었다. 엘리엇은 친구를 기다리면서 신문 기사를 읽는 중이었다. 뽐내듯 턱수염을 기르고 티셔츠와 찢어진 청바지를 입은 한 젊은 남자가 라운지로 걸어 들어왔다. 그는 엘리엇 옆에 자리를 잡고 앉았고, 곧 신문 기사가 IBM에 관한 것임을 알아차렸다.

그 젊은 남자가 엘리엇에게 물었다. "컴퓨터에 대해 아는 게 좀 있나요?"[8]

"그럼요, 알고말고요. 제가 IBM 임원인걸요."

그러자 낯선 남자가 대꾸했다. "언젠가 제가 IBM을 매장시키고 말 겁니다."

'근데 대체 이 사람 누구야?' 엘리엇은 궁금했다.

"안녕하세요. 전 스티브 잡스입니다."

두 사람은 그렇게 대화를 나누었고, 엘리엇은 대중을 위한 손쉬운 개인용 컴퓨터를 만든다는 잡스의 비전에 매료됐다.

"어떻게 하면 당신이 저를 위해 일할 수 있을까요?" 잡스가 물었다.

"전 제가 하는 일에 만족합니다. 당신이 누군지 잘 모르고, 애플이라는 회사에 대해서도 들어본 적이 없어요."

"어떻게 하면 되죠?"

"전 포르쉐를 좋아해요. 포르쉐를 사주면 당신을 위해 일하기로 하죠." 엘리엇은 빈정댔다.

그런데 2주일 후, 포르쉐 한 대가 엘리엇의 집 앞에 세워져 있었다. '스티브 잡스를 위해 일하게 되겠군.' 엘리엇은 생각했다.

엘리엇은 애플이 최초의 매킨토시를 디자인할 때 잡스의 멘토가 됐다. 잡스는 종종 이런 농담을 했다. "서른이 넘은 사람은 절대 믿지 마세요. 엘리엇만 빼고요."

잡스는 사용 설명서 없이 바로 사용할 수 있는 개인용 컴퓨터를 만들고 싶었다. "그것이 최우선 목표였죠." 엘리엇은 회상했다. 그러나 컴퓨터를 다루기 위한 '마우스'가 당시 사람들에게는 많이 생소한 장치였기 때문에, 매킨토시 팀은 사용 설명서가 제품과 함께 제공돼야 한다는 사실을 깨달았다.

엘리엇, 잡스, 몇몇 마케팅 담당자가 모인 회의에서, 매킨토시 사용 설명서는 12학년(한국의 고등학교 3학년) 학생이 읽고, 이해하고, 그 내용만으로 컴퓨터 다루는 법을 배울 수 있을 정도로 쉽고 단순해야 한다는 의견이 나왔다.

"좋아요." 잡스는 마지못해 동의했다. "엘리엇, 고등학교로 가 설명서를 써줄 12학년 학생 좀 찾아주세요."

잡스는 그 말을 농담 삼아 한 게 아니었다. 엘리엇은 쿠퍼티노Cupertino 인근에 있는 고등학교들을 방문해 적임자를 찾기 위한 공모전을 열었다. 그들은 12학년 학생 작가를 찾아냈고, 매킨토시 앞에 앉아서 그것을 만지작거리며 기능을 파악할 수 있는 비밀 시설로 그 학생을 데려왔다. 매킨토시는 일반인이 사용할 수 있을 정도로 쉽고 간단한 최초의 개인용 컴퓨터였으며, 고등학교 수준의 교육을 받은 사람이라면 누구나 이해할 수 있도록 작성된 얇은 사용 설명서가 딸려 있었다. 사용 설명서는 다음과 같이 간단한 문장들을 담고 있었다.

"여러분은 곧 새로운 컴퓨터 사용법을 알게 될 겁니다."

"이 장에서는 문서(매킨토시에서 작성한 것이라면 무엇이든 문서라 지칭함)를 생성하고 변경하고 저장하는 방법 같은, 매킨토시를 사용하기 위해 알아야 할 사항을 설명합니다."

"파인더$_{finder}$는 매킨토시라는 집의 중앙 복도와 같습니다."

엘리엇은 말한다. "잡스의 천재성 중 일부는, 디자인에서 콘텐츠에 이르는 모든 것을 단순하게 유지하는 데 도움을 줄 적임자를 찾아내는 데 있었죠."

효과적으로 소통하는 사람들은 그들이 알고 있는 것이 아니라, '청중'이 알고 있는 것에서부터 의사소통을 시작한다.

아마존 웹 서비스$_{Amazon\,Web\,Services}$(이하 AWS) 경영진과 함께 일한 직후에, 나는 AWS 파트너인 한 클라우드 회사의 경영진을 만났다. 그 클라우드 회사는 빠르게 성장 중인 실리콘 밸리 스타트업으로, IT와 보안 전문가들에게 자사 제품을 판매하여 쓰나미처럼 밀려드는 데이터를 신속하게 분석할 수 있도록 지원하고 있었다. 한마디로 그 회사는 치명적일 수 있는 보안 침해를 조사하는 데 필요한 시간을 단축시켜줬다.

실리콘 밸리 벤처캐피털 회사로, 페이스북, 드롭박스, 판도라, 인스타그램, 에어비앤비 등에도 투자한 바 있는 그레이록 파트너스$_{Greylock\,Partners}$가 그 클라우드 회사의 가장 큰 투자자였다. 당시 그레이록은 성공적인 기업 공개$_{IPO}$를 이뤄내야 한다는 큰 위험 부담을 안고 있었다. 이미 23퍼센트의 소유권으로 스타트업의 가치를 10억 달러 이상으로 끌어올렸음에도 말이다.

"그 회사는 아주 잘 나가고 있잖아요.. 제가 왜 필요하죠?" 나는 그레이록 파트너스의 한 관계자에게 물었다.

"컴퓨터 보안 전문가들은 우리의 가치를 이해하지만, 이제 우리가 할 일은 그 가치를 더 많은 투자자, 분석가, 주주들에게 전달하는 것이니까요."

클라우드 회사의 경영진은 그들에게 익숙한 전문 용어나 언어로 다른 전문가들과 이야기하는 데에는 아무 문제가 없었지만, 그 외에 다른 사람들은 클라우드 제품의 효과를 이해하는 데 어려움을 겪었다. 초기 프레젠테이션은 글자로 빼곡한 슬라이드, 생소한 약어, 불필요한 세부사항에 대한 지루한 설명으로 형편없었다. 이야기에 생기를 불어넣는 문구나 구체적인 예는 찾아볼 수 없었다. 간단히 말해서 영감을 주지 못하는 프레젠테이션이었다.

투자자들은 그 제품이 어떤 문제를 해결해 주는지, 그 회사가 클라우드에 최적화돼 있다는 사실이 왜 중요한지, 또 그 회사가 클라우드 분야의 다른 보안 플랫폼들과 무엇이 다른지 쉽고 간단한 언어로 이해할 필요가 있었다.

그 회사는 훌륭한 이야깃거리를 갖고 있었다. 우리는 인지 과부화가 발생하기 전에 본론으로 바로 들어가야 했다. 그 회사는 (전문가가) 사용하기 쉽고 간단한 애플리케이션을 보유하고 있었기 때문에, 우리는 큰 조직의 IT 전문가들이 해당 플랫폼을 사용해 15분 내에 문제를 해결했다는 사실에 초점을 맞췄다.

제품을 설명하는 로드쇼$_{road\ show}$는 대성공이었다. 투자자들은 한몫을 잡겠다고 난리였다. 그 회사는 2020년 주식을 상장했고, 그 해 최고의 IPO 중 하나가 됐다. 현재 그 회사는 20억 달러 이상의 가치를 지닌 것으로 평가받고 있다.

워런 버핏의 '명료한 글쓰기를 위한 간단한 비결'

경제계에서 활동하는 사람이라면 꼭 읽어 봐야 한다는 주주 서한을 쓴 리더는 베조스 말고도 한 사람 더 있다. 억만장자 투자자인 워런 버핏Warren Buffett은 60년 동안 자신의 투자 목적 지주회사인 버크셔 해서웨이Berkshire Hathaway 주주들에게 매년 편지를 써왔고, 이는 베조스가 편지를 쓴 기간보다 세 배 더 긴 시간이다.

버핏은 아흔이라는 나이에도 여전히 편지를 쓰고 있다. 그의 경험은 소수만이 취할 수 있는 관점을 그에게 선사한다. 버핏에 따르면, 간단명료한 글쓰기의 비밀은 그의 독자를 상상하는 데 있다. "저는 항상 제 여자 형제인 도리스와 버티에게 이야기하고 있다는 상상을 합니다. 버크셔는 그들의 유일한 투자처라 해도 과언이 아니죠. 도리스와 버티는 똑똑하기는 하지만, 사업에 적극적이지 않아서 사업에 관한 글을 매일 읽지는 않아요. 저는 그들이 1년간 자리를 비웠다고 가정하고, 그들에게 투자 성과를 보고하고 있답니다."[9]

버핏은 "도리스와 버티에게"라는 인사말과 함께 그의 주주 서한 초안을 작성하기 시작한다. 그는 주주 서한을 발표하기 직전에 그 인사말을 "버크셔 해서웨이 주주들에게"로 바꾼다.

버핏의 편지는 이해하기 쉽고, 읽기 쉽고, 재미있다. 버핏은 그의 독자를 상상함으로써 그들의 입장이 돼 보고, 그들이 쉽게 이해할 수 있는 언어로 이야기한다. 버핏은 2018년 주주 서한 초안을 작성하기 위해 자리에 앉으면서, 도리스와 버티가 그들의 주식을 매도할 생각을 하고 있다는 상상을 했다. 그가 해야 할 일은 그들이 주식을 계속 보유하도록 설득하는 것이었다.

버핏의 2018년 편지를 읽어 보면 그가 어떻게 복잡한 재무 정보를 도리스와 버티가 이해하기 쉽게 설명했는지 확인할 수 있을 것이다. 이 편지는 지금은 널리 알려진 "나무가 아닌 숲을 보라"란 은유적 표현 때문에 헤드라인을 장식하기도 했다.

　버핏은 버크셔의 방대한 포트폴리오에 속한 각 회사의 복잡한 재무 사항을 분석하는 일이, 그 복잡성을 감안할 때 매우 지루한 작업일 것이라고 말했다. 다행히 투자자들은 버크셔에 투자할 가치가 있는지 판단하기 위해서 각 회사를 평가할 필요가 없었다. 버핏은 각 회사가 작은 가지부터 삼나무에 이르는 다양한 '나무'와 같다는 것을 투자자들이 알아야 한다고 말했다. 버핏은 "저희 나무 중 몇 그루는 병에 걸렸고 십 년이 지나도 회복되지 않을 수 있습니다"라고 인정하면서 이렇게 덧붙였다. "하지만 다른 많은 나무는 크고 아름답게 성장할 운명을 갖고 있습니다."[10]

　버핏은 편지의 나머지 부분을 버크셔의 포트폴리오를 구성하는 다섯 가지 범주를 투자자들에게 설명하는 데 할애했다. 버크셔 숲을 구성하는 '작은 숲' 다섯 개는 버크셔 숲에서 가장 가치가 큰 비보험 사업을 비롯해, 시장성 있는 주식, 여러 기업에서 보유한 지배 지분controlling interest, 현금, 보험이다.

　버핏은 복잡한 재무 정보를 단순화하기 위한 멘탈 모델mental model로서 나무라는 은유를 사용하기로 했다. 그는 40만 명에 가까운 직원이 소속된 회사 90개 사이의 관계를 이해하는 것보다 나무숲을 이해하는 것이 사람들에게는 더 쉬울 수 있다고 말했다. 여러분은 5장에서 은유를 정신적 지름길로 사용하는 방법에 대해 더 자세히 배우게 될 것이다. 버핏은 비즈니스 커뮤니케이션에서 은유의 왕으로 여겨져 왔지만, 이제 곧 제프 베조스가 그 자리를 차지하게 될 것이다.

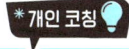

　여러분이 복잡한 주제를 다루고 있다면 워런 버핏이 그의 유명한 주주 서한을 작성할 때 사용하는 접근법을 따라 해보자. 여러분은 글을 쓰기 전 스스로에게

세 가지 질문을 던져 봄으로써 독자를 이해할 수 있다.

목표로 삼는 독자는 누구인가? 버핏은 그의 여형제인 도리스와 버티를 위해 글을 쓴다고 상상한다.

독자가 알아야 할 것은 무엇인가? 여러분이 아는 모든 것을 독자에게 말하는 것은 피해야 한다. 독자가 아직 모르지만 알아야 할 필요가 있는 것은 무엇인가?

독자가 왜 여러분의 생각에 관심을 가져야 하는가? 아무도 여러분의 생각 그 자체에는 관심이 없다. 독자는 여러분의 생각이 그들이 더 나은 삶을 사는 데 어떤 도움을 줄지에 관심을 갖는다.

여러분의 도리스와 버티는 누구인가? 일단 독자가 누구인지, 그들이 알아야 할 것은 무엇인지, 그들이 왜 관심을 가져야 하는지를 제대로 알게 되면 여러분이 전하고자 하는 메시지를 단순화하기 위한 다음 단계로 나아가면 된다. 첫 번째 단계가 독자를 이해하는 것이었다면, 두 번째 단계는 독자에게 걸맞은 메시지를 '선택'하는 것이다.

단 620단어로 구현해 낸 27년의 혁신

단순함은 요약이 아닌 선택의 행위다. 여러분은 불필요한 내용, 지나치게 세분화된 내용을 자세히 전달하는 사람들을 본 적 있을 것이다. 만일 그들이 프레젠테이션을 수행하기에 앞서 불필요한 내용을 덜어내는 작업을 했다면, 발표자로서 이야기가 삼천포로 빠지는 일은 피할 수 있었을 터다.

2021년 2월 2일, 베조스는 직원들에게 이메일을 보내 자신이 아마존의 CEO 자리에서 물러나고 아마존 웹 서비스$_{AWS}$의 CEO 앤디 재시$_{Andy\ Jassy}$가 그 자리를 이어받게 될 것이라고 알렸다. 베조스 자신은 아마존 이사회 의장을 맡아 아마존의 신제품과 초기 사업 계획에 집중할 것이라고 설명했다.

베조스의 이메일은 간단한 구조, 단어, 문장으로 7.8학년 수준이라는 점수를 받았다. 그러나 그 단순함의 진짜 비밀은 베조스가 강조해 전하기로 한 정보에 있다. 만약 베조스가 1994년부터 2021년까지 아마존이 성취한 모든 것을 이야기하고자 했다면 세상에서 가장 긴 이메일이 됐을 것이다. 마찰 없는 경험을 제공하는 데 자부심을 가진 리더라면, 그런 장황한 이야기를 늘어놓지 않을 것이다. 베조스는 무엇을 남기고 무엇을 덜어낼지 신중하게 선택함으로써 27년에 걸쳐 일군 혁신을 단 620단어의 이메일로 이야기했다.

베조스는 이렇게 적었다. "발명은 우리가 이룬 성공의 근원입니다. 우리는 미치광이 같은 일들을 함께 벌였고, 결국 그것들을 정상적인 것으로 만들었습니다. 우리는 고객 리뷰, 원클릭1-Click 주문, 개인 맞춤 추천, 프라임Prime의 초고속 배송, 저스트 워크 아웃Just Walk Out 쇼핑, 기후 서약Climate Pledge, 킨들, 알렉사, 마켓플레이스, 클라우드 컴퓨팅, 커리어 초이스Career Choice, 그 외에 많은 것들을 개척했습니다."[11]

그 외에 많은 것들. 이 간단한 표현은 베조스가 생략하기로 한 사업과 혁신의 범위를 압축해 전해 준다.

베조스는 "인터넷상에서 우리가 동종업체들보다 더 좋은 성과를 낼 수 있었던 이유는, 고객 경험에 레이저처럼 집중했기 때문"이라고 말한 적이 있다.[12] 베조스는 '첫날Day 1' 정신을 약속한 그날부터 인간 행동의 기본 원리를, 즉 사람들은 공동 목표, 비전, 우선순위가 쉽고 간결하며 일관성 있게 표현될 때 그에 맞춰 행동할 것이라는 사실을 이해하고 있었다.

데이터의 바다에서 길을 잃지 마라

스티븐 모레Stephen Moret는 자신이 아마존의 지침과 비전을 연구했던 것을 기쁘게 여긴다. 2017년 4월 아마존은 제2본사를 설립하기 위해 시애틀이 아닌 다른 지역에 있는 부지를 찾고 있다고 발표했다. 그 발표 이후 미국 전역의 도시에서 입찰 제안서를 제출했고, 아마존은 총 238개의 입찰 제안서를 받았다.

버지니아주의 수석 경제 개발 담당 공무원인 모레는 버지니아 경제를 발전시킬 수 있는 큰 기회를 발견했지만 승산이 없다는 것을 알고 있었다. 한 컨설팅 업체에서는 버지니아의 성공 가능성을 분석하기 위해 20개 부문의 데이터를 수집했다. 그리고 그 결과는 좋지 않았다. 버지니아주는 다른 주들이 제시한 후한 인센티브보다 더 나은 인센티브를 제공하지도 못했고 더 저렴한 시장에서 적은 비용으로 경쟁할 수도 없었다.

모레는 내게 말했다. "저희는 아마존이 제안서 수백 개를 받게 될 것이라는 사실을 알고 있었습니다. 그 치열한 경쟁에서 돌파구를 찾을 기회가 제한돼 있었기 때문에, 저희를 차별화할 수 있는 요소를 확실하게 찾아야만 했지요."[13]

모레의 팀은 아마존의 니즈를 조사하는 것을 출발점으로 삼고, 거꾸로 거슬러 올라가는 작업 방식으로 북버지니아_NOVA_에 아마존 제2본사를 유치하기 위한 제안서를 작성하기 시작했다('거꾸로 일하기_working backwards_'는 10장에서 자세히 배우게 될 아마존의 글쓰기와 의사 결정 기법 중 하나다). 그들은 아마존이 견고하고 지속 가능한 인재 파이프라인을 중요시한다는 사실을 발견했다. 모레의 팀은 정부와 민간단체들이 컴퓨터과학 교육을 확대하고, 버지니아 공대_Virginia Tech_에 새로 혁신 캠퍼스를 건립하는 데 11억 달러를 투자하도록 설득했다. 모레는 버지니아가 입찰에 실패하더라도 기술 인재로 유명한 지역은 미국 전역의 기업들을 지역 내로 유인하게 될 것이라고 강조하면서 초기 회의론을 극복했다.

NOVA의 최종 입찰 제안서(상세 추가 자료 포함)가 900페이지 분량으로 완성되기는 했지만, 모레는 팀원들에게 "실질적인 이야기를 한 페이지 분량으로 요약"해줄 것을 요구했다.

모레의 팀은 NOVA의 이야기를 신중하게 선별한 여섯 가지 핵심 메시지로 단순화했다.

- 북미 최고의 기술 인재 양성 지역
- 국제적이며 포용적인 지역
- 공공 및 민간 부문 혁신을 주도하는 미국 유일의 대도시 지역
- 탁월한 민관 협력 유산을 가진 안정적이고 경쟁력 있는 파트너
- 제2본사의 건립 범위, 속도, 규모에 맞는 부지 포트폴리오
- 21세기를 위한 새로운 경제 발전 모델

모레는 강조했다. "여섯 가지 요점에 초점을 맞춰 주목할 수밖에 없는 안건으로 만들어야 했습니다. 제안하고자 하는 바를 몇 가지 요점으로 정리해야 할 경우, 그 요점은 어떠해야 할까요? 그 요점들은 명확하고, 완전하며, 지지할 수 있는 것이어야 합니다. 데이터의 바다에서 길을 잃어서는 안 됩니다."

모레는 관계자 대부분이 절대 일어날 수 없을 것이라고 말한 일을 성취해낸 팀을 만들었다. 2018년 11월 13일, 아마존은 북버지니아가 제2본사의 본거지가 될 것이라고 발표했다. 모레의 팀은 미국 역사상 가장 큰 민간 경제 프로젝트에서 입찰을 따냈다. 아마존 제2본사는 새로운 일자리 2만 5,000개를 창출하고, 버지니아주에 연간 5억 달러가 넘는 세수를 가져다줄 것이다.

모레와 대화를 나눠보면, 그가 다양하고 때론 상충하는 관심사를 가진 팀원 수백 명을 하나로 통합하고, 공동 이익을 목적으로 함께 일해 나가게 만드는 미션에 성공한 이유를 곧바로 이해하게 될 것이다. 그는 자신의 공적을 내세우지 않고 입찰 제안서 작성에 참여한 팀원 500명에게 그 공을 돌린다. 그러나 모레는 분명 그 팀을 이끄는 사령탑이었다. 현명한 리더들은 일을 계속

단순하게 만든다. 단순한 것이 현명한 결정으로 이어지기 때문이다.

현 아마존 이사회 일원이자 전 펩시코 CEO, 인드라 누이 Indra Nooyi는 "여러분이 아무도 갖고 있지 않은 능력, '뒷주머니 기술 hip-pocket skill'을 갖고 있다면, 여러분은 더 가치 있는 사람이 될 것"이라고 말했다.[14] 또한 누이는 그녀의 '뒷주머니 기술'이 복잡한 것들을 단순하게 만드는 능력과 다르지 않다고 여긴다.

"일이 너무 복잡해지면, 그 일은 전부 제 차지였죠. 사람들은 제게 부탁합니다. '인드라, 당신이 먼저 그 일을 단순화해 주세요. 얽히고설킨 이 문제를 풀어 나갈 수 있는 방법을 알려줘요.' 일을 단순화하는 게 당시 제 기술이었죠. 그 기술은 지금도 여전합니다."

누이는 또 조언한다. "만약 여러분이 리더가 되고 싶은데 의사소통을 효과적으로 할 수 없다면, 포기하는 게 좋을 겁니다. 디지털 세계에서 사람들은 문자메시지를 보내고 트윗을 하면 소통하는 것이라고 생각하지만, 의사소통은 그런 게 아닙니다. 여러분은 직원들 앞에 서서 그들이 갈 수 있을 거라고 전혀 생각지 못했던 곳으로 그들을 이끌 수 있어야 합니다. 여러분은 뛰어난 소통 능력을 갖춰야 해요. 커뮤니케이션 기술에는 아무리 투자해도 지나치지 않죠."

여러분은 자기 메시지를 단순화하기를 거부하는 사람들을 늘 만나게 될 것이다. 그들은 자신의 지성에 도취해 있고, 자신의 능력에 사로잡혀 있으며, 자신의 경험에 빠져 있다. 그들은 긴 표현을 대체할 짧은 표현을 결코 선택하지 않을 것이다. 왜 그러겠는가? 그들은 '세스퀴피데일리언 sesquipedalian'인데 말이다. 세스퀴피데일리언은 실제로 존재하는 단어다. 세스퀴피데일리언은 발음하기 어렵고 이해하기도 어려운 다음절 multisyllabic 단어를 즐겨 쓴다. 그들이 여러분을 괴롭히도록 내버려 둬서는 안 된다. 한 개인 투자 회사의 억만장자 설립자는, 입사 희망자들의 가장 큰 약점이 스스로의 성과나 생각을 알기 쉬운 말로 옮기지 못하는 것이라고 생각한다. "그들의 프레젠테이션은 포괄적인 데다 매우 전문적이지만, 이해하기가 정말 어렵고 전혀 기억에 남지 않아요."

메시지를 단순화하기 위한 노력을 계속 기울여라. 여러분의 단순한 메시지는 여러분에게 특별한 능력을 안겨줄 것이다.

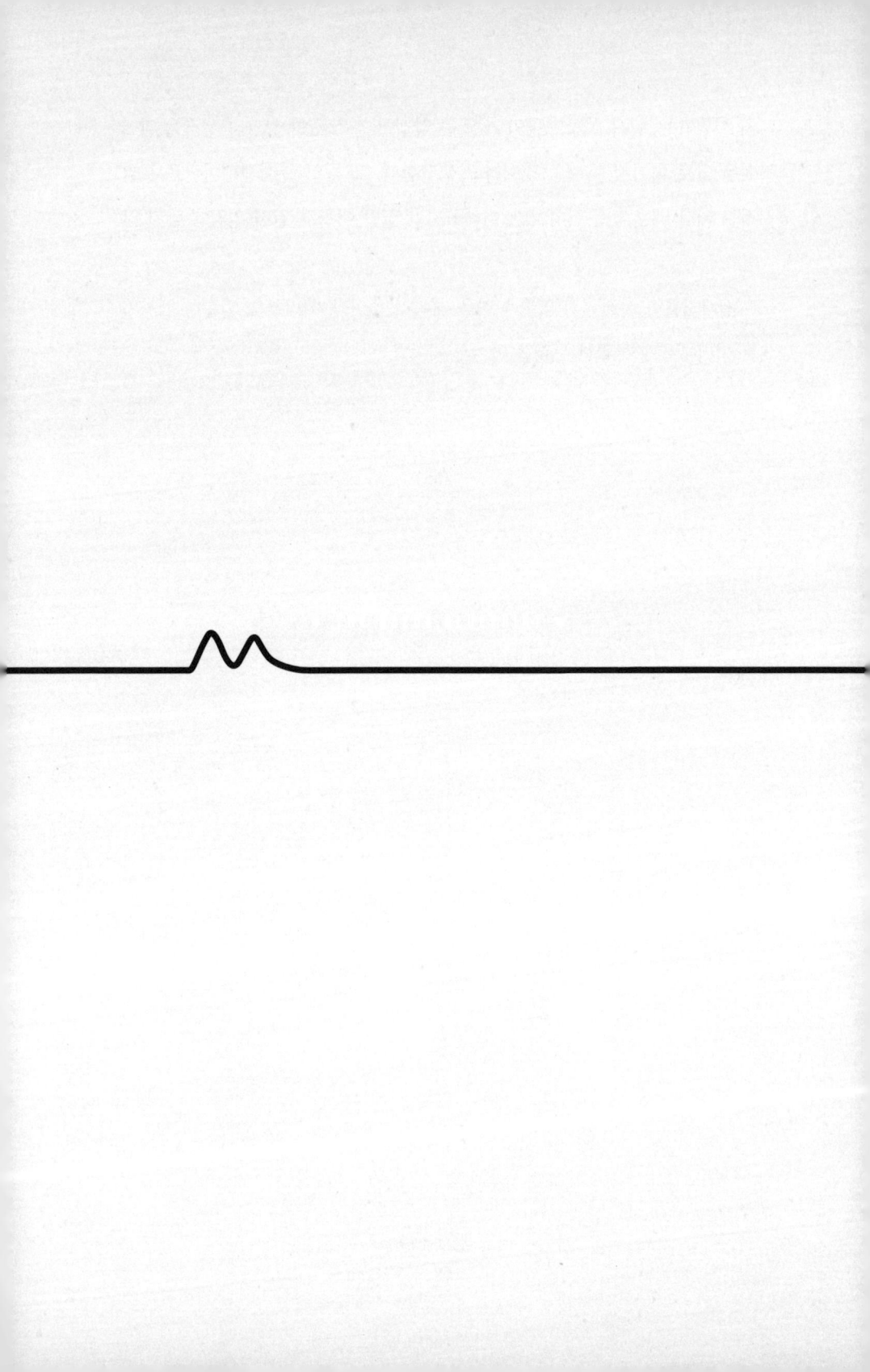

2장

오래된 단어에 대한 현대적 재해석

간결한 단어가 가장 좋고, 그중에서도
오래된 단어가 최고다.

_ 윈스턴 처칠 Winston Churchill

2007년 11월, 출판계를 뒤흔드는 혁명이 일어났다. 아마존이 출시한 전자책 단말기 킨들Kindle은 로켓처럼 폭발적인 인기를 끌었다.

1세대 킨들은 기기를 통해 이용 가능한 책 9만 권에 마음을 빼앗긴 고객들 덕분에 다섯 시간 만에 품절됐다. 현재 킨들 사용자들은 600만 권이 넘는 책 중에서 읽을 책을 선택할 수 있다. 아마존은 미국에서 유통되는 전체 전자책 중 80퍼센트를 판매하고 있다.

미국 성인 중 약 25퍼센트가 전자책을 읽는다. 여러분이 그 그룹에 속하지 않고 종이책이나 빠르게 성장 중인 오디오북 쪽을 선호하더라도, 어떻게 전자책에 접근하고 읽을 수 있는지는 알고 있을 것이다. 그러나 2007년에는 대부분 사람이 킨들과 같은 기기를 잘 알지 못했다. 베조스는 주주 서한에서 킨들의 몇 가지 특징을 강조했다.

알지 못하는 단어를 발견하면, 그 단어를 쉽게 찾아볼 수 있습니다. 소장한 책을 검색해볼 수도 있어요. 또 여러분이 써둔 메모나 그어둔 밑줄도 서버 측 '클라우드'에 저장되니, 데이터가 사라질 일이 없습니다. 킨들은 책을 열 때마다 여러분이 마지막으로 읽었던 위치로 자동으로 이동시켜 줍니다. 눈이 피곤하면 글꼴 크기를 변경할 수 있습니다. 그중 최고는 60초 안에 책을 검색하고 구입할 수 있는 매끄럽고 간단한 기능입니다. 제가 처음 킨들을 사용하는 사람들을 지켜봤을 때, 그 기능이 그들에게 아주 유용하다는 것이 확실했습니다. 킨들에 대한 저희의 비전은 어떤 언어로 인쇄됐든 간에 모든 책을 60초 안에 이용 가능하도록 하는 것입니다.[1]

앞서 인용한 구절에 쓰인 단어 중 92퍼센트는 한두 음절로 이뤄져 있다. 실제로 베조스가 킨들을 설명하기 위해 선택한 단어 중 76퍼센트는 한 음절에 불과하다(영어 원문 기준).

뛰어난 화자들은 새로운 생각을 설명하기 위해 짧은 단어를 사용한다.

짧고 간결한 단어들의 기원은 영국인들의 마음속에 크게 자리 잡고 있는 한 사건으로 거슬러 올라간다. 킨들이 사람들의 독서 방식을 바꾸기 약 940년 전, 헤이스팅스 전투 Battle of Hastings 는 사람들이 말하는 방식을 바꿔 놨다.

1066년 정복왕 윌리엄 1세 William the Conqueror 는 그의 이름에 걸맞게 노르만 병력 7,000명과 함께 프랑스에서 영국 해협을 가로질러 항해했다. 그는 영국 지배층에 새로운 말, 즉 라틴어에 기반을 둔 초기 프랑스어(노르만 프랑스어)를 소개했다. 노르만 정복은 영어에 큰 영향을 미쳤고, 그 영향은 오늘날까지 이어지고 있다.

오늘날 영어 사용자들이 말하는 단어 중 80퍼센트는 게르만어(고대 영어와 중세 영어의 결합)와 라틴어라는 두 그룹으로 나뉜다. 나머지 20퍼센트는 그리스어와 대륙을 넘나드는 다른 어원들의 결합에서 생겨났다(아메리카 대륙의 담배 tobacco 와 감자 potato, 극동의 방갈로 bungalow 와 구루 guru 같은 단어를 그 예로 들 수 있다). 낮은 비율이긴 해도 기술 역시 구글링 googling (검색 엔진인 구글로 정보를 검색하는 것을 말한다_역주)과 같은 단어를 만들어내고 있다.

영어에서 좀더 오래된 고대 단어와 라틴어 유래 단어를 어떻게 구별할 수 있을까? 일단 그 차이를 이해하기만 하면 쉽다. 고대 단어는 짧고, 보통 한 음절로 이뤄져 있다. 라틴어에 기반을 둔 단어들은 더 많은 음절로 이루어져서 더 길다. 누군가가 '알기 쉬운 영어'로 말한다면 그 사람은 오래된 단어를 사용하고 있을 가능성이 크다. 어떤 사람의 말이 지루하고 애매하고 이해하기 어렵다면, 그 사람은 라틴어에서 유래한 복잡한 단어를 지나치게 많이 사용하고 있을 가능성이 크다.

(예를 들면 여러분이 윗사람에게 보고할 때, 'boss(상사)'를 사용한다면 알기 쉬운 단어로 말하는 것이고, 'superior(상급자)'를 사용한다면 복잡한 단어로 말하는 것이다. 또 이웃집이 여러분 집 가까이에 있다고 할 때, 'next(옆)'를 사용한다면 알기 쉬운 단어로 말하는 것이고, 'adjacent(인접한)'를 사용한다면 복잡한 단어로 말하는 것이다.)

게르만어에서 유래한 고대 단어들은 알기 쉬운 구어체다. 라틴어에서 유래한 단어들은 보통 지루한 문어체다. 표 2.1은 영어의 여러 문어체 문장과 구어체 문장의 예를 비교해 보여준다.

● 표 2.1: 문어체 문장과 구어체 문장의 비교

문어체	문자 수	구어체	문자 수
He engaged in a deliberate prevarication. (그는 고의적인 변명에 가담했다.)	36	He told a lie. (그는 거짓말을 했다.)	11
I perceive something in the distance. (저 멀리에 있는 무언가가 느껴진다.)	32	I see something. (뭔가 보인다.)	14
Let's engage in a conversation. (담화를 함께 나눠 보자.)	27	It's time to talk. (대화할 시간이다.)	15
You are required to purchase any item you damage. (파손시킨 물품은 모두 구매하셔야 합니다.)	41	If you break it, you buy it. (망가뜨리면 사야 합니다.)	22

이 장에서는 영감을 주고 설득하고 동기를 부여하기 위한 간단한 언어 장

치, 즉 쉬운 단어와 복잡한 단어를 결합해 사용하는 방법을 배우게 될 것이다. 패트릭 헨리Patrick Henry는 "자유가 아니면 죽음을 달라Give me liberty or give me death."라는 문장을 쓰면서 라틴어 'libertas'에서 파생한 명사인 '자유liberty'와 고대 영어에서 유래한 짧은 단어인 '죽음death'을 결합했다. 헨리의 말은 미국 식민지 주민들을 하나로 단결시켰고 혁명을 불러일으켰다.

쉬운 단어와 복잡한 단어의 결합은 법률 교과서와 《딕과 제인Fun with Dick and Jane》 같은 아동 도서 사이 어딘가에 있다. 제인이 "달려, 달려"라고 말하고, 딕이 "봐, 봐"라고 말하는 글은 여섯 살짜리 아이에게나 재미있게 읽힐 것이다. 반대로 길고 복잡한 단어로만 구성된 글과 프레젠테이션은 이해하기 힘들고, 헷갈리며, 난해할 것이다. 간단히 말해서, 복잡한 단어는 사람들을 잠들게 한다.

그렇다면 언제 복잡한 단어 대신 쉬운 단어를 써야 할까? 답은 간단하다. 위기나 고차원적 개념 같이 어려운 주제에 대해 말할 때, 듣는 이들이 기억했으면 하는 핵심 아이디어를 이야기할 때에는 쉽고 짧은 단어를 고르면 된다.

★개인 코칭

여러분이 전하고자 하는 메시지로 시험해 보자. 여러분의 프레젠테이션 원고 중 하나를 선택해 샘플로 삼을 글을 발췌한다. 어려운 한자 단어나 복잡한 문구(영어의 경우 라틴어 파생 단어나 표현)는 몇 개인가? 단어의 어원을 확인하려면 온라인 어원사전을 사용하면 된다.

문어체 단어를 대체할 더 쉽고 짧은 단어를 찾아보자. 여러분이 짧은 단어를 선호하게 되면 연설이나 말을 할 때, 청자를 헷갈리게 할 수 있는 난해한 전문 용어 대부분을 덜어내는 자신을 발견하게 될 것이다. 결과적으로 여러분의 문장은 간결하고, 분명하고, 강력해질 것이다. 어려운 단어를 쉬운 단어로 대체하면 훨씬 더 설득력 있는 사람이 될 것이다.

위기 상황에서는 쉽고 짧은 단어를 택하라

윈스턴 처칠Winston Churchill은 한때 이렇게 말했다. "길이가 짧을수록 보통 더 오래된 단어다. 짧고 오래된 단어의 의미는 국민성에 더 깊이 뿌리내려 있어, 더 큰 힘을 이끌어낸다."

에릭 라슨Erik Larson은 제1차 세계 대전 중 일어난 루시타니아호Lusitania 침몰을 다룬 《데드 웨이크Dead Wake》와 제2차 세계 대전 당시 처칠이 영국 총리로서 임기 초반에 수행한 역할을 다룬 《폭격기의 달이 뜨면The Splendid and the Vile》과 같은 역사 이야기를 쓴 베스트셀러 작가다. 라슨은 처칠이 대중과 소통하기 위한 단어를 선택하는 데 많은 노력을 기울였다고 내게 말했다. 처칠은 '간결성Brevity'이라는 제목의 메모에서 길고 "불분명한 문구"를 보다 구어체에 가까운 간결한 말로 바꿀 것을 정부 관료들에게 촉구했다. 처칠은 일렀다. "핵심을 간결하게 제시하는 훈련을 하면, 명확한 사고를 하는 데 도움이 될 것이다."[2]

명확한 사고와 명료한 메시지는 코로나19 팬데믹이 전 세계를 마비시켰을 때 우리에게 필요했던 것이다. 2020년 3월, 전 세계 보건 기관들은 코로나19 확산을 줄이기 위해 사람들에게 예방 조치를 취할 것을 권장하는 캠페인을 실시했다. 미국, 영국, 캐나다, 호주를 포함한 영미권 시민들은 "집에 머무르고, 확산을 막고, 목숨을 구하라Stay Home. Stop the Spread. Save Lives"는 메시지를 들었다.

영국 정부는 국민 보건 서비스가 마비되는 사태를 막기 위해 지면 광고와 라디오 광고를 내보냈다. "집에 머무르세요. 확산을 막으세요." 호주 사람들은 이렇게 권고받았다. "확산을 막고 건강을 지키세요." 캐나다 사람들은 "집에 머무르고, 마스크를 착용하고, 손을 씻으세요"라는 지침을 받았다. 위기 상황에서는 이런 간결한 말이 상황의 긴박함을 전달하고, 관심을 끌어 모으고, 상황을 쉽게 파악할 수 있게 해준다.

코로나19 캠페인에 전통적인 관료적 수사가 사용됐다고 상상해 보자. 캠페인 메시지는 이런 식으로 전달됐을 것이다.

> 공중 보건 및 안전을 보호하기 위해, 주요 기반 시설에 영향을 미치는 필수 활동에 참여하지 않는 모든 시민은 신종 코로나바이러스의 전파를 완화하고 이환율~morbidity~(병에 걸리는 비율을 말한다_역주)과 사망률을 최소화하기 위해 거주지에 머물 것을 권고한다.³

앞서 살펴본 단락은 내가 만들어낸 게 아니다. 2020년 3월 16일 뉴욕주에서 자택 대기~stay-at-home~ 지침을 알리기 위해 발령한 행정 명령에서 발췌한 글이다. 이 글은 사람들이 평상시에 사용하는 일반적인 언어가 아닌 법률 언어다. 의료 서비스 관련 지식이나 정책을 전달하는 이들은 그 차이를 알고 있다. 그들은 위기 상황에서 소통할 때 '머물다~stay~', '집~home~', '목숨~live~'과 같은 쉽고 간결한 단어들을 선택한다.

비영어권 국가들은 어떨까? 그곳에서도 간결한 단어가 위기 상황에 사용될까? 물론이다.

코로나19 팬데믹은 일본을 큰 혼란에 빠트렸다. 일본은 2020년 도쿄 올림픽 연기로 부가된 심리적·경제적 타격에도 대응해야 했기 때문이다. 3월에 열린 한 보건 전문가 회의는 코로나19를 유발하는 바이러스가 전염되는 세 가지 조건이 있다고 결론 내렸다. 그 세 가지 조건은 바로 환기가 거의 이뤄지지 않는 밀폐 공간, 사회적 거리를 유지하기 어려운 밀집 장소, 상대방과 가까운 거리에서 나누는 대화였다.

'행동 수정~behavior\ modification~'이 꼭 필요했고, 효과적인 소통이 이뤄져야만 사람들이 예방 조치를 취하도록 설득할 수 있었다. 보건 당국은 '3C', 즉 밀폐 공간~Closed\ Spaces~, 밀집 장소~Crowded\ Places~, 밀접 접촉 환경~Close-Contact\ Settings~을 피할 것을 사람들에게 권고하는 캠페인을 벌이기 시작했다. 이 3C 캠페인은 기억하기가 아주 쉬워서 일본의 어린 학생들까지 밀폐되고 밀집된, 밀접 접촉이 이뤄질 수 있는 환경을 피해야 한다는 것을 알고 있었다.*

전 세계 보건 전문가들은 위기 커뮤니케이션$_{crisis\ communication}$ 교육을 받는다. 그들이 배우는 첫 번째 규칙은 전달할 메시지를 분명하고 간결하게 만드는 것이다. 위기 커뮤니케이션 분야 연구의 상당 부분은 '정신 소음 이론$_{mental\ noise\ theory}$'에 기반을 두고 있다. 정신 소음 이론은 위기 상황에서는 스트레스가 높아지고 감정적인 상태가 된다고 설명한다. 이러한 상황에서는 사람들이 정보를 정확하게 듣고, 이해하고, 기억할 가능성이 낮다.

정신 소음을 없애는 방법은 7~9초 안에 말할 수 있거나 20단어 정도로 인쇄할 수 있는 메시지를 정교하게 만드는 것이다. 그렇기 때문에 여러분은 가능한 한 가장 짧은 단어 세 개로 작성한 위기 메시지를 자주 보게 된다. 옷에 불이 붙었을 때, "멈추고, 엎드리고, 구르기$_{stop,\ drop,\ and\ roll}$"라는 안전 수칙은 기억하기가 쉽다. 미국 내 지진이 일어나기 쉬운 지역에서는 아이들이 "엎드리고, 가리고, 붙잡기$_{drop,\ cover,\ and\ hold\ on}$"라는 안전 수칙을 배운다.

위기 상황에서는 메시지를 효과적으로 전달해줄 가장 짧은 단어를 택해야 한다. 코로나19 팬데믹이 지속되는 동안 우리 모두는 집에 머무르고, 마스크를 착용하고, 다른 사람과의 거리를 2미터 정도 유지하라는 똑같은 방역 지침을 여러 차례 반복해 들었다. 어떤 메시지를 효과적으로 표현하기 위한 가장 짧은 어구를 찾아냈다면, 똑같은 메시지를 전달하는 방법으로 그만큼 간단한 것이 없다는 사실을 알게 될 것이다.

---

* 한국의 경우 '3밀(밀폐·밀집·밀접)'이란 말로 예방 수칙을 홍보했다. 비록 어려운 한자어지만 첫 글자를 통일하고 표현을 간결히 해 기억하기 쉽게 했다. _편집주

사람들에게 복잡한 개념을 설명하는 방법

여러분의 생각이 복잡해질수록, 하는 말의 길이를 줄여야 한다.

법률 분야를 예로 들어 보자. 미국 변호사들은 프랑스어와 라틴어에서 유래한 단어들을 좋아한다. 그래서 법률 계약서는 '종전에는 heretofore', '면책 indemnification', '불가항력 force majeure'과 같은 일상적인 대화에서는 사용하지 않을 법한 단어들로 가득 차 있다.

숀 버턴 Shawn Burton은 변화가 필요한 시점이라고 판단했다. 버턴이 제너럴 일렉트릭 GE 법무팀에 가져온 혁신은 알기 쉬운 영어로 소통하는 방식으로 나타났다. GE의 항공 사업 부문 총괄 고문인 버턴은 《하버드 비즈니스 리뷰》에 기고한 기사를 이렇게 시작했다. "법률 용어로 가득 차 있어 변호사가 아니면 사실상 이해하기가 불가능한 난해하고 장황한 계약서를 뭐라고 할까? 바로 현상 유지용 계약서다."[4]

버턴은 법률 계약서 대부분이 "불필요하고 이해할 수 없는 말로 가득 차 있다"라고 말한다. 그는 웹스터 Webster 사전에서 정의한바 "대부분 사람은 이해하기 어려운 변호사들이 사용하는 언어"인 '난해한 법률 용어 legalese' 대신, 알기 쉬운 언어로 작성된 계약서 사용을 권장하기 위해 3년간 노력을 기울였다.

법률 용어로 인한 문제는 GE의 영업팀을 괴롭혔다. 100페이지가 넘는 분량에 36개에 달하는 용어의 정의가 담긴 계약서는, 읽고 이해하고 처리하는 데 너무 많은 시간이 소요됐다. 로스쿨에서 알기 쉬운 영어에 대해 배운 버턴은 한 가지 간단한 판단 기준을 제시했다. "고등학생이 전후 사정을 모르는 상태에서 계약서 내용을 알아듣고 이해할 수 없다면 알기 쉽게 작성된 계약서가 아니다."[5]

계약서를 고쳐 쓰는 일은 쉽지 않았다. 버턴의 법무팀은 초안을 작성하는 데 한 달을 보냈지만, 계약서 일곱 개를 한 개로 줄이는 데 성공했을 뿐이었다. 한 페이지 이상을 필요로 하는 진술과 단락은 한두 문장으로 줄였다. 어느 계약서에는 142단어로 이뤄진 매우 긴 문장이 있었다. 라틴어에 기반을 둔 많은 문구를 더 간결하게 바꿈으로써 그 문장의 단어를 65개로 줄일 수 있었다. 여전히 길긴 하지만 절반 이상 줄었다. 무엇보다 좋은 점은, 정의해야 할 단어 33개를 모두 없앴기 때문에 부록appendix이 더 이상 필요하지 않았다는 것이다.

모두가 새로 쓴 최종 계약서가 더 간결하고 읽기 쉽다는 데 동의했다. '면책', '종전에는', '전문前文,whereas', '즉시forthwith'와 같은 단어들도 사라졌다. 심지어 어떤 사람들은 새로운 계약서를 '어색하게' 느끼기까지 했다. 계약서에 사용하는 말이 쉽고 간결할수록 이해하기 쉽다는 사실을 깨달았기 때문이다. "오랜 세월, 복잡하게 만들어져온 계약상의 법적 개념이 일반적인 용어로 설명됐다. 문장은 간결한 능동태로 작성됐다"고 버턴은 말했다.[6]

그 노력은 결실을 맺었다. 알기 쉬운 말로 처음 작성한 계약서 150개 덕분에 협상 시간을 60퍼센트까지 줄일 수 있었다. 버턴에 따르면, 새로운 계약서는 거래 성사를 앞당기고, 고객 만족도를 높였으며, 비용도 절감해 줬다.

버턴은 계약서를 알기 쉬운 말로 바꾸기 위한 그의 프로젝트를 "훌륭한 계약 체결하기brilliant contracting"라고 부른다. 물론 훌륭하지만, 사실 새로운 전략은 아니다. GE가 알기 쉬운 말로 계약서를 고쳐 쓰기 약 150년 전에, 에이브러햄 링컨Abraham Lincoln이라는 변호사가 이 전략을 우연히 발견했던 것이다.

역사학자 도리스 컨스 굿윈Doris Kearns Goodwin은 "링컨의 성공 비결은 가장 복잡한 사건이나 문제를 가장 단순한 구성 요소로 나눠 분석하는 놀라운 능력에 있었다"라고 썼다.[7] 링컨의 주장은 논리적이고 심오했지만 알아듣고 이해하기가 쉬웠다. 어떻게 그런 일이 가능했을까? 굿윈은 링컨의 동료 중 한 명인 헨리 클레이 휘트니Henry Clay Whitney의 말을 인용해 그 이유를 설명했다. "링컨은 마치 친구들과 대화를 나누듯 배심원들과 친밀한 대화를 나누려고 애썼습니다. 그의 말은 알기 쉬운 고대 영단어로 구성돼 있었어요."

에이브러햄 링컨은 호인이며 소통의 달인이었다.

아마존으로 다시 돌아가 보자. 이번에는 아마존 시애틀 본사가 아닌 '한국의 아마존'이라 불리는 쿠팡이다.

2021년 3월, 쿠팡이 뉴욕 증권 거래소에 상장했다. 쿠팡 이사회 의장이자 CEO인 김범석(영문 이름은 Bom Kim이다_역주)은 하버드 경영대학원을 6개월 만에 중퇴한 후 2010년에 쿠팡을 설립했다. 그러나 그를 걱정할 필요는 없다. 《포브스Forbes》에 따르면, 김 의장은 한국에서 전자 상거래에 대변혁을 일으키기 위해 아마존의 리더십 원칙 중 일부를 도입했고, 현재 쿠팡의 가치는 80억 달러기 때문이다.

김 의장이 서비스, 다양하고 많은 상품, 저렴한 가격에 대한 자사의 집착에 대해 이야기할 때, 우리는 아마존을 성공으로 이끈 리더십 원칙을 떠올리게 된다. 또한 이 젊은 기업가는 베조스의 전략을 모방할 뿐 아니라, 새로운 아이디어를 설명하기 위해 쉬운 말과 간결한 단어를 쓴다.

김 의장은 기업공개IPO 로드쇼 프레젠테이션에서 자신이 '로켓 배송rocket delivery'이라고 명명한 신속한 배송 서비스를 소개했다. 로켓 배송은 놀랄 만큼 빠르다. 쿠팡의 첨단 물류 시스템은 1년 365일 내내 수백만 개에 달하는 물품과 신선한 식료품을 수시간 내로 배송할 수 있게 해준다.

김 의장은 로켓 배송 서비스를 이렇게 설명한다. "밤 12시에 주문하고 다음 날 일어나 물품을 확인하세요. 주문을 하고 잠자리에 들면 됩니다. 일어나면 크리스마스 아침처럼 여러분의 문앞에서 주문한 물품을 확인할 수 있습니다. 아이에게 발레 연습용 튀튀tutu가 필요한가요? 자정까지 주문해 아이가 학교에 가기 전 새벽에 받아 보세요. 아니면 밤에 헤드폰을 주문해 바로 다

음 날 출근길에 사용하세요."⁸

김 의장의 설명은 가독성 점수가 90점이고, 이는 대부분 사람이 이해하기에 '매우 쉬운' 설명이라는 것을 의미한다. 이 가독성 점수가 높을수록 문장과 단어가 더 간결하다. 또 그의 설명을 등급으로 따지면 3학년 수준에 해당하며 그가 사용하는 문장은 모두 능동태다. 같은 내용을 이보다 더 간결하게 표현할 수 있는 방법은 찾기 어려울 것이다.

그런데 김 의장의 말에는 엄청난 복잡성이 감춰져 있다. 그는 쿠팡이 "수요를 예측하고 그에 따른 재고를 고객에게 더 가까운 곳에 전진 배치하기 위해 기계학습을 활용합니다"라고 말하지 않는다. 그는 모든 주문의 가장 효율적인 경로를 예측하기 위해 수억 개에 달하는 재고 및 경로 옵션 조합을 분류하는 기술인 "동적 오케스트레이션$_{dynamic\ orchestration}$"을 언급하지도 않는다. 그는 쿠팡이 "판매 단계에서 비효율적인 것을 줄이기 위해 제조 공정을 최적화"할 수 있게 해주는 통합 시스템에 대한 논의를 하지 않는다.

일반 고객들은 주문한 물품이 문앞까지 어떻게 도착하는지 신경 쓰지 않는다. 그들은 쿠팡이 효율적인 사용자 경험을 제공하기 위해 어떤 인공지능, 물류 시스템, 소프트웨어 플랫폼을 사용하는지도 알고 싶어 하지 않는다. 그들은 '동적 오케스트레이션'을 이해할 마음은 없지만, 그 기술이 보여주는 결과에는 감탄한다. 그 기술은 쿠팡이 주문 바로 다음 날이나 수시간 내에 모든 배송을 완료할 수 있도록 해준다.

김 의장은 CNBC와의 인터뷰에서 아마존의 비즈니스 모델이 "부러웠다"면서, 베조스가 아마존의 비전과 유익을 명확히 전달하는 방식에 영감을 받았다고 밝혔다. 그는 뛰어난 커뮤니케이터가 됐다. "고객들이 '쿠팡 없이 어떻게 살았을까?' 궁금해하는 세상을 만들기 위해." 많은 이가 이 간결하면서도 기억에 남는 쿠팡의 사명을 외울 수 있다.

2장 ● 오래된 단어에 대한 현대적 재해석

아포리즘, 강력한 아이디어를 압축해 표현하라

"고장 난 게 아니면 고치지 마라If it ain't broke, don't fix it"는 인용문을 모두 들어본 적 있을 것이다. 어떤 기업가들은 오래된 **아포리즘**aphorism(깊은 진리나 사상을 간결하게 표현한 말이나 글을 말한다_역주)을 재해석해 "빠르게 움직이고 혁신하라Move fast and break things"와 같은 자기만의 표현으로 재탄생시켰다. 이런 간결한 속담, 예리한 관찰, 지혜의 정수, 충고의 금언 등을 아울러 아포리즘이라 이른다. 물론 아포리즘마다 담고 있는 메시지는 제각각이지만, 짧은 문장인 경우가 거의 대부분이다.

- 뿌린 대로 거둔다.
- 사슬은 가장 약한 고리만큼만 강하다.
- 원래 좋고 나쁜 것은 다 생각하기 나름이다.
- 로마는 하루아침에 이루어지지 않았다.
- 겉만 보고 판단하지 마라.

길고 애매모호한 격언은 기억하기 어려울 것이다. 기억할 수 없는 조언은 따를 수도 없다. 간결한 문장과 쉬운 단어는 새로운 아이디어를 떠올리거나 생각을 가다듬는 데 큰 도움을 준다.

《블랙 스완The Black Swan》을 쓴 베스트셀러 작가이자 철학자인 나심 니콜라스 탈레브Nassim Nicholas Taleb는 아포리즘의 힘은 "강력한 사상을 몇 안 되는 단어로 요약"해 내는 능력에 있다고 말한다.

탈레브는 저서 《프로크루스테스의 침대The Bed of Procrustes》에서 아포리즘, 격언, 속담, 짧은 경구들이 초기 문학의 형태를 보여주는 예라고 설명한다. "그것들은 강력한 사상을 몇 안 되는 단어로, 특히 구전 형식으로 압축해 내는 작가의 능력을 통해 약간의 허세를 드러냄과 동시에, 핵심 내용의 인지적 간결함을 전달한다. (…) 아포리즘은 우리에게 독서 습관을 바꾸고, 그것을 너무 많이 언급하지 말도록 요구한다. 각각의 아포리즘은 하나의 완전한 단위이자 다른 것들과 완전히 분리된 하나의 내러티브다."[9]

아포리즘 중 어떤 것들은 여러분이 자주 들어본 상식적인 생각을 반복해 말하는 무미건조하고 상투적인 말일 것이다. 그러나 탈레브에 따르면, 또 어떤 것들은 발견의 순간을 선사하고 폭발적인 영향력을 행사하는 명쾌하고 유용한 발상이다.

세상을 새로운 방식으로 생각하게끔 해주는 아포리즘은 대대로 전해져 내려오기 때문에 오랜 세월의 흐름에도 건재함을 자랑한다. 마찬가지로 베조스는 자신의 전략이 현 직원들에게서 신입들에게로 전달되어, 회사 전체가 지속적으로 공동 목표를 향해 나아갈 수 있기를 원한다. 그런 까닭에 베조스는 조언을 전할 때, 지혜가 가득 담긴 간결한 속담이나 아포리즘으로 그 내용을 압축해 전달한다. 간결한 격언은 말하기 쉽고, 읽기 쉽고, 기억하기 쉽고, 반복하기 쉽다.

유명한 제프이즘

가장 유명한 베조스의 명언, '**제프이즘**Jeff-isms' 몇 가지를 자세히 살펴보고, 그가 왜 다른 단어가 아닌 특정 단어를 선택했는지 알아보도록 하자. 표 2.2에서 실제 예시와 각 인용문이 인기를 얻게 된 이유를 함께 확인할 수 있다.

● 표 2.2: 베조스의 아포리즘

아포리즘	참고
"Get big fast." ("빠르게 성장해야 합니다.")	사용한 단어를 플레시의 가독성 테스트로 측정하면 100점이 나온다. 이보다 더 간단하게 쓸 수 없다.

아포리즘	참고
"You don't choose your passions. Your passions choose you." ("여러분이 열정을 선택하는 게 아닙니다. 열정이 여러분을 선택하는 겁니다.")	이 인용문 역시 100점에 가까운 가독성 점수를 가진 거의 완벽한 문장이다. 연속된 두 문장에서 동일한 반복 어구의 순서를 바꿔 배열하는 방법인 '교차 대구법$_{chiasmus}$'이라는 수사적 장치의 효과도 발휘하고 있다. 교차 대구법을 사용한 유명한 예로는 존 F. 케네디 대통령의 명언, "국가가 여러분에게 무엇을 해줄 것인가 묻지 말고, 여러분이 국가를 위해 무엇을 할 수 있는가를 물어보십시오"가 있다.
"You can work long, hard, or smart, but at Amazon.com, you can't choose two out of the three." ("여러분은 오랫동안 일하거나, 열심히 일하거나, 똑똑하게 일할 수 있습니다. 그러나 아마존닷컴에서는 그 셋 중 둘만 택할 수 없습니다.")	베조스는 1997년에 이 말을 했고, 그 이후로도 계속해서 이 말을 고수하고 있다. '아마존$_{Amazon}$'을 제외한 모든 단어가 한 음절이다.
"In short, what's good for customers is good for shareholders." ("요컨대, 고객에게 좋은 것이 주주에게 좋은 것입니다.")	베조스는 2002년에 이 조언을 남겼다. 그가 말한 대로 우리는 이 말이 대원칙을 짧게 요약한 문장이라는 것을 알 수 있다.
"Life's too short to hang out with people who aren't resourceful." ("재치 없는 사람들과 어울리기에는 인생이 너무 짧습니다.")	베조스는 '어울리다'는 의미로 'associate'나 'fraternize'라는 단어를 사용할 수 있었지만 흔히 사용하는 'hang out'이라는 구를 선택했다.
"If you can't feed a team with two pizzas, it's too large." ("피자 두 판으로 한 팀을 먹일 수 없다면, 그 팀은 너무 큰 겁니다.")	가독성 점수가 100점이라는 것은 책 한 권 전체를 다 채울 수 있는 이 개념을 이보다 더 쉽고 간단하게 설명할 방법이 없다는 것을 의미한다.
"Your brand is what others say about you when you're not in the room." ("당신이 없는 곳에서 다른 사람들이 당신에 대해 하는 말이 곧 당신의 브랜드입니다.")	브랜드 구축에 관한 책 한 권을 다 채울 수 있는 개념을 거의 한 음절로 된 단어로만 완성했다.
"It's always Day 1." ("매일이 첫날입니다.")	읽고, 기억하고, 반복하기가 매우 쉬운 말이다.

오마하의 현자

현자는 매우 현명한 사람으로 정의된다. 세상에서 가장 똑똑한 금융 현자가 살고 있는 네브래스카주 오마하를 포함해, 세계 곳곳에서 현자들을 찾아볼 수 있다.

앞서 살펴봤듯이, 억만장자 워런 버핏은 은유의 왕이다. 간결한 격언의 왕이기도 하다. 버핏의 명언 대부분은 그 주제를 다루는 책 한 권을 다 채울 정도의 지혜를 담고 있다. 이는 우리가 왜 본질적인 진리를 나타내는 간결한 표현을 읽고 공유하기를 좋아하는지를 보여주는 예다. 한두 문장으로 구성된 그의 명언은 깨달음과 가르침, 영감을 준다. 표 2.3은 오마하의 현자의 명언 중 일부를 갈무리한 것이다.

● 표 2.3: 버핏의 아포리즘

아포리즘	참고
"Be fearful when others are greedy and greedy when others are fearful." ("다른 이들이 욕심낼 때 두려워하고 다른 이들이 두려워할 때 욕심내야 합니다.")	버핏이 1996년 작성한 주주 서한에서 인용한 이 문구는 두 가지 장점을 갖고 있다. 첫째, 짧은 단어를 사용했다. 예컨대 '욕심'이라는 의미로 'avarice' 대신 'greed'를 썼다. 둘째, 단어나 어구의 순서를 바꿔 배열하는 수사적 장치를 사용했다. 문장이 짧고 기억하기 쉬우며 듣기 좋은 장점도 있다. 간단히 말해서, 문장이 효과적으로 전달된다.
"It's not how you sell 'em, it's how you tell 'em." ("중요한 것은 판매 방식이 아니라 전달 방식에 있습니다.")	버핏은 2016년 주주 서한에서는 일부러 단어를 축약해 쓰기도 했다(them을 'em으로 쓴 것을 말함). 그의 말이 '소탈한 지혜'라고 불리는 이유다. 버핏은 사람들이 말하는 방식으로 글을 쓴다.
"It's better to hang out with people better than you." ("여러분보다 더 나은 사람들과 어울리는 게 좋습니다.")	버핏은 이 명언 다음에 오는 문장을 이렇게 표현했다. "여러분보다 행실이 더 나은 동료들을 택하면 그들과 같은 방향으로 나아갈 수 있을 것입니다." 간결한 문장이 계속됐다.

아포리즘	참고
"I don't look to jump over 7-foot bars: I look for 1-foot bars that I can step over." ("저는 7피트 높이의 장애물을 뛰어넘을 생각은 하지 않아요. 제가 넘어설 수 있는 1피트 높이의 장애물을 찾는 거죠.")	'over'라는 단어를 제외하면, 문장 전체가 한 음절 단어로 작성됐다.
"If you buy things you do not need, soon you will have to sell things you need." ("여러분이 필요하지 않은 것을 산다면, 곧 여러분에게 필요한 것을 팔아야 할 겁니다.")	문장 전체가 한 음절 단어로 작성됐다.
"You never know who's swimming naked until the tide goes out." ("썰물이 빠지면 누가 발가벗고 수영하고 있는지 비로소 알 수 있습니다.")	물이 '빠진다'를 말하고자 'subside'라는 단어를 사용하면, 'roll out'이나 'go out' 같은 어구만큼 강력한 효과를 내지 못한다.
"For 240 years it's been a terrible mistake to bet against America, and now is no time to start." ("240년 동안 미국을 상대로 내기를 한다는 건 끔찍한 실수였고, 지금도 내기를 시작할 때가 아닙니다.")	단어 선택이 중요하다. 버핏은 '내기하다'는 의미로 'wager' 대신 더 짧은 단어인 'bet'을 선택했고, '시작하다'라는 의미로 'commence' 대신 더 짧은 단어인 'start'를 선택했다.
"America's best days lie ahead." ("미국의 부흥기가 도래할 것입니다.")	이 문장은 로널드 레이건 대통령이 처음 사용한 버전보다도 짧다. 버핏이 "미국은 미래의 성장 기회를 활용하기 좋은 위치에 있습니다"라고 썼다고 상상해 보자. 대담해지려면 글을 간결하게 써야 한다.

짧고 기억하기 쉬운 명언은 노래의 훅hook(후렴구처럼 여러 번 반복하는 가사를 말한다_역주)과 같이 리더십에서 중요한 역할을 한다. 노래의 훅은 그 노래를 잊을 수 없게 만드는 강력한 작곡 수단이다. 특정 노래가 계속 귓전에 맴도는 현상을 학문적으로 표현하면 '비자발적 음악의 형상화involuntary musical imagery'다. 쉽게 말해서, 귀벌레earworm 현상이다.

탁월한 커뮤니케이터는 듣기 좋은 글을 쓴다

귀벌레란 인상적이고 기억하기 쉬워서 여러분이 샤워를 하면서 흥얼거리는 노래 구절을 말한다. 외우기 쉬운 훅을 쓰는 방법은 여럿 있지만, 기본적인 규칙은 간단하게 반복할 수 있어야 한다는 것이다. 라디오에서 자주 트는 노래의 훅은 보통 3~5초밖에 되지 않는다. 훅이 튀고 여러 번 반복될수록, 그 구절이 머릿속을 계속 맴돌기 쉽다.

1972년 빌 위더스Bill Withers는 "힘겨울 땐 내게 기대요Lean on me / when you're not strong"라는 훅을 썼다. 그는 그 노래가 미국 음악 잡지 《롤링 스톤》이 선정한 역사상 가장 위대한 노래 500곡에 오를 것이라고는 전혀 생각하지 못했다.

몇 년 뒤 위더스는 한 인터뷰에서 이렇게 말했다. "제게 세상에서 가장 큰 도전은, 복잡한 것을 단순하게 만들어 대중이 그것을 이해할 수 있도록 하는 거예요. 단순한 것이 기억에 남습니다. 제가 최대한 간단하게 말하려고 노력하는 것도 그 때문이죠. 뭔가가 너무 복잡하다면 그걸 콧노래로 흥얼거리며 돌아다니지 않을 겁니다. 기억하기가 너무 어려울 테니까요. (…) 누군가가 그걸 기억하는 건 물론이고, 계속 그게 생각나게끔 만드는 게 핵심이죠."[10]

위더스는 단순한 가사로 이야기를 들려주는 컨트리 음악이 가장 좋아하는 장르 중 하나라고 말했다. 위더스는 루크 콤즈Luke Combs가 컨트리 음악으로 세상을 떠들썩하게 만들기 오래 전 그러한 생각을 밝혔지만, 두 가수 모두 복잡한 이야기를 단순한 훅으로 바꾸는 것을 좋아한다.

콤즈는 그의 창의적이고 매력적인 훅 덕분에 빌보드 차트에서 스트리밍 기록을 세웠다. 〈그녀는 날 무너뜨렸어요She Got the Best of Me〉, 〈비가 오면 꼭 쏟아진다네When It Rains It Pours〉, 〈보이는 게 전부지What You See Is What You Get〉, 〈맥주는 절대 날 아프게 하지 않아Beer Never Broke My Heart〉 등 그가 사용하는 훅은 보통 그의 노래 제목인 경우가 많다.

콤즈는 그의 작업 방식에 대해 이렇게 말한다. "저는 작곡에 관해서는 확실히 엄밀한 편입니다. 정말 엄청난 완벽주의자죠. (…) 사소한 단어 하나하나가 모두 중요합니다."[11]

음악과 같은 훅이 리더로서 의사소통을 하는 데 도움이 되지 않는다고 생각할지도 모른다. 아니다, 도울 수 있다. 버락 오바마 Barack Obama는 가사를 중시하는 작곡가는 아니지만, 음악적 감각을 지닌 연설문 작성자를 동원했다.

존 파브로 Jon Favreau는 일리노이주 상원 의원이었던 버락 오바마 Barack Obama를 세상에 알린 2008년 연설문을 그와 함께 작성했다. 두 사람은 과거에 오바마가 한 정치 광고에서 사용했던 "네, 우리는 할 수 있습니다 Yes We Can"라는 구절을 부활시켰다. 그들은 그 구절을 '첩구 epistrophe'로 바꿨다. 수사학 용어인 첩구는 문장 끝에서 계속 반복되는 구절을 말한다. 그 구절은 훅과 마찬가지로 연설 중에 따라 말할 수 있는 부분으로 기능한다. 또 관객이 그 구절을 외우기 시작하면서 일종의 후렴구가 됐다. 《워싱턴 포스트》는 그것을 "노랫말 같은 캐치프레이즈 lyrical catchphrase"라고 불렀다.

한 연설에서 오바마는 그 훅을 열두 번이나 반복했다.

> 우리가 난감한 상황에 직면했을 때, 우리가 준비되지 않았다거나, 시도해서는 안 된다거나, 할 수 없다는 말을 들었을 때, 우리는 여러 세대에 걸쳐 미국인의 정신을 압축해 보여주는 간단명료한 신조로 답해 왔습니다. 네, 우리는 할 수 있습니다. 네, 우리는 할 수 있습니다. 네, 우리는 할 수 있습니다.
>
> 한 국가의 운명을 선언하는 건국 문서에도 그 신조가 적혀 있습니다. 네, 우리는 할 수 있습니다.
>
> 노예와 노예해방론자들은 칠흑같이 어두운 밤을 뚫고 자유를 향한 길을 열

어 나가면서 이렇게 속삭였습니다. 네, 우리는 할 수 있습니다.

머나먼 나라에서 온 이민자들과 거칠고 냉혹한 황무지를 일궈 서부로 영토를 확장해 나간 개척자들도 이렇게 노래했습니다. 네, 우리는 할 수 있습니다.

(…) 또 우리는 미국 역사의 위대한 다음 장을 함께 써 나가기 시작할 것이고, 해안에서 해안으로, 바다에서 빛나는 바다로 이 말이 울려 퍼질 것입니다. 네, 우리는 할 수 있습니다.[12]

오바마의 연설은 음악의 리듬으로 표현하는 수사적 노래이자 이야기였다. 그의 생각은 "네, 우리는 할 수 있습니다"라는 구절이 이구동성으로 따라 말하는 훅이 되고, 기억에 남는 캐치프레이즈가 되는 동안 노래의 절을 채웠다.

좋은 커뮤니케이터는 분명하고 간결하게 말한다. 위대한 커뮤니케이터는 듣기 좋게 귀에 맴도는 노래로써 말한다.

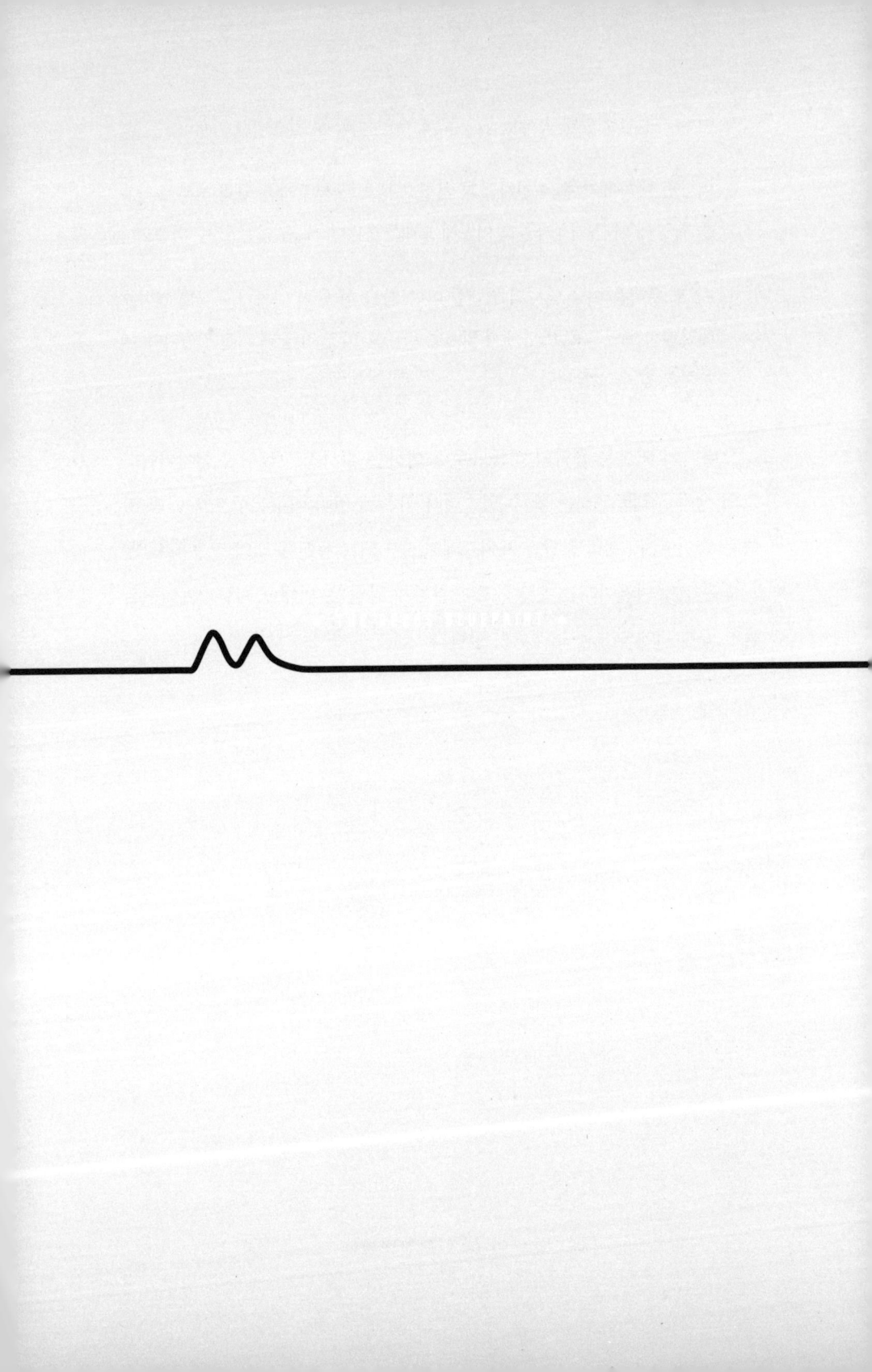

3장
눈부시고, 반짝이고, 빛나는 글

THE BEZOS BLUEPRINT | Legal Pad - **100 pages** | F7902

수천 년 전 발명된 글쓰기는 엄청난 도구이며,
그 도구가 우리를 극적으로 변화시켰다고 확신한다.

_제프 베조스

스포츠 기자인 레드 스미스Red Smith는 이렇게 말한 적이 있다. "글쓰기는 어렵지 않아요. 그냥 타자기 앞에 앉아서 내면에 흐르는 영감을 그대로 쏟아 내는 거죠."

글을 쓰는 건 쉽지만, 의미 있는 글을 쓰는 건 쉽지 않다.

코미디언 제리 사인펠트Jerry Seinfeld가 팟캐스트 진행자 팀 페리스Tim Ferriss에게 들려준 이야기다. "글로 자기 자신의 생각을 표현하는 것은 미끄러운 진흙 땅에서 벽돌을 가득 실은 외바퀴 손수레를 끌고 바람을 거슬러 올라가는 것과 같아요. 글쓰기는 고통스럽고 힘든 작업이기는 하지만, 희극 분야에서 글 쓰는 법을 배우지 않으면 살아남지 못할 겁니다. 글쓰기는 제 삶을 지켜줬고, 제 경력을 만들어줬죠. 스탠드 업 코미디Stand-up comedy(코미디언이 마이크 앞에 서서 독백으로 관객을 마주하는 공연 형식을 말한다_역주)는 사실 글쓰는 직업이나 다름없습니다."[1]

여러분의 직업은 사인펠트의 직업처럼 글쓰기에 의존하지 않을 수도 있지만, 글쓰기는 거의 모든 직업에서 중요한 기술 중 하나다. 지원자를 합격선에 올려놓는 고무적인 대학 지원 에세이부터 청중을 열광케 하는 인상적인 프레젠테이션, 받은 사람이 행동하게끔 만드는 간단명료한 이메일, 상호 작용과 관심을 유도하는 틱톡이나 인스타그램 캡션까지, 정보 제공, 설득, 동기 부여를 목적으로 한 거의 모든 소통은 글쓰기란 형태로 그 여정을 시작한다. 강력한 글쓰기 능력은 아마존에 고용되고, 리더의 자리에 오르기 위한 필수 조건이기도 하다. 아마존만큼 글쓰기 능력을 높이 평가하는 기업이 많지 않고, 베조스만큼 글쓰기 기술을 열심히 전도하려는 사람도 많지 않다.

글쓰기는 하나의 기술이고, 이는 여러분이 꾸준히 연습하면 글쓰기 능력이 향상될 수 있다는 것을 의미한다. 사인펠트는 자신이 글을 쓰는 데 도움이 될 시스템을 개발해 냈는데, 비즈니스 전문가들 역시 글쓰기 기술 향상을 위해 사용 가능한 방법이다. 첫째, 사인펠트는 운동선수가 스포츠 훈련을 하는 것처럼 글쓰기에 접근한다. 그는 아이디어를 아주 재미있는 이야기로 완성시키지 못하더라도 매일 반복해 글을 쓴다. "처음부터 다 잘할 사람은 없습니다. 뛰어난 사람들은 엄청난 시간을 투자합니다. 노력하기에 달려 있는 거죠."[2]

둘째, 사인펠트는 시간을 정해놓고 글을 쓴다. 그의 딸이 하루 종일 프로젝트 작업을 하겠다고 말하자 사인펠트는 이렇게 답했다. "안 돼. 하루 종일 쓸 수 있는 사람은 없어. 제아무리 셰익스피어라고 해도 하루 종일 글을 쓰지는 못할 거야. 그건 고문이야. 한 시간만 쓰는 게 좋을 거다." 사인펠트는 인간이 도전할 수 있는 가장 어려운 일 중 하나가 바로 글쓰기라는 사실을 딸에게 상기시켰다. 우리 뇌와 정신에서 어떤 생각을 불러내 빈 페이지에 옮겨 적는 일은 쉬운 것이 아니다. "사람들은 글쓰는 능력을 갖고 있는 게 당연하다는 듯이 '그냥 쓰면 돼'라고 말할 거야. 하지만 세상에서 가장 위대한 사람들도 그렇게 쉽게 글을 쓸 수는 없단다. 글을 쓸 거면 네가 하려는 일이 엄청나게 어려운 것이라는 사실을 먼저 알아야 해."

좋은 글을 쓰기가 힘들다는 사실을 이제 알게 됐으니, 여러분이 따라야 할 '규칙' 목록을 제공해 더 어려워지지 않도록 하겠다. 규칙은 엄격할 뿐 아니라, 많은 사람에게 학창 시절에 글쓰기 과제를 하느라 애를 쓰며 괴로워했던 기억을 환기시킨다. 규칙은 또 제한적이기도 하다. 규칙은 모든 비즈니스 문서 작성 플랫폼에 동일한 방식으로 적용되지 않는다. 메모, 이메일, 문자메시지, 블로그, 트윗, 링크드인 게시물, 그 외 여러 소셜 미디어 플랫폼은 고유한 스타일과 독자의 기대치를 갖고 있다.

드웨인 '더 록' 존슨Dwayne "The Rock" Johnson은 2020년에 가장 인기 있는 인스타그램 이미지 중 하나를 게시했다. 그 사진은 하와이에서 올린 그의 비밀 결혼식 사진이었다. 사진 아래에는 다음 글이 있었다.

하와이에서의 결혼식은 아름다웠고 훌륭한 스태프의 노고에 감사한 마음을 전하고 싶습니다. 완전한 사생활이라는 제 #1 목표를 수행하기 위해, 웨딩 플래너나 외부 자원은 고용되지 않았습니다. 사진에 보이는 모든 것은 스태프와 가족들이 전부 손으로 만들어낸 것들이에요. 최종 결과는 근사했고 로렌과 저는 이 날 가슴 뛰는 하루를 보낼 수 있도록 도와준 분들에게 영원히 감사할 것입니다.

Our Hawaiian wedding was beautiful and I want to thank our incredible staff for their outstanding work. To carry out my #1 goal of complete privacy, no wedding planners or outside resources were hired. Everything you see was created by hand, by staff and family only. The end results were spectacular and Lauren and I will forever be grateful for helping our hearts sing on this day.

존슨의 글은 읽기 좋고 품위가 있다. 나는 그의 게시물에 '좋아요'를 누른 1,500만 명 중 한 사람이었다. 나는 존슨의 글이 완벽하다고 생각하지만, 문법학자들은 그의 글에서 문법에 어긋난 것들을 많이 발견하게 될 것이다. 나는 존슨의 글을 문법 소프트웨어로 확인해 봤고, 그가 쓴 글이 성가신 규칙 몇 가지를 위반했다는 사실을 발견했다. 예를 들면 다음과 같다.

- '아름다운$_{beautiful}$'이라는 단어 뒤에 쉼표를 붙여야 한다. 뒤따라 나오는 단어 '그리고$_{and}$'가 중문에서 등위 접속사이기 때문이다.
- "완전한 사생활이라는 제 #1 목표를 수행하기 위해"라는 종속구$_{subordinate\ phrase}$로 시작하는 문장이 무엇을 꾸미는지 애매모호한 현수 수식어$_{dangling\ modifier}$를 포함하고 있으므로 다시 써야 한다.
- "웨딩 플래너나 외부 자원은 고용되지 않았습니다"는 능동태로 고쳐 써야 한다.
- '최종 결과$_{end\ results}$'라는 문구에서 '최종$_{end}$'이라는 단어는 불필요하므로 생략해야 한다.
- '근사한$_{spectacular}$'이라는 단어 뒤에도 쉼표를 붙여야 한다. 쉼표가 중문에서 등위 접속사 '그리고$_{and}$'를 구별해 주기 때문이다.

존슨의 게시물은 몇 가지 '규칙'을 따르지 않고 있지만, 나는 아무것도 바꾸고 싶지 않다. 물론 규칙은 도움이 되고, 글쓰기 능력을 계발하기 위해서는 문법 규칙을 이해해야 한다. 그러나 규칙은 정답과 오답이 존재한다는 것을 암시한다. 나는 이 책을 여러분이 설득과 명확한 소통이 빛을 발할 수 있는 애매한 상황을 헤쳐 나가는 데 도움을 주기 위해 썼다. 훌륭한 생각을 갖고 있고 적절한 문법을 사용하고 있다 하더라도, 다른 사람들이 여러분의 생각을 행동에 옮기도록 제대로 설득하지 못한다면 여러분은 그들을 설득하는 데 실패한 것이다. 문제에 대한 가장 좋은 해결책을 갖고 있어도 여러분이 추구하는 의미와 감정을 모두 명확하게 전달할 수 없다면 귀기울여 들을 사람을 잃을 수도 있다. 생각을 표현하기 위한 가장 효과적인 방법은 바로 그 생각을 실현시키는 방법이다. 그리고 그 방법을 취할 경우, 형식적인 '규칙' 중 일부를 어기게 될 수도 있다.

그렇다면 규칙을 도구와 전략으로 대체해 보자. 도구는 다루기가 쉽다. 우리는 주어진 일에 적합한 도구를 선택할 수 있다. 전략은 예술과 과학의 결합이고, 설득은 예술과 과학에 대한 지식을 모두 필요로 하는 고도의 기술이다. 그렇다. 규칙을 배우고 익히는 것은 좋지만, 그 규칙이 여러분을 방해하지 않도록 해야 한다.

글쓰기가 그 책의 유일한 주제가 아닌 이상 글쓰기를 다루는 경제경영서는 거의 없다. 책을 쓰는 많은 CEO가 리더십 기술에 대해 이야기하지만 말로만 글쓰기의 중요성을 언급할 뿐, 더 효과적인 글쓰기를 할 수 있는 구체적인 방법을 알려주지는 않는다. 그들 중 많은 이가 뛰어난 저자임에도 불구하고 그들 스스로 글쓰기에 대한 조언을 할 자격이 없다고 생각하는 탓이다. 우리는 훌륭한 저자들이 우리는 알 수 없는 마법 같은 능력을 가졌다고 생각하는 경향이 있다. 말도 안 되는 생각이다. 다시 한번 말하지만, 글쓰기는 지식과 연습을 바탕으로 갈고닦을 수 있는 기술이다.

그림 3은 베조스가 아마존 CEO를 역임하면서 작성한 주주 서한 24통의 가독성을 시각화한 그래프다. 나는 영문법 검사 도구인 그래머리$_{Grammarly}$의 가독성 기능을 사용해 각 서한의 가독성을 학년 수준으로 확인할 수 있었다. 베조스 서한의 가독성은 8학년(중학교 2학년) 수준부터 '대학 교육에 해당하는 수준'까지 다양하다. 학년 수준이 낮을수록 내용을 이해하기 쉽다는 것을 기억하자. 가독성 검사 결과, 베조스가 주주 서한을 통해 소통하기 시작한 지 10년이 지난 2007년 이후에, 가독성이 뛰어난 서한 중 70퍼센트가 작성된 것으로 나타났다. 베조스와 긴밀히 협력했던 전직 아마존 직원 중 한 사람은 이 그래프가 끈질기게 완벽을 추구하는 베조스를 보여주는 또 하나의 실례라고 내게 말했다. 베조스는 소통을 연구하는 사람이다. 그는 매년 읽고, 수정하고, 전문가들을 모으고, 그의 기술을 갈고닦는다. 글쓰기 기술도 예외가 아니다.

● 그림 3: 베조스가 작성한 아마존 주주 서한의 가독성 그래프

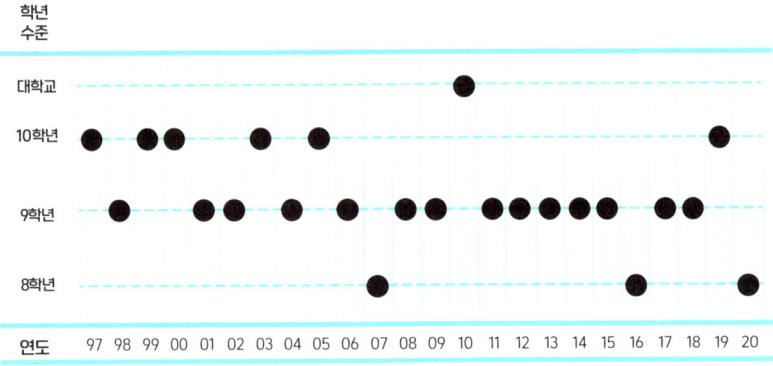

우리 모두는 뛰어난 능력을 갖추기 위해 노력하고 글쓰기 능력도 향상시킬 수 있다. 나 역시 이 책을 쓰기 전에 다시 공부했다. 가장 좋아하는 글쓰기 책 몇 권을 다시 읽고, 글쓰기 분야의 최고 전문가 몇 명을 인터뷰했다. 처음에 나는 베조스가 작성한 주주 서한 24통이 간결성과 명확성을 보여주는 모델로 인정받고 있는 이유를 이해하고 싶은 마음뿐이었다. 그런데 글쓰기 전문가들과 이야기를 나누면서 글쓰기에 대한 내 열정이 끓어오르기 시작했다. 특히 그들은 영향력 있는 비즈니스 리더들이 자신을 차별화하기 위해 사용하는 몇 가지 간단한 글쓰기 전략을 내가 파악할 수 있도록 도와줬다. 나는 개리 프로보스트Gary Provost, 로이 피터 클라크Roy Peter Clark, 유튜브 채널로 선풍적인 인기를 끌고 있는 영국의 길Gill과 같은 저자와 글쓰기 전문가들에게 도움을 받았다.

이 장의 나머지 부분에서 나는 그 세 사람을 비롯해 여러 전문가들에게 배운 일곱 가지 글쓰기 팁을 전할 것이다. 그들이 제시하는 글쓰기 전략은 여러분의 글쓰기 능력을 향상시켜 줄 것이다. 또 여러분은 제프 베조스 같이 유

능한 비즈니스 리더들이 그들의 생각을 효과적으로 전달하기 위해 어떻게 글쓰기 전략을 활용하는지도 배우게 될 것이다.

① 주어와 동사로 문장을 시작하라

문장의 주어는 동작(동사)을 수행하는 사람이나 사물이다. 주어와 동사를 기차의 기관차라고 생각해 보자. 그 기관차는 나머지 철도 차량들을 이끌어 줄 것이다. 훌륭한 글쓴이는 가장 강한 문장 요소로 문장을 시작해, 다른 모든 것이 오른쪽으로 분화해 나가도록 한다.

로이 피터 클라크~Roy Peter Clark~는 다음과 같은 예를 제시한다. "A writer composes a sentence with subject and verb at the beginning, followed by other subordinate elements, creating what scholars call a right-branching sentence(작가가 주어와 동사로 시작하는 문장을 구성하면, 다른 부차 요소들이 뒤따라와 학자들이 우분지 문장~right-branching sentence~이라고 부르는 문장 구조를 만든다)."[3] 앞 문장에서 클라크는 밀접하게 연결된 주어와 동사, 즉 'writer composes'로 문장을 시작한다. 주어와 동사가 멀리 떨어져 있지 않도록 해야 한다. 클라크가 앞서 제시한 문장의 설득력이 약한 버전은 다음과 같다. "A 'writer' who wants to be really good at the craft should 'compose' a sentence with a subject and verb at the beginning(글을 정말 잘 쓰고 싶은 사람은 주어와 동사로 시작하는 문장을 만들어야 한다)."

여러분이 좋은 영어 문장을 쓰기 위해 노력하고 있다면, 주어와 동사로 문장을 시작해야 한다. 문장이 가벼워질 것이다.

그렇다면 베조스가 문장의 나머지 부분을 이끌어 나아가는 주어와 동사로 문장을 어떻게 시작하는지 살펴보도록 하자. 주어와 동사는 **굵은 글씨**로 표시돼 있다.

- "**Amazon's vision** is **to build** Earth's most customer-centric company, a place where customers can come to find and discover anything and everything they might want to buy online(**아마존의 비전**은 세상에서 가장 뛰어난 고객 중심의 기업이 **되는 것**이며, 그곳에서 고객들은 온라인에서 구매하기 원하는 모든 것을 구할 수 있다)."⁴
- "**We live** in an era of extraordinary increases in available bandwidth, disk space, and processing power, all of which continue to get cheap fast(**우리**는 가용 대역폭, 디스크 공간, 처리 능력이 놀랄 만큼 커진 시대에 **살고** 있으며, 이 모두는 계속 더 빠르게 저렴해지고 있습니다)."⁵
- "**Our energy** at Amazon **comes** from the desire to impress customers rather than the zeal to best customers(아마존에서 **우리의 에너지**는 우수 고객에 대한 열성보다 고객을 감동시키고자 하는 열망에서 **나옵니다**)."⁶
- "**We designed** Amazon Prime as an all-you-can-eat free program(**우리**는 아마존 프라임을 무제한으로 이용할 수 있는 프로그램으로 **설계했습니다**)."

각 문장의 첫머리에 있는 주어와 동사는 나머지 생각을 이끌어 가는 기관차 역할을 한다.

② 강조할 내용에 맞게 단어를 배치하라

영국인들은 마침표_period_를 "완전 정지_full stop_"라 부른다. 구두법에서의 마침표 역할을 완벽하게 보여주는 표현이다. 마침표는 정지 표지판 역할을 하고, 독자가 그다음 따라올 단어에 주목하게 만든다.

많은 글쓰기 강사가 문장 첫머리에 가장 강한 문장 구성 요소(기관차)를 두고, 끝에는 흥미로운 단어(차장차_caboose_)를 배치하라고 말한다. 중간에는 평범한 내용을 배치하는 게 좋다.

셰익스피어의 《맥베스》에 나오는 유명한 대사 "The Queen, my lord, is dead(폐하, 여왕님이 돌아가셨습니다)."를 잘 생각해 보자. 셰익스피어는 "The Queen is dead, my lord(여왕님이 돌아가셨습니다, 폐하)."라고 적음으로써, 주어와 동사를 같이 붙여 쓸 수 있었을 것이다. 그러나 그는 주어로 시작하되 충격적인 내용이 담긴 동사는 마침표를 찍기 직전인 문장 끝에 배치했다. 클라크의 말을 빌리자면, "셰익스피어는 완벽하게 착지했다."[7]

베조스는 중요한 내용을 끝에 착지시키기 전, 중간의 평범한 단어들을 이끄는 강력한 기관차를 내세워 문장을 구성하는 경우가 많다. 1998년 그가 작성한 주주 서한에서 발췌한 두 문장을 살펴보자.

"We love to be pioneers, it's in the DNA of the company, and it's a good thing, too, because we'll need that pioneering spirit to succeed. (우리는 개척자가 되기를 좋아하고, 그러한 정신은 아마존의 DNA에 각인돼 있습니다. 이 또한 아주 좋은 일이죠, 우리는 성공을 위한 개척자 정신이 필요할 테니까요.)"[8] 'it's a good thing, too(이 또한 아주 좋은 일이죠)'는 문장을 구어체로 만들고, 그의 요점을 확장해 주는 장점이 있지만, 'pioneering spirit to succeed(성공을 위한 개척자 정신)'라는 문구로 문장을 끝내는 편이 더 강력하다.

"Setting the bar high in our approach to hiring has been, and will continue to be, the single most important element of Amazon's success. (우리의 고용 접근 방식에서 기준을 높게 설정하는 것은, 아마존의 성공에서 가장 중요한 요소였고 앞으로도 그럴 것입니다.)" 이번에도 베조스는 'will continue to be(앞으로도 그럴 것입니다)'라는 평범한 문구를 중간에 뒀다. 문장에서 가장 중요한 두 개념인 'Setting the bar high(기준을 높이 설정하는 것)'와 'Amazon's success(아마존의 성공)'는 각각 (앞 문장의) 마침표 뒤와 (이 문장의) 마침표 앞에 배치돼 있다.

부동산에서는 위치가 중요하다. 여러분이 전하고자 하는 메시지에도 동일한 전략을 적용해야 한다. 아름다운 집(흥미로운 생각)을 지었다 한들 그 위치가 나쁘다면 집의 가치가 떨어질 것이다. 로마에서 웅변술을 가르쳤던 퀸틸리아누스Quintilian는 문장의 단어들을 재배치하면 문장의 리듬이 향상되고 독자와 청자를 움직일 수 있다고 믿었다.

효과적인 글쓰기를 하는 사람들은 가장 강력한 메시지를 전달하기 위해 단어를 어느 자리에 두면 좋을지 생각한다. 가장 중요한 내용으로 시작해, 평범한 내용은 중간에 두고, 중요한 내용으로 끝을 맺어야 한다.

③ 능동태를 많이 사용하라

존 F. 케네디는 이언 플레밍Ian Fleming의 제임스 본드 책을 좋아했다. 클라크에 따르면, "플레밍이 쓴 산문의 힘은 능동형 동사에서 나온다."[9] 예컨대, 케네디가 가장 좋아하는 책인 《007 위기일발From Russia with Love》을 보면 능동형 동사가 본드의 행동에 활력을 불어넣는다. "본드는 계단 몇 개를 **올라가** 문을 **따고는**, 다시 빗장을 걸어 **잠갔다**."

문장의 주어가 주어진 동작을 수행한다면, 그 문장은 능동태 문장이다. 주어가 주어진 동작의 작용을 받는다면, 그 문장은 수동태 문장이다. 다음은 능동태와 수동태 문장의 예다.

제프 베조스는 1994년 아마존을 설립했다. (능동태)

아마존은 1994년 제프 베조스에 의해 설립됐다. (수동태)

능동태 문장은 더 명확하고 같은 것을 말하는 데 더 적은 단어를 사용한다. 수동태 문장은 더 장황할 뿐만 아니라 메시지를 뒤죽박죽으로 만들고 독자를 혼란스럽게 한다. 수동태는 또 불신을 낳기도 한다. 리더들은 보통 책임을 회피하기 위해 수동태 문장을 사용한다. 책임을 면하려는 리더는 "일부 직원에 의해 실수가 저질러졌습니다"라고 말한다는 우스갯소리가 기자들 사이에서 나올 정도다. 사람들은 책임지는 리더와 다음과 같은 능동태 문장을 사용하는 리더를 갈망한다. "제가 실수했습니다. 모든 책임은 저에게 있습니다. 저를 질책해 주십시오."

많은 글쓰기 전문가가 수동태 문장을 능동태 문장으로 바꿔 쓰는 것이 여러분의 글에 활력을 불어넣을 것이라는 데 동의한다. 스티븐 킹Stephen King은 수동태가 "지금까지 작성된 거의 모든 비즈니스 문서를 엉망으로 만들어 놨다"고 비판했다. 윌리엄 진서William Zinsser는 그의 베스트셀러 《글쓰기 생각쓰기On Writing Well》에서 다음처럼 주장했다. "수동형 동사를 꼭 사용해야 하는 상황이 아니라면 능동형 동사를 사용해야 한다. 능동형 동사를 쓴 문체와 수동형 동사를 쓴 문체가 보여주는 글의 명확성과 활력의 차이는 작가의 생사를 결정지을 정도로 상당하다."[10]

또 작문의 고전 《영어 글쓰기의 기본The Elements of Style》에서 윌리엄 스트렁크William Strunk는 이같이 적었다. "보통 능동태는 수동태보다 더 직접적이고 박력이 있다. 예를 들어, '나는 내 첫 번째 보스턴 방문을 영원히 기억할 것이다'라는 문장이, '내 첫 번째 보스턴 방문은 내게 영원히 기억될 것이다'라는 문장보다 더 낫다. 두 번째 문장은 첫 번째 문장에 비해 직접적이지 않고 대담하지 않으며 간결하지도 않다."[11]

비즈니스 글쓰기에서는 가능한 한 능동태를 사용해야 한다. 능동태 문장을 쓰면 이해하기가 쉽고, 요점을 더 빨리 파악할 수 있으며, 생각을 표현하는 데 필요한 단어 수를 줄일 수 있다.

"The boy kicked the ball(소년이 공을 찼다)"라는 문장은 능동태다. 'The boy'가 동작을 취하기 때문에 소년은 주어다. 'Kicked'는 공을 차는 동작을 표현하기 때문에 동사다. 'The ball'은 동작을 받는 공이기 때문에 목적어다. 주어-동사-목적어로 이뤄진 문장이다. 이 문장은 짧고 단순하며 명확하다. 또 누가 무엇을 했는지 확실히 알 수 있다. 수동태 문장인 "The ball was kicked by the boy(그 공은 소년에 의해 차였다)"는 뜻은 같지만 능동태 문장보다 혼란스럽고 투박하다.

영어 문법 검사 도구인 그래머리는 앞 문단에서 한 가지 오류만 발견해 냈다. 그래머리는 "The ball was kicked by the boy"가 수동태 문장임을 식별했다. 그래머리는 다음과 같은 대안을 제시했다. "문장이 불분명하고 이해하기 어려울 수 있습니다. 다시 고쳐 써 보세요." 그래머리가 맞다. 수동태 문장을 능동태 문장으로 다시 고쳐 쓴다면 여러분의 글이 더 견고해질 것이다.

양질의 비즈니스 출판물 헤드라인을 읽는 것은, 능동태로 글을 쓰는 방법을 터득하기에 아주 좋은 방법이다. 예를 들어, 나는 이 장을 쓰면서 **"연준이 금리를 인상한다"**란 주어-동사-목적어로 구성된 헤드라인을 발견했다. 그 기사의 나머지 부분은 왜 미국 연방 준비은행이 금리를 올렸는지, 금리가 얼마나 올랐는지, 그러한 조치가 일반 소비자에게 어떤 의미를 갖는지 설명했다. 그러나 간결한 능동태 헤드라인을 읽기만 해도 많은 정보를 얻을 수 있다.

다음은 내가 살펴본 헤드라인이다(동사는 굵은 글씨로 표기돼 있다).

인텔이 오하이오에 200억 달러를 **투자한다**.
주택 거래가 15년 만에 최고치를 **기록했다**.
팬데믹이 경제 전망을 **흐리고 있다**.
인플레이션이 10년 만에 가장 빠른 속도로 **가속하고 있다**.
틱톡이 구글을 제치고 웹 트래픽 1위를 **차지했다**(내가 가장 좋아하는 것 중 하나다).

능동태로 글을 쓰는 것은 시간이 지남에 따라 여러분의 경력에 긍정적인 영향을 미칠 수 있다. 세계 최고의 경영대학원인 하버드 경영대학원에 입학하기 위해 노력하고 있다고 상상해 보자. 보통 만 명 이상이 지원하고 그중 약 11퍼센트가 입학하게 된다. 하버드 입학 사정관들은 글쓰기 능력이 뛰어난 지원자들을 찾아 선발한다는 사실을 인정한다. 하버드의 입학처장은 이렇게 밝혔다. "지원자는 상대적으로 한정된 지면을 통해 자신의 인간적 자질을 드러낼 수 있는 무언가를 전달할 수 있어야 합니다. 소통에 탁월한 이들은 자신의 논지를 이해시키기 위해 쉬운 언어와 간결한 문장을 사용합니다."[12] 이 입학처장을 비롯해 많은 대학 입시 컨설턴트가 지원자들에게 에세이를 구성하는 문장 대부분을 능동태로 쓸 것을 권한다. 능동태는 동작이나 작용을 더 효과적으로 전달하고, 보다 강한 감정적 영향을 일으킨다. 돋보이고 싶다면 능동적이어야 한다.

여러분의 독자를 사로잡기 위한 다음 단계는 독자에게 역동적인 동사로 말하는 것이다.

④ 강한 동사를 사용하라

강한 동사는 강력한 효과를 발휘한다. 클라크에 따르면, "강한 동사는 행동을 만들고, 단어 수를 줄이고, 동작의 주체를 알려준다."[13] 강력하고 의미 있고 서술적인 동사는 자신감과 확신을 보여준다. 개리 프로보스트 Gary Provost가 《내 글이 구린 건 맞춤법 때문이 아니다 100 Ways to Improve Your Writing》에 썼듯이, "동작을 표현하는 동사는 여러분의 문장에서 가장 중요한 에너지 원천이다. 동사는 문장의 집행부와 같아서 문장을 책임져야만 한다."[14] 프로보스트는 '약한' 동사는 강한 동사와 정반대로 기능한다고 말한다. 약한 동사는 그 의미가 불명확하며, 능동적이지 않아 필요 이상으로 부사에 의존한다. 예를 들어, "그 여우는 숲속을 빠르게 걸어갔다.The fox walked rapidly through the woods"란 문장에서 '걸어갔다walked'라는 동사는 그 의미를 명확히 하기 위해 '빠르게rapidly'라는 부사에 의존하는 동사다. 더 강한 동사('달려갔다dashed')를 사용하면 "그 여우는 숲속을 달려갔다.The fox dashed through the woods"라는 문장이 된다.

프로보스트에 따르면, "강한 동사를 효과적으로 사용한다면, 그 동사가 다른 어떤 표현보다 여러분의 메시지를 잘 전달할 것이다. 특히 강한 동사는 독자들이 갈망하는 에너지, 자극, 운동감으로 여러분의 문장을 채울 것이다."[15]

독자가 갈망하는 이야기를 전달해야 한다.

베조스는 아마존의 성공을 묘사하기 위해 능동태와 강한 동사를 선택하는 경우가 많다. 베조스는 "가장 멋지고 혁신적인 발명은 주로 다른 사람들이 창의성을 **발휘하게 해주는** 발명, 즉 그들의 꿈을 추구할 수 있게 해주는 발명입니다"라고 말한 적이 있다. 그는 1999년 주주 서한에 "우리는 고객의 말을 **경청하고**, 고객을 대신해 **발명하고**, 각 고객의 이야기를 **개인화하고**, 고객의 신뢰를 **얻습니다**"[16]라 썼다.

또 2002년 주주 서한에는 다음과 같이 적었다. "많은 면에서 아마존닷컴은 평범하지 않은 상점입니다. 우리는 1년에 재고를 19차례 **회전시킵니다**. 우리는 각 고객에 맞게 아마존닷컴을 **개인화합니다**. 우리는 물적 재산이 아닌 기술에 **투자합니다**. 우리는 고객의 비판적인 제품 리뷰를 **공개합니다**. 여러분은 클릭 한 번으로 단 몇 초 만에 제품을 **구매할 수 있습니다**. 우리는 고객이 선택할 수 있도록 새 제품과 중고 제품을 함께 **제공합니다**. 우리는 우리의 주요 자산인 제품 상세페이지를 제3자와 **공유하고**, 그들이 더 나은 가치를 제공할 수 있다면 그렇게 하도록 **용인합니다**."[17]

여러분의 글에 활력을 불어넣어줄 강한 동사를 선택해야 한다. 제프 베조스가 2009년 주주 서한에서 여러 성과를 강조하기 위해 동작 동사를 어떻게 사용했는지 살펴보도록 하자.

- "우리는 전 세계에 신제품 카테고리 21개를 **추가했습니다**."[18]
- "의류팀은 고객 경험을 꾸준히 **향상시켰습니다**."
- "신발 및 의류팀은 12만 1,000건이 넘는 제품 설명서를 **작성했습니다**."
- "아마존 웹 서비스는 빠른 속도로 혁신을 **지속했습니다**."

글에 힘을 실어줄 동사들을 생각해 보자. 여러분이 쓴 글을 역동적으로 만들어야 한다.

2013년 베조스는 독자들을 인솔해 아마존 이니셔티브를 둘러봤다. 이니셔티브 투어의 각 단계는 능동태 문장과 강한 동사로 시작됐다. 그 예는 다음과 같다.

- "고객들은 아마존 프라임을 좋아합니다."[19]
- "오더블 스튜디오Audible Studios 덕분에 사람들은 케이트 윈슬렛, 콜린 퍼스, 앤 해서웨이, 그 밖의 많은 스타의 목소리를 들으며 출근합니다."
- "아마존 앱 스토어는 현재 약 200개국의 고객들에게 서비스를 제공하고 있습니다."
- "아마존 웹 서비스AWS는 61개의 주요 서비스와 기능을 출시했습니다. (…) 개발팀은 고객과 직접 협력해 학습한 내용을 기반으로, 제품을 설계하고 구축하고 출시할 수 있습니다."

2016년 베조스는 일련의 강한 동사를 사용해 '첫날'의 비유를 다시 꺼냈다.

첫날 정신을 유지하려면 인내심을 가지고 **실험하고**, 실패를 **받아들이고**, 새로운 씨앗을 **심고**, 성장하는 묘목을 **보호하고**, 고객 만족도가 높아질 때 **더 많은 노력을 기울여야 한다**.[20]

⑤ 동사 수식어와 '애매모호한 말'은 피하라

설득력 있는 리더들이 능동태와 동작 동사를 사용할 때, 그들은 확신에 차 보인다. 그들은 약하고 애매모호한 '동사 수식어(아마존 직원들은 이를 '족제비 말 weasel word'이라고 부른다)'로 메시지를 흐리지 않는다. 동사 수식어의 예를 몇 가지 들면 다음과 같다.

- 다소
- ~하는 경향이 있다
- 일종의
- ~하는 것 같았다
- ~할 수도 있었다

베조스의 명언 중 몇 가지를 수식어로 재구성해 보자. 첫 번째는 베조스가 실제로 말한 것이고, 두 번째는 설득력이 '약한' 표현으로 재구성한 것이다.

강한 표현: "아마존은 고객에게 집착합니다."
약한 표현: "아마존은 고객에게 집중하고, 더 나아가 고객에게 집착한다면 장기적인 관점에서 더 성공적일 거라고 생각하는 경향이 있습니다."

강한 표현: "선구자들은 더 좋은 제품을 만듭니다. 그들은 더 많이 고민합니다."
약한 표현: "저는 선구자들이 더 좋은 제품을 만드는 경향이 있다고 생각합니다. 그들은 제품에 좀 더 신경을 쓰는 것 같습니다."

강한 표현: "성공의 열쇠는 인내심, 끈기, 세부 사항에 대한 세심한 주의력입니다."
약한 표현: "저는 성공의 열쇠가 강한 인내심, 상당한 끈기, 사소한 세부 사항에 대한 세심한 주의력 같은 것들이라고 생각합니다."

설득력 있는 작가와 연사는 없애기 쉬운 단어에 주의를 기울인다. 먼저 일반 부사부터 살펴보는 게 좋다. 부사는 단어를 수식한다. 그리고 대개 문장 훼손 없이 제거할 수 있다. 사실 부사를 **꼭** 쓰지 않아도 된다. 그러니까, 부사는 필요 없다. **극도로** 충격을 받았을까, 아니면 그저 충격을 받았을까? 폭발이 건물을 **완전히** 파괴했을까, 아니면 건물을 파괴했을까?

존 르 카레John le Carré라는 필명으로 잘 알려진 데이비드 콘웰David Cornwell은 자신의 영국 스파이 소설에서 동사가 큰 비중을 담당하게 했다. 그는 미국 탐사 보도 프로그램 〈60분60 Minutes〉과의 인터뷰에서 이렇게 말했다. "꼭 필요한 게 아니라면 형용사를 사용하지 않습니다. 부사도 사용하지 않아요. 불필요한 것들은 모두 없애야 하죠."[21]

스티븐 킹은 "부사는 여러분의 친구가 아니다. 지옥으로 가는 길은 부사로 포장돼 있다"라고 쓰기도 했다.

물론 부사가 아예 쓸모없는 것은 아니지만, 비즈니스 글쓰기에서는 불필요한 경우가 많다.

⑥ 문장 길이에 변화를 줘라

간결한 글을 쓰기 위해 노력해야 하는 것은 맞지만, 모든 문장을 최대한 짧게 유지하는 데 집착해서는 안 된다. 패턴을 깨뜨려라.

내가 이 책 전체를 짧은 문장으로만 썼다고 가정해 보자.

> 제프 베조스는 훌륭한 커뮤니케이터다. 그의 메시지는 명확하고 간결하다. 또 베조스는 복잡하고 이해하기 어려운 개념을 단순화한다. 글이 점점 진부해지기 시작한다. 여러분은 짧은 문장의 패턴에 싫증을 느낀다. 짧은 문장을 적절한 빈도로 사용해야 좋다. 여러분의 눈과 귀는 다양성을 원한다.

탁월한 작가들은 독자의 관심을 끌기 위해 문장의 길이에 변화를 준다. 그들은 짧은 문장, 적당히 긴 문장, 아주 긴 문장을 섞어 쓴다. 클라크에 따르면, "긴 문장은 독자가 글의 전개를 따라 계속 나아갈 수 있게 하는 이해의 흐름을 만들어준다. 짧은 문장은 브레이크를 밟는 것과 같은 효과를 낸다."[22]

클라크는 글쓰는 사람들에게 "긴 문장을 두려워하지 말라"고 조언한다. 베조스는 긴 문장을 두려워하지 않고 기꺼이 받아들인다.

베조스는 2010년 주주 서한의 첫 문장을 다음과 같이 썼다. "랜덤 포레스트random forest, 나이브 베이즈 추정naïve Bayesian estimator, 레스트풀 서비스RESTful service, 가십 프로토콜gossip protocol, 최종적 일관성eventual consistency, 데이터 샤딩data sharding, 반 엔트로피anti-entropy, 비잔틴 쿼럼Byzantine quorum, 이레이저 코딩erasure coding, 벡터 클록vector clock (…) 여러분이 아마존에서 열리는 특정 회의에 참석한다면, 생각지도 못한 컴퓨터과학 강의를 듣고 있다는 생각이 잠시 스칠지도 모릅니다."[23]

긴 문장은 항목을 열거하거나 장면을 묘사하는 데 가장 효과적이다. 중요한 것은 다양한 길이의 문장을 섞어 쓰는 것이다.

베조스가 주주 서한에서 짧고 긴 문장을 다양하게 섞어 사용한 두 사례를 더 살펴보자.

- **1998년**: 지난 3년 6개월은 흥미진진했습니다. **(4단어)** 우리는 총 620만 명의 고객에게 서비스를 제공했고, 연간 매출 10억 달러로 1998년을 마감했으며, 미국에서 뮤직, 비디오, 기프트gift 스토어 서비스를 시작했고, 영국과 독일에 매장을 열었으며, 최근에는 아마존닷컴 옥션Amazon.com Auctions 서비스를 시작했습니다. **(29단어)** 우리는 앞으로 다가올 3년 6개월은 훨씬 더 흥미진진할 것이라고 예측합니다. **(10단어)**[24]

- **2014년**: 훌륭한 비즈니스 제안은 적어도 네 가지 특성을 갖고 있습니다. **(9단어)** 고객들에게 사랑받을 것, 매우 큰 규모로 성장할 수 있을 것, 자본 수익률이 높을 것, 수십 년간 지속할 수 있는 잠재력을 갖고 있을 것. **(23단어)** 이 중 하나라도 해당된다면 관심만 보이지 말고 그 일에 장기간 몰두해야 합니다. **(12단어)**[25]

2000년 아마존 주주 서한에서는 짧은 문장과 긴 문장이 적절히 잘 섞인, 내가 가장 좋아하는 예를 찾아볼 수 있다. 각 문장의 길이가 어떻게 (조금씩) 늘어나는지 살펴보자.

> 어이쿠. **(1단어)** 아마존닷컴 주주들은 물론이고 자본 시장의 많은 이에게 잔인한 한 해였습니다. **(10단어)** 이 글을 쓰고 있는 현재 우리 회사 주식은 작년에 소식을 전할 때보다 80퍼센트 이상 하락했습니다. **(15단어)** 그럼에도 불구하고 현재 아마존닷컴이라는 회사는 거의 모든 면에서 과거 그 어느 때보다 더 유리한 위치에 서 있습니다. **(17단어)**[26]

앞 단락의 네 문장은 평균 11단어로 이루어져 있지만, 각각 1, 10, 15, 17단어로 그 길이가 일정하지는 않다.

이번에는 2009년 주주 서한에서, 베조스가 긴 문장을 사용해 목록을 열거한 후 짧은 문장들로 이야기를 이어 나가는 방식을 살펴보도록 하자.

> 2009년의 재무 성과는 선택의 폭이 커지고, 배송 속도가 빨라지고, 더 저렴한 가격을 제공할 수 있도록 비용이 낮아진 데 따른 15년간의 고객 서비스 개선 누적 효과를 반영합니다. **(26단어)** 우리는 아마존의 저렴한 가격, 믿을 수 있는 배송, 특이하고 찾기 어려운 물품의 재고 확보에 자부심을 갖고 있습니다. **(17단어)** 또 우리는 더 크게 발전할 여지가 있음을 알고 더 발전하기 위해 최선을 다하고 있습니다. **(14단어)**[27]

⑦ 병렬 구조를 써라

앞서 마지막 예에서 베조스는 '병렬 구조'라 불리는 문법 장치에 의존했다. 같은 패턴으로 두 가지 이상의 아이디어를 표현함으로써, 각 아이디어에 동등한 중요성을 부여하는 문법 장치를 사용한 것이다.

예를 들어, 베조스는 개선 사항을 두고 '커지고$_{increasing}$', '빨라지고$_{speeding}$', '낮아지고$_{reducing}$'라는 표현을 썼다. 그다음 문장은 "우리는 아마존의 **저렴한 가격, 믿을 수 있는 배송**, 특이하고 찾기 어려운 물품의 **재고 확보**에 자부심을 갖고 있습니다"라고 썼다. 두 번째 문장에 병렬 구조를 사용하지 않는다면 다음과 같은 문장이 될 것이다. "우리는 아마존의 최저 가격과 고객들이 제품을 안정적으로 배송받고 원하는 제품 대부분의 재고를 구할 수 있다는 사실에 자부심을 느낍니다." 병렬 구조는 문장에 힘은 더하고, 단어 수는 줄여준다.

병렬 구조는 문장을 더 매끄럽게 만든다. 예를 들어, "나는 **달리기, 골프, 독서**를 좋아한다"라고도, "나는 **달리기를 하고 골프를 치고 책을 읽는 것**을 좋아한다"라고도 말할 수 있다. 같은 내용을 "달리기를 좋아하고, 골프 치는 것을 좋아하고, 읽을 책을 사는 것을 좋아한다"라고 말하는 것은 앞 두 문장과 달리 병렬 구조가 아니다.

병렬 메시지는 읽기도 좋고 듣기도 좋다. 병렬 구조로 된 텍스트는 읽을 때나 말할 때나 동일한 효과를 내는 경우가 많다. 1997년 첫 주주 서한에서, 베조스는 "우리는 고객에게 끊임없이 집중해 나갈 것입니다"라고 썼다.[28] 베조스는 일련의 중요 항목$_{bullet\,point}$을 병렬 구조로 작성했다.

- 우리는 단기 수익성이나 월스트리트의 단기적 반응이 아닌, 장기적 시장 주도권을 고려해 투자 결정을 계속해 나갈 것입니다.
- 우리는 우리의 프로그램과 투자 효과를 계속 분석적으로 평가할 것입니다.

- 우리는 우리의 성공과 실패를 통해 계속 배울 것입니다.
- 우리는 소심한 투자 결정보다는 과감한 투자 결정을 내릴 것입니다.
- 우리는 과감한 선택을 할 때 우리의 전략적 사고 과정을 여러분과 공유할 것입니다.
- 우리는 현명하게 소비하고, 우리의 린 문화(lean culture)(불필요한 요소나 비용을 없애 낭비를 최소화하는 문화를 말한다_역주)를 정착시키기 위해 열심히 일할 것입니다.
- 우리는 장기 수익성과 자본 관리에 중점을 두는 동시에 성장에 집중하는 균형을 이룰 것입니다.
- 우리는 계속해서 다재다능하고 유능한 직원들의 고용 및 유지에 중점을 둘 것이며, 현금보다는 스톡옵션 보상에 가중치를 줄 것입니다.

> **＊개인 코칭**
>
> 이 장에서는 여러분이 동료들보다 크게 앞서 나가게 해줄 간략한 글쓰기 전략을 살펴봤다. 그러나 내 책장에 영원히 자리할 책들을 쓴 훌륭한 글쓰기 교육 전문가들에게 우리는 더 많은 것을 배울 수 있다. 여러분의 글쓰기 능력을 한 단계 높여줄 책을 몇 권 소개한다.
>
> - 로이 피터 클라크, 《글쓰기를 위한 필수 전략 55가지Writing Tools: 55 Essential Strategies for Every Writer》
> - 트리시 홀Trish Hall, 《뉴욕타임스 편집장의 글을 잘 쓰는 법Writing to Persuade》
> - 윌리엄 진서, 《글쓰기 생각쓰기On Writing Well》
> - 개리 프로보스트, 《내 글이 구린 건 맞춤법 때문이 아니다100 Ways to Improve Your Writing》
> - 스티븐 킹, 《유혹하는 글쓰기On writing》

글쓰기, 말하기, 발표 능력을 갈고닦을 때, 배움에는 결코 끝이 없다는 것을 명심해야 한다. 마이크로소프트 CEO 사티아 나델라Satya Nadella는 비즈니스 세계에서 두 유형의 사람을 만나게 될 것이라고 말한다. 바로 '모든 것을 다 안다고 생각하는 사람'과 '무엇이든 다 배우려는 사람'이다. 모든 것을 다 안다고 생각하는 사람들은 인류 역사상 경험해 보지 못한 속도로 변화하는 디지털 경제에서 그리 오래 버티지 못한다. 이러한 환경에서는 무엇이든 배우기를 좋아하는 사람들이 빛을 발한다. 그들은 어떤 변화가 오든 적응하고 성장하고 번영한다. 배울 것이 많기는 하지만, 글쓰기의 좋은 점은 우리를 안내해줄 선생님이 많다는 것이다.

THE BEZOS BLUEPRINT

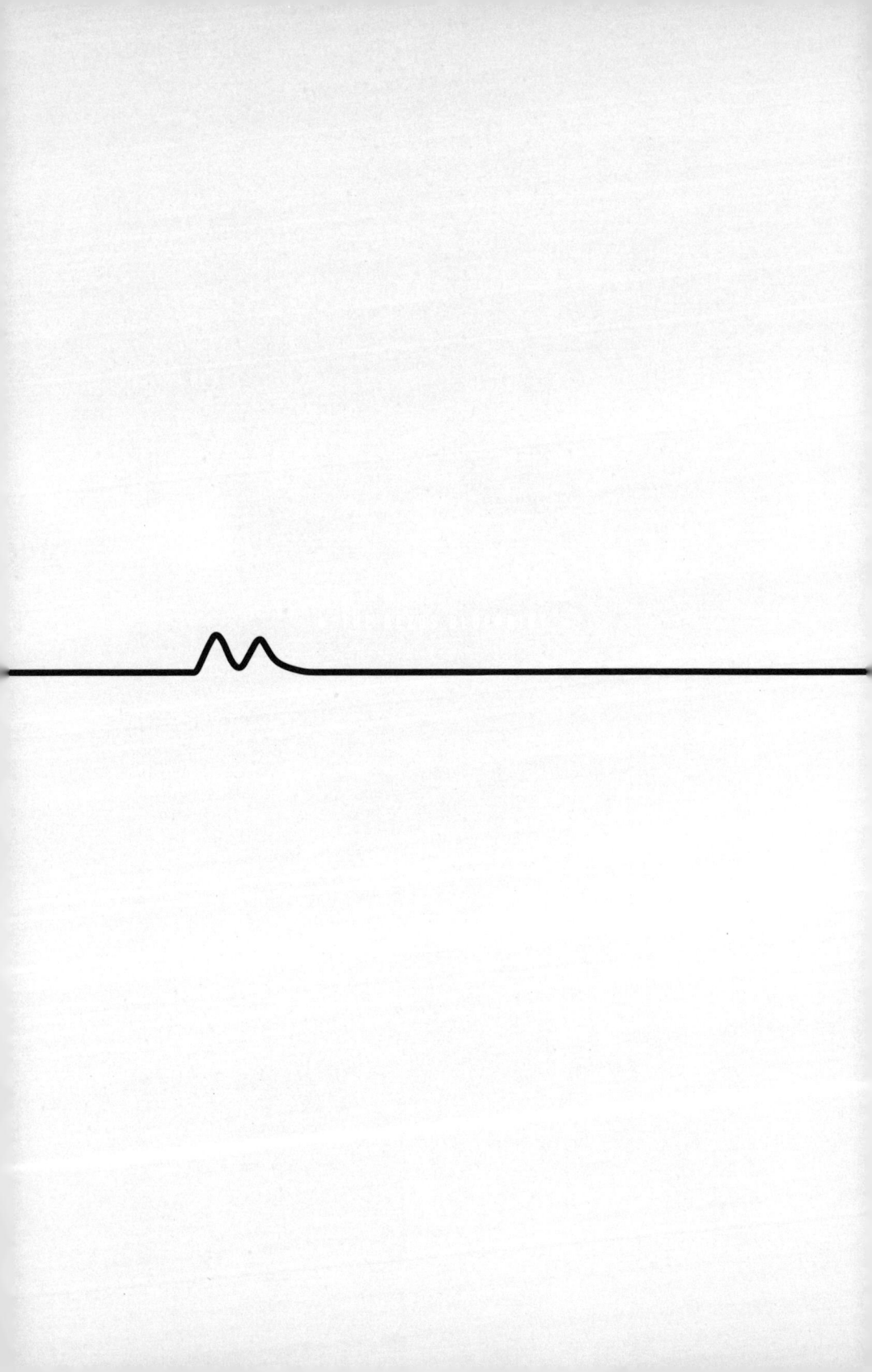

로그라인,
한 문장으로 요약한 핵심 개념

아마존의 임무는 세상에서 가장 뛰어난
고객 중심 기업이 되는 것이다.

_ 제프 베조스

"어이쿠_{Ouch}."

   제프 베조스는 시가총액 5조 달러 이상이 증발한 충격적인 주식 시장 붕괴 사태, '닷컴_{dot-com} 붕괴'를 이 한마디 문장으로 표현했다.

   2000년 3월 10일, 기술주 중심 지수인 나스닥은 5,132로 최고치를 기록했다. 그 이후 벌어진 일은 금융계, 실리콘 밸리, 수백만 명에 달하는 직원 모두에게 가슴이 철렁 내려앉는 충격을 안겼다. 투자자들은 1996년부터 투기성 짙은 인터넷 기업들에 자금을 쏟아붓기 시작했다. 수익을 얻지 못했을 거라고? 그렇다! 모든 열기가 그렇듯, 닷컴 투자 열기 역시 얼마 가지 않아 식고 말았다. 기술주가 최고점을 찍고 한 달이 지난 4월까지, 나스닥 지수는 34퍼센트 하락했다. 2002년 10월에는 지수가 80퍼센트 가까이 폭락했다.

   어이쿠.

   나스닥 지수가 2000년 3월 수준으로 회복하려면 4년은 더 걸릴 것 같았다. (실제로 물가 상승률을 감안하면 17년 동안 회복하지 못한 셈이 됐다.)

   어이쿠.

   실리콘 밸리에서만 일자리 20만 개가 사라졌다.

어이쿠.

아마존 주가는 주당 113달러에서 6달러로 떨어졌다.

어이쿠 소리가 절로 나온다.

'어이쿠'라는 단어는 여러분이 2장에서 배운 고대의 간단한 표현 중 하나에서 유래했다. 1800년대 초 펜실베이니아에 정착한 독일 이민자들이 고통 속에서 울부짖는다는 표현을 간략히 줄여 이르는 이 단어를 미국에 소개했다. 닷컴 붕괴를 표현하는 데 더 적합한 단어를 찾을 수 있다면 그렇게 해도 좋다. 그러나 나는 이 '어이쿠'라는 표현이 많은 것을 말해 준다고 생각한다.

물론 베조스가 '어이쿠.'라는 한 문장으로 편지를 끝맺은 것은 아니다. 그는 자신의 가장 중요한 메시지를 단도직입적으로 전달했다. 베조스는 다음 세 문장으로 다양한 화제를 다뤘다.

> 아마존닷컴 주주들은 물론이고 자본 시장의 많은 이에게 잔인한 한 해였습니다. 이 글을 쓰고 있는 현재 우리 회사 주식은 작년에 소식을 전할 때보다 80퍼센트 이상 하락했습니다. 그럼에도 불구하고 현재 아마존닷컴이라는 회사는 거의 모든 면에서 과거 그 어느 때보다 더 유리한 위치에 서 있습니다.[1]

베조스가 간결한 세 문장으로 무엇을 해냈는지 생각해 보자.

그는 아마존 주주들의 관심을 끌었다.
그는 주주들에게 무슨 일이 일어났는지 알렸다.
그는 주주들에게 희망을 줬다.
그는 주주들에게 회사에 남아 있어야 하는 설득력 있는 이유를 제시했다.

베조스는 자신이 글로 쓰거나 말할 내용의 첫 문장을 두고 많은 고민을 한다. 첫 문장은 글을 읽거나 이야기를 듣는 사람들의 주의를 끌고, 이어질 나머지 논의의 분위기를 결정한다.

제임스 패터슨의 '확실한 이점'

세계적인 베스트셀러 작가인 제임스 패터슨~James Patterson~에 따르면 책을 쓰든, 이메일을 보내든, 프레젠테이션을 하든, 훌륭한 첫 문장은 여러분에게 '확실한 이점~distinct advantage~'을 제공할 것이다.

패터슨이 쓴 수많은 첫 문장 중에서 그가 가장 좋아하는 것은 저서 《프라이빗~Private~》의 프롤로그를 여는 문장으로 다음과 같다. "물론 어렴풋한 기억이기는 하지만, 내가 처음 죽었을 때의 상황은 이랬다." 패터슨은 웃으면서 회상했다. "저 스스로를 좀 칭찬해 보자면, 꽤 멋진 첫 문장이었지요."[2]

패터슨은 저서 3억 부 이상을 판매한 공을 첫 문장에 돌렸다. 그는 첫 페이지와 첫 문장이 독자를 사로잡을 정도로 강렬하다는 생각이 들 때까지 문장을 몇 번이고 고쳐 쓴다. 패터슨은 첫 문장으로 독자를 완전히 사로잡아야 하는 것은 아니지만, 독자나 청자가 그 이야기에 빠르게 빠져든다면 그 다음 이야기를 계속 읽거나 들으려 할 것이라고 말한다.

아마존 고위 간부들은 상관인 베조스가 그들의 핵심 개념에 바로 집중할 수 있도록 해야 한다는 사실을 깨달았다. 베조스는 시간 낭비를 싫어하고 흥미를 잃으면 급히 회의를 끝내곤 했다.

베조스는 그의 집중력이 가장 높고 에너지가 충만한 오전 10시에 가장 중요한 회의를 연다. 많은 CEO와 마찬가지로 베조스는 시간을 잘 관리한다. 일반 경영 전문가들이 1년에 걸쳐 내리는 결정들보다 더 중요한 결정들을 하루만에 내려야 하기 때문이다. 아마존을 경영할 때, 그가 책임지는 것은 하루에 상품 1,000만 개를 발송하는 전자 상거래 사업부만이 아니었다. 베조스는 리프트~Lyft~(승차 공유 서비스) 호출에서부터 넷플릭스 영화 스트리밍, 에어비앤비 예약, 《워싱턴 포스트》 읽기, 줌 회의 참석, 슬랙~Slack~에서 대화 나누기에 이르기까지, 우리 일상과 관련된 앱과 웹 사이트들에 클라우드 서비스를 제공하는 회사를 운영했다. 게다가 그는 영화를 제작하고 인공지능 기술을 개발하는 회사를 운영했으며, 자포스~Zappos~, 홀 푸드~Whole Foods~, 오더블~Audible~ 등 자회사 40개 이상을 소유하고 있었다. 그 와중에 베조스는 우주 탐사 기업인 블루 오리진~Blue Origin~도 설립했다. 베조스는 바쁘다.

CEO와 경영진 대부분은 시간이 가장 귀한 자원이라고 말한다. 하루에 최대 1,000건의 이메일을 받고, 6개월치 일정이 이미 꽉 차 있는 경우도 흔하다. 요점을 바로, 빨리 말하지 않으면 그들의 관심을 잃게 될 것이다.

많은 비즈니스 전문가가 바쁜 리더들이 살펴보기에 지나치게 많은 자료를 준비하는 실수를 저지르곤 한다. 실리콘 밸리의 선구자인 앤디 그로브~Andy Grove~는 말을 장황하게 늘어놓는 발표자들을 질책하는 것으로 잘 알려진 인물이었다. 하버드 교수이자 혁신가인 클레이 크리스텐슨~Clay Christensen~ 같은 외부 인사들조차 그로브의 그 유명한 성급함에 적응해야 했다. 크리스텐슨은 《하버드 비즈니스 리뷰》 기사 〈당신의 인생을 어떻게 평가할 것인가~How Will You Measure Your Life~〉에서 그로브와의 첫 미팅을 회상했다.

그로브는 크리스텐슨의 '파괴적 기술~disruptive technology~'에 관한 논문을 읽고, 캘리포니아주 산타클라라에 있는 인텔 본사로 그를 초청했다. 크리스텐슨은 연구 결과를 공유하기 위해 기쁜 마음으로 미국 대륙을 횡단하는 비행기에 몸을 실었다.

"잠시만요, 문제가 생겼습니다."[3] 그로브가 회의를 시작하면서 말했다. "당신에게 줄 수 있는 시간은 딱 10분입니다. 귀하의 파괴적 혁신 모델이 인텔에 어떤 의미가 있는지 알려주십시오."

"10분 만에 설명하기는 어렵습니다. 이 모델을 설명하려면 못해도 30분은 필요합니다." 크리스텐슨이 답했다. 그로브는 일단 발표를 시작하게 하고는 10분 후에 그의 말을 가로막았다. "잠시만요, 저는 귀하의 모델을 이해했습니다. 이 모델이 인텔에 어떤 의미가 있는지만 말씀해 주십시오."

크리스텐슨은 내용을 최대한 압축해 몇 분간 더 설명했다. "네, 그렇게 하죠. 이 모델이 인텔에 어떤 의미냐면⋯⋯." 그러고 나서 그로브는 인텔이 마이크로프로세서 시장을 장악하는 데 크리스텐슨의 모델이 어떤 식으로 도움이 될지 간결하게 정리했다.

크리스텐슨은 일 분이라도 더 얻기 위해 애써야 했다. 여러분은 이러한 상황을 피하고 싶을 것이다. 실제로 CEO, 상사, 관리자, 고객, 투자자, 이해관계자 대부분은 참을성이 없다. 그들은 10분이 지나도 여러분의 말을 끊지 않을지 모르지만, 여러분에게 10분 이상 집중하지 않을 게 확실하다. 그들은 그로브가 크리스텐슨에게 단도직입적으로 던진 것과 같은 질문을 스스로에게 묻고 있을 것이다. '이게 나한테 무슨 의미가 있지?'

또 여러분의 회사 직원들 역시 점점 더 많은 업무 부담과 업무를 한층 복잡하게 만드는 방해 요소에 직면하고 있다. 연구에 따르면, 인간의 주의력이 지속될 수 있는 시간은 1800년대 이후로 일정하게 유지돼 왔지만, 우리의 관심을 앞다퉈 차지하려는 것들의 수는 기하급수적으로 증가했다. 인간의 뇌는 지루함을 쉽게 느낀다. 우리는 언제고 우리가 하고 있는 일을 대신할 무언가를 계속해서 찾고 있으며, 이는 소셜 미디어 회사들이 우리를 그들의 플랫폼에 중독시키기 위해 활용하는 심리학적 사실이다.

게다가 우리가 매 순간 직면하는 디지털 소음의 폭격은 어떤 메시지에도 온전히 집중하기 어렵게 만든다. 총 500시간의 영상이 매 1분마다 빠짐없이 유튜브에 업로드된다. 60초 동안 왓츠앱WhatsApp 사용자는 메시지 4,200만 건을 보내고, 줌은 화상회의 20만 8,000회를 주최하고, 트위터 사용자는 트윗 35만 건을 올리고, 사람들은 이메일 1억 8,800만 통을 보내고, 발표자들은 슬라이드당 평균 40단어가 담긴 프레젠테이션을 2만 5,000회 수행한다.

데이터는 절대 잠들지 않지만, 여러분의 청중과 독자는 잠을 잔다. 그들은 매일 매 순간 밀려드는 정보의 쓰나미를 처리할 수 있는 정신적 대역폭을 갖고 있지 않다. 연구자들은 콘텐츠 양이 계속해서 증가함에 따라 우리의 주의력이 점점 분산되고 있다고 말한다. 원인은 우리가 '새로운' 무언가를 끊임없이 찾는 자극 추구 성향을 갖고 있기 때문이다. 그리고 오늘날, 손끝으로 새로운 무언가를 접하는 데는 단 1초도 걸리지 않는다.

그런 사람들의 관심을 끄는 비결은 소음 차단이 아니라, 신호 강화에 있는 것으로 드러났다. 지난 30년간 사람들이 새로운 개념을 배우는 방식에 대해 연구해온 인지 심리학자들은 아주 흥미로운 결론에 도달했다. 예를 들면, 유능한 교사들에 대한 연구에서 최고의 교사들은 핵심 개념을 바탕으로 정보를 구성한다는 사실이 밝혀졌다. 여러분이 계층 구조로 콘텐츠를 만든다면, 핵심 개념으로 메모나 프레젠테이션을 시작한 뒤 상세한 설명으로 그 핵심 개념을 뒷받침할 수 있을 것이다.

나는 세계 최고의 연사들이 등장하는 《어떻게 말할 것인가》라는 책을 쓰면서, TED 강연으로 입소문이 난 많은 전문가를 인터뷰했다. "어떻게 하면 제가 알고 있는 모든 것을 18분 안에 전달할 수 있을까요?"라는 질문에 거의 모든 사람이 비슷한 반응을 보였다. 간단히 말해, 답은 '불가능하다'였다.

훌륭한 TED 연사들은 이해하기 쉬운 작은 메시지로 설명할 수 있는 하나의 큰 핵심 개념을 택한다. 간결함은 산더미 같은 정보를 짧은 시간 안에 압축하는 데에서 생겨나는 게 아니다. 간결함은 하나의 핵심 개념으로 시작해 이야기, 사례, 데이터를 신중하게 선택할 때 생겨난다.

누군가가 여러분에게 "요점을 말씀해 주세요"라고 말할 때, 실제로 그들은 큰 그림을 보고 싶다고 말하는 것이다. 요점만 말한다는 게 아주 간단해 보일 수도 있다. 하지만 여러분이 배웠듯 어떤 것을 단순화해 요점만 말하기란 쉬운 일이 아니다. 그러니 우리가 좋아하는 이야기를 들려주는 커뮤니케이션 전문가들에게 도움을 받아보도록 하자.

로그라인

나는 할리우드 시나리오 작가들의 로그라인 개념을 차용했다. 작가들은 영화사에 시나리오를 제안할 때, "당신의 시나리오는 무엇에 관한 이야기인가?"라는 질문에 답하는 간결하고 흥미로운 문장인 **로그라인**$_{logline}$을 갖고 회의에 참석한다. 훌륭한 로그라인은 단어 25~30개로 이루어져 15초 이내로 전달할 수 있는 문장이다.

작가들이 대본을 클라우드에 업로드하는 요즘과 달리, 과거에는 영화사에서 시나리오를 인쇄해 금고에 보관했다. 당시 영화사 임원들은 대본의 책등이나 일지$_{log}$에 영화 제목과 영화를 설명하는 한 문장을 썼다. 오늘날 로그라인은 이메일이나 제안 회의를 통해 전달된다.

잘 작성된 로그라인이 소개하는 영화 제목을 알아맞혀 보자.

> 과거로 간 한 젊은이는 자신의 존재와 미래가 사라지기 전에 아버지와 어머니를 맺어주어야만 한다.

> 낙천적인 농장 소년이 자신에게 강한 힘이 있음을 알고, 제국의 사악한 세력으로부터 은하계를 구하기 위해 다른 반란군 전사들과 힘을 모은다.

타이타닉호의 첫 항해 중에 비운의 연인이 사랑에 빠지고, 두 사람은 대서양으로 침몰해 가는 여객선에서 살아남기 위해 고군분투한다.

아들이 바다로 떠내려가자, 걱정이 많은 아빠 물고기 흰동가리는 아들을 다시 데려오기 위해 험난한 바다를 건너는 여정을 시작한다.

여러분은 아마도 각 로그라인이 말하는 영화를 잘 알아맞힐 수 있을 것이다. 답은 각각 〈백 투 더 퓨처〉, 〈스타워즈〉, 〈타이타닉〉, 〈니모를 찾아서〉이다.

〈그레이 아나토미Grey's Anatomy〉 제작자인 숀다 라임스Shonda Rhimes는 이렇게 말한다. "일단 문을 열고 들어가 할 수 있는 가장 중요한 일은 피칭pitching(공동 제작, 투자 유치, 선판매 등을 목적으로 프로젝트를 설명하는 일종의 투자 설명회를 말한다_역주)입니다. (…) 피칭을 잘하지 못한다면, 큰 어려움이 될 겁니다. 피칭하는 방법을 이해해 잘 해낼 수 있어야 합니다."[4]

할리우드 영화사 임원들은 매주 수십 건의 제안서를 받는다. 작가가 그들을 단박에 사로잡지 못한다면 그 프로젝트는 결국 실패하고 말 것이다. 라임스에 따르면, "강력한 피칭은 청중의 상상력을 거의 즉각적으로 장악"한다.

훌륭한 로그라인을 만들어내는 핵심은 고객에게 집착하는 제프 베조스를 따라 하는 데 있다. 시나리오 작가의 경우, 고객(청중)은 제작자, 감독, 또는 영화사 임원이다. 그들은 작가의 피칭을 들으면서 '어떻게 이 작품을 마케팅할 수 있을까?'라는 생각을 하게 된다.

〈그레이 아나토미〉를 피칭했을 때, 라임스는 당시 인기를 누렸던 〈섹스 인 더 시티Sex and the City〉와 유사한 마케팅 친화적인 제목을 붙였다. 그녀는 '섹스 인 더 서저리sex in the surgery'란 로그라인이 판매 수단으로 이용됐다고 말한다. 로그라인 덕분에 임원들에게 쇼show를 마케팅할 명확하고 간결한 아이디어를 전달할 수 있었기 때문이다. 라임스는 작품이 본래의 개념에서 점차 발전해 나갈 것을 알고 있었지만, 우선 영화사가 그 쇼에 투자하도록 설득해야 했다. 그래서 라임스는 그녀의 청중을 최우선에 둔 제안서를 작성했다.

명확하고 간결한 로그라인만으로 프로젝트를 판매할 수는 없지만, 그러한 로그라인 없이는 프로젝트를 성공시킬 수 없다. 잘 작성한 로그라인은 영화사 임원들이 나머지 이야기를 계속 주시하게끔 유도한다.

지미 도널드슨(Jimmy Donaldson)은 영화를 판매하지 않는다. 그는 콘텐츠를 제작한다. 도널드슨의 유튜브 채널인 미스터비스트(MrBeast)는 〈사인필드(Seinfeld)〉나 〈프렌즈〉의 시즌 마지막 회보다 더 많은 조회 수를 기록하고 있다. 미스터비스트는 1억 6,000만 명이 넘는 구독자를 끌어 모았다.

도널드슨은 열세 살에 첫 동영상을 올렸고, 첫 해에 구독자는 40명에 불과했다. 그러나 몇 년간의 시행착오를 겪고 유튜브 추천 알고리즘을 열심히 연구한 끝에, 2017년 도널드슨은 큰 화제가 됐다. 어느 날 따분했던 그는 1부터 10만까지 숫자를 세는 자기 자신을 녹화했다. 도널드슨이 그 숫자를 다 세는데 44시간이 걸렸는데, 그 모든 과정을 담은 영상이 여전히 유튜브에 게시돼 있다. 《허핑턴 포스트》는 이목을 끄는 그의 행동을 〈아무 이유 없이 1부터 10만까지 세는 남자가 있다〉라는 기사로 게재했다.

도널드슨의 동영상은 이제 더 짧아졌지만 그의 특이한 행동은 후원받은 경품 덕분에 더 정교해졌다. 예를 들어, 그는 '4,000만 번째 구독자에게 자동차 40대를 드렸습니다'라는 제목의 영상에서 구독자 중 한 명에게 엄청난 선물을 줘 깜짝 놀라게 만들었다.

도널드슨과 함께 일했던 컨설턴트 데랄 이브스(Derral Eves)에 따르면, 동영상 내용을 간단하게 유지했던 것이 가장 빨리 성장한 유튜브 채널을 만들어냈다고 한다. "미스터비스트는 동영상 콘셉트를 한 문장으로 설명할 수 없으면, 그것을 복잡한 동영상으로 분류해 제외시키죠. 제작자 대부분이 이러한 콘텐츠 제작 기술을 크게 간과하고 저평가하지만, 바로 그 기술이 탁월한 제작자들을 제작 의도보다 더 돋보이게 만드는 겁니다."[5]

다음의 한 줄짜리 제목을 가진 동영상들은 총 2억 뷰의 조회 수를 기록했고, 가장 긴 제목이 11단어에 불과하다.

'사람들에게 100만 달러를 주고 딱 1분만 돈을 쓸 수 있게 했다'

'음식을 먹으면 돈을 주는 식당을 열었다'

'무료 자동차 판매 대리점을 열었다'

영상을 틀면 바로 도널드슨이 제목을 그대로 말하고, 동시에 화면에도 큰 자막으로 나타난다. 시청자들은 한 문장을 통해 그들이 무엇을 보게 될지 정확히 알 수 있다. 미스터비스트 영상은 매주 슈퍼볼Super Bowl(미국의 미식축구 리그인 NFL의 결승전을 말한다_역주)보다 더 많은 시청자를 끌어 모으고 있다. 도널드슨은 핵심 개념인 로그라인으로 시작한다.

강력한 로그라인은 세계 최고의 벤처캐피털 회사들이 몰려 있는 실리콘밸리에서도 투자자들을 끌어 모으고 있다. 나는 아마존, 애플, 에어비앤비, 구글, 페이팔, 트위터, 유튜브와 같은 스타트업을 지원해온 벤처캐피털 투자자들을 여럿 만났다. 또 잠재적 투자자들에게 자사를 홍보하는 로드쇼를 준비하는 스타트업 CEO와 기업가들과도 함께 일해 왔다.

투자자들은 할리우드 영화 제작자들과 다를 게 없다. 그들은 세부 사항을 자세히 검토하기에 앞서 전체적인 상황을 먼저 파악할 수 있기를 원한다. 즉, '영화의 주제가 무엇인가'와 같은 질문을 던진다. 다음은 스타트업 피칭에서 실제로 사용된 로그라인들이다.

구글은 전 세계의 정보를 체계화하고 그 정보에 보편적으로 접근할 수 있도록 한다.

(12단어)

- 코세라$_{Coursera}$는 세계적인 수준의 교육을 보편적으로 제공해, 모두가 어디서나 교육을 통해 삶을 변화시킬 수 있는 힘을 갖게 한다. (17단어)
- 에어비앤비는 사용자들이 자신의 공간을 임대할 수 있는 웹 플랫폼이다. 여행자들은 돈을 절약하고 호스트들은 돈을 벌면서 서로의 문화를 공유한다. (18단어)
- 캔바$_{Canva}$는 전 세계 사람들이 무엇이든 디자인하고 어디서든 출판할 수 있도록 하는 온라인 디자인 도구다. (14단어)
- 아마존은 세상에서 가장 뛰어난 고객 중심 기업이다. (7단어)

로그라인 없이 아이디어를 제안하거나 프레젠테이션을 수행하는 실수를 범해서는 안 된다. 《포브스》 세계 억만장자 명단에 오른 한 투자자가 독자들과 공유하라며 내게 이런 메시지를 전했다. "기업가가 자신의 아이디어를 한 문장으로 표현할 수 없다면 저는 관심을 갖지 않습니다. 이상입니다."

청중이 알아야 할 핵심 개념이 담긴 로그라인을 작성한 다음에는 그것을 어디에 도입하면 좋을지 묻게 된다. 미군은 이 질문에 답하기 위해 상당한 연구를 진행해 왔다. 그들이 찾아낸 해결책은 전 부대에 걸쳐 커뮤니케이션 기술로서 교육되고 있으며, 아마존에서도 이 기술을 가르치고 있다.

핵심부터 이야기하라

불볕더위로 기온이 45.6도까지 치솟던 9월의 어느 날, 애리조나주 유마$_{Yuma}$ 사막에서 나는 미국 해군의 탑건 전투기 조종사에 필적하는 미국 해병대 전투기 조종사 100여 명을 만났다.

미국 해병대 최고의 전투기 조종사들은 세계에서 가장 포괄적인 항공 교육 과정으로 꼽히는 7주 프로그램에 참가하고 있었다. 무기 전술 교관$_{Weapons\ and\ Tactics\ Instructor,\ WTI}$ 과정을 밟는 동안 조종사들은 수업과 비행을 통해 고급 전문 기술과 리더십 기술을 배운다. 말과 글을 통한 의사소통이 가장 중요한 전투 기술 중 하나로 간주된다는 것을 알면 여러분은 놀랄지도 모른다. 물론 어떤 문제가 발생하든 신속하고 민첩하게 대응하기 위해 체계화된 전문 기술에 의존하는 기업에서도, 간단명료하고 쉽게 이해할 수 있는 의사소통은 없어서는 안 될 필수 요소다.

미국 군부대의 지휘관들은 기업가, 비즈니스 전문가, 그 외에 리더십을 열망하는 모든 사람에게 적용되는 의사소통 전략을 배우며, 그 전략을 '**지휘관의 의도**Commander's Intent'라 부른다.

지휘관의 의도$_{CI}$는 성공적인 결과에 대한 임무 지휘관의 비전을 정의하는 표현이다. 그것은 임무를 설명하는 큰 그림이자 로그라인이다. 지휘관의 의도는 알기 쉬워야 한다. 첫째, 5W, 즉 '누가, 무엇을, 언제, 어디서, 왜'에 답할 수 있어야 한다. 둘째, 브리핑의 시작과 끝에서 반복돼야 한다. 셋째, '우리가 꼭 완수해야 할 가장 중요한 것은'이라는 표현으로 시작해야 한다.

지휘관의 의도는 큰 그림을 명확하고 간결하게 전달하는 목적 진술문 역할을 한다. 한 훈련 교범에 따르면, "긴 내러티브는 부하들의 사기를 떨어뜨리는 경향이 있다." 다시 말해서, 임무를 수행하는 사람들은 그 임무의 목적을 간결하고 명확한 설명으로 이해할 필요가 있다. 간결하면 명확해지고, 명확하면 고무된다.

지휘관의 의도는 중요 항목을 나열한 목록이 아니라, 명사와 동사가 포함된 문장으로 쓰고 말하는 내러티브다. 예를 들면 이렇다. "우리의 임무는 연합군의 후속 공습을 조기에 탐지하는 것을 막기 위해, 오브젝티브 브라보Objective Bravo(전투 작전에서 미리 정한 목표 지점 중 하나를 가리킨다_역주)에서 적의 레이더 장비를 파괴하는 것이다." 이 문장은 능동태로 작성됐고, "우리는 힘차게 공격할 것이다"와 같은 모호한 명령과는 거리가 멀다.

전투 상황에서 무전을 통해 명령할 때, 간결하고 명확한 표현이 장황한 표현보다 더 신속하게 전달된다. 결과적으로 간결하고 명확한 명령은 사람들 사이에서 더 정확하게 전달될 가능성이 높고, 부하들은 극심한 스트레스를 받는 상황에서도 그 명령을 더 쉽게 기억할 수 있다.

전투기 조종사들이 시속 700마일의 속도로 산악 지형을 비행할 때, 그들은 임무를 성공적으로 수행하기 위해 알아야 할 수많은 세부 사항을 읽거나 기억할 시간이 없다. 그들은 전투에 참가하기까지 수년간 경험을 쌓고, 수업, 비행 시뮬레이터, 훈련 임무에서 수천 시간을 보냈다. 그들은 임무를 수행하는 법을 잘 알고 있다. 하지만 그들이 무엇을 해야 하고, 또 왜 그것을 해야 하는지 모른다면 임무 수행 방법을 알아도 소용이 없다.

여러분 자신을 지휘관이라고 생각하자. 여러분의 임무는 고객부터 상사, 채용 담당자, 팀원, 투자자, 직원에 이르기까지 다양한 청중에게 정보를 제공하고 영감을 주는 것이다. 한 문장으로 그들에게 핵심을 이야기해 보자.

지휘관의 의도는 전투를 벌일 때 지휘관들이 전달해야 할 가장 중요한 문구이기 때문에, 브리핑 초반에 그 내용을 전달해야 한다. 따라서 군 지휘관들은 BLUF라 불리는 명확하고 강력한 소통 방식을 따른다.

약어 **BLUF**는 '핵심부터 이야기하라$_{\text{bottom line up front}}$'를 의미한다. BLUF는 미 육군의 글쓰기 기술 중 하나로 시작됐지만, 이제는 모든 군부대에서 가르치고 있다. 미 육군이 이 약어를 만들었다고 주장할 수는 있지만, 그들이 이 기술의 필요성을 처음 인식한 것은 아니다. 영국 총리 윈스턴 처칠은 '간결성'이라는 유명한 메모를 통해 긴 문서 작성 시 요점을 강조해야 한다는 주장을 펼쳤다. 처칠은 문서 대부분이 핵심 요점을 명시하지 않아 시간과 에너지를 낭비하고 있다고 말했다.

핵심을 먼저 말하는 방식은 글쓰기 강좌에서 **BLOT**$_{\text{bottom line on top}}$(핵심을 글 첫

머리에 두라는 의미다_역주) 원칙을 가르치는 아마존에도 널리 퍼져 있다. 핵심부터 말하기란 말 그대로 여러분의 청자나 독자가 알아야 할 가장 중요한 정보부터 전달하라는 의미다. 핵심부터 전달할 경우, 그 내용 외에 아무것도 모른다 해도 큰 그림만은 파악할 수 있을 것이다. 여러분의 독자는 이메일이나 프레젠테이션에서 핵심 내용을 가장 먼저 확인할 수 있어야 한다.

아마존 임직원들은 이메일의 맨 첫 부분을 굵은 글씨로 쓴다. 한두 문장으로 이메일 수신자에게 이메일의 목적과 그 내용의 중요성을 언급한다. 예를 들어 아마존의 2대 CEO로 취임한 후 첫 번째 주요 정책 발표에서, 앤디 재시는 아마존 직원들에게 메모를 보내 2021년 말 코로나19 팬데믹이 진정되기 시작한 데 따른 사무실 복귀 정책에 대한 회사의 입장을 설명했다.

재시가 보낸 이메일 제목에는 "새로운 재택근무 정책"이라고 적혀 있었다.

그는 "친애하는 아마존 직원 여러분께"라는 인사로 시작해, "우리가 일할 근무지에 대한 생각이 어떻게 전개되고 있는지 알려드리고자 합니다"라고 적었다. 제목에 이은 한 문장으로 이메일의 주제가 명확해졌다.

이어서 재시는 경영진이 여러 차례 회의를 열어 사무실 복귀의 어려움과 불확실성에 대해 논의했다고 설명했다. 그는 경영진이 '세 가지'에 동의했다고 적었다.

> 첫째, 장기적인 관점에서 보면 우리 중 어느 누구도 정확한 답은 알지 못합니다. 둘째, 아마존과 같이 큰 규모의 회사에서는 모든 팀이 가장 잘 작동할 수 있는 만능에 가까운 접근법은 없습니다. 셋째, 우리는 이 팬데믹에서 벗어나는 동안 실험하고 배우고 적응하는 단계를 거치게 될 것입니다.

재시는 조직 내에서 여러 역할을 수행하는 사람들의 경우, 일주일에 며칠 사무실에 출근할지가 팀 차원에서 개별 이사를 통해 결정될 것이라고 설명했다. 또 그는 의사 결정은 아마존의 리더십 원칙, 즉 '고객에게 가장 효과적인 것'을 기준으로 이뤄져야 한다고 덧붙였다.

경영대학원에서도 배우지 못하는 암묵적 규칙 중 하나가 있다. 시간과 에너지를 빼앗지 않고 핵심부터 이야기하는 의사소통을 하면 상사나 동료들을 자기편으로 만들 가능성이 더 높다. 연구에 따르면, 여러분이 이메일, 문서, 기사로 독자의 관심을 사로잡는 데 주어진 시간은 15초뿐이다. 독자 중 약 45퍼센트가 15초 후면 흥미를 잃거나 읽기를 멈춘다. 그런데 만약 여러분이 그들의 관심을 15초(영단어 기준으로 35단어) 이상 끌고 유지할 수 있다면, 그들이 나머지 내용을 계속 읽을 가능성이 더 높아진다.

아마존식 정확성

여러분이 군대나 아마존과 같은 방식으로 정확한 말과 글을 사용하고 싶다면, 여러분이 전하고자 하는 핵심 요점이 명확하고 간결하며 구체적이어야 한다.

명확성

아마존은 명확한 의사소통을 장려한다. 아마존에서는 말할 때와 글을 쓸 때, 다음 지침을 따를 것을 직원들에게 권장한다.

- 누가 무엇을 하는지 명확하게 하기 위해 능동태를 사용한다.
- 전문 용어를 피한다.
- 8학년 수준 이하의 플레시-킨케이드 등급을 목표로 한다.
- 전달하고자 하는 아이디어가 '그래서 요점이 뭐지?$_{So\ what?}$' 테스트를 통과하는지 확인한다.

의사소통에 관한 세 가지 팁은 이미 살펴봤으니, '그래서 요점이 뭐지?$_{So\ what?}$' 테스트를 더 자세히 알아보도록 하자. 나는 CEO와 경영진이 주요 발표나 프레젠테이션을 위한 로그라인을 작성할 때 도움을 주고자 '그래서 요점이 뭐지?' 테스트를 사용한다. 이 테스트가 어떻게 작동하는지 살펴보자.

첫째, 여러분은 자기 생각을 너무 훤히 알고 있다는 사실을 받아들여야 한다. 여러분은 다른 사람들은 거의 이해하지 못하는 세부 사항까지 모두 다 알고 있다. 그러니 메시지를 작성하면서 자문해 봐야 한다. "그래서 요점이 뭐지?" 그 질문을 세 번 하면 된다. 질문에 답할 때마다 청중이 알고 싶어 하는 한 가지, 핵심 메시지에 점점 더 가까워지는 것을 확인하게 될 것이다.

나는 이 방법이 아마존뿐 아니라 많은 회사에서 작동한다는 사실을 알게 됐다. 애플 역시 이 방법을 사용한다. 애플에서 마케팅 담당자와 임원들이 제품 출시를 논의하기 위한 브레인스토밍 회의를 한다고 상상하고, 가상 회의의 뒷이야기를 들어 보도록 하자. 이번에 출시하는 제품은 M1 칩이다.

무엇을 발표할 건가요?
맥을 위해 특별히 설계된 최초의 애플 칩인 M1이요.

그래서 요점이 뭔가요?
M1은 애플의 첫 시스템 온 칩$_{system\ on\ a\ chip,\ SOC}$ 입니다.

그래서 요점이 뭔가요?
트랜지스터 160억 개가 내장돼 있어 세계에서 가장 빠른 CPU 코어입니다.

그래서 요점이 뭔가요?
M1 칩은 맥을 위한 거대한 도약으로 더 뛰어난 전력 효율, 더 빠른 성능, 더 오래 지속되는 배터리 수명을 제공합니다.

마지막은 팀 쿡Tim Cook을 비롯한 애플 경영진이 M1 칩이 탑재된 최초의 맥북 노트북을 발표할 때 실제로 사용한 문장이다.

이러한 유형의 논의는 제품 출시 프레젠테이션 제작 초기 단계에서 흔히 찾아볼 수 있다. 회의실에 있는 전문가들은 몇 달 혹은 몇 년에 걸쳐 해당 제품을 연구해 왔을 것이다. 그들은 똑똑하지만 자신이 아는 것을 상대도 알 것이라고 착각하는 지식의 저주에 빠지고 만다. 그들은 구체적인 내용에 집중하지 않고 너무 많은 것을 다루려 한다. 대부분 사람이 자동차 보닛 아래에 무엇이 있는지 신경 쓰지 않는 것처럼, 컴퓨터 구매자 대부분은 시스템을 구동하는 장치에 대해 생각하지 않는다. 세부 사항은 의사소통의 필수 요소이기는 하지만 로그라인은 아니다. 로그라인은 큰 그림을 이야기한다.

> **✻ 개인 코칭** 💡
>
> 여러분이 수행하는 프레젠테이션 중 하나에 '그래서 요점이 뭐지?' 테스트를 적용해 보자. 여러분이 논의할 주제로 시작해 '그래서 요점이 뭐지?'라는 질문에 답하는 것이다. 피칭이나 프레젠테이션을 위한 명확한 로그라인이 만들어질 때까지 같은 질문을 두 번 더 반복하면 된다.
>
> - 주제 _____
> - 그래서 요점이 뭐지? _____
>   _____
> - 그래서 요점이 뭐지? _____
>   _____
> - 그래서 요점이 뭐지? _____
>   _____

간결성

아마존 방식으로 소통한다는 것은 읽고 이해하기 쉬운 메모, 문서, 이메일을 작성한다는 것을 의미한다. 아마존에서는 문장 길이를 20단어 이하로 유지하도록 권장한다. 즉 작성자는 불필요한 단어를 쓰지 말아야 한다.

바네사 갤로Vanessa Gallo는 갤로 커뮤니케이션 그룹Gallo Communications Group에서 우리 사업을 공동으로 이끌고 있다. 바네사는 발달 심리학 분야에서 경험을 쌓아왔고, 그 경험을 바탕으로 경영진이 보다 적극적이고 자신감 있는 모습으로 소통할 수 있도록 돕고 있다. 그녀는 프레젠테이션 내용을 분석해 불필요한 단어를 제거한다. 조각가가 돌 안에 숨겨진 걸작이 드러나도록 여분의 돌을 깎아내듯, 군더더기를 제거하면 여러분의 메시지도 그 힘을 제대로 발휘하게 된다. 바네사가 메시지를 다듬는 방법에 대한 예를 한번 살펴보자. 원본은 졸업하는 데 필요한 필수 과목 수업을 시작하면서 선임 군사 교관이 학생들에게 한 말이다. 바네사는 불필요한 단어를 제거하고 요점을 언급해 명확한 메시지를 전달하는 수정본을 만들었다.

> **원본**: "여러분 중 대다수가 필수 과목이라는 이유로 이 자리에 있을 겁니다. 그런데 여러분이 이 수업을 듣는다면 여름 내내 수업이 이어질 것이기 때문에 긴 수업이 될 겁니다. 그러나 여러분이 이 수업에 참여해 과제를 수행해 낸다면 여러분 자신, 여러분의 두뇌 그리고 미래의 여러분에게 도움이 될 겁니다." **(44단어)**

> **수정본**: "여러분 중 대다수가 필수 과목을 듣기 위해 이 자리에 있을 겁니다. 여러분이 이 수업에 참여해 과제를 수행해 낸다면 여러분 자신, 여러분의 두뇌, 여러분의 미래에 도움이 될 겁니다." **(27단어)**

제프 베조스 역시 짧고 명료한 메시지를 전달하는 모범 사례다. 표 4에 담긴 세 문장을 살펴보자. 가운데 연도를 기준으로, 왼쪽에는 베조스가 작성한 실제 문장이 있다. 오른쪽에서는 베조스의 문장을 바네사와 내가 장황하게 바꿔 놓은 버전을 확인할 수 있다. 이 문장들은 '나쁜' 예에 속하지만, 비즈니스 커뮤니케이터들이 자주 사용하는 표현을 반영해 만든 것들이다.

- 표 4: 간결한 인용문 vs 장황한 인용문

베조스의 간결한 인용문	주주 서한	장황한 인용문 (저자 수정)
"Third-party sellers are kicking our first-party butt. Badly."[6] (총 8단어, 한두 음절로 된 단어) ("제3자 판매자들이 자사 판매자들보다 더 잘하고 있습니다. 아주 많이요.")	2018	"An interesting point to note-third-party sellers in our industry are outperforming us as first-party sellers by a noticeable margin, so much so that there is a substantial difference." (총 29단어, 6단어는 서너 음절로 된 단어) ("흥미로운 점은, 우리 업계의 제3자 판매자들이 자사 판매자들보다 월등히 더 잘하고 있다는 것입니다. 그 차이가 상당합니다.")
"I'll highlight a few of the useful features we built into Kindle that go beyond what you could ever do with a physical book."[7] (총 24단어, 거의 대부분이 한두 음절로 된 단어) ("우리가 킨들에 탑재한 편리한 기능 중 여러분이 종이책으로 수행할 수 있는 작업을 뛰어넘는 몇 가지를 강조할 것입니다.")	2007	"During this next part of the presentation, I would like to review some of the dynamic features of the Kindle, a device we recently released with the intent to maximize this market that can execute more tasks than would be possible to execute reading physical books." (총 46단어, 7단어는 다음절로 된 단어) ("본 프레젠테이션의 다음 부분에서는 전자책 시장을 최대한 확장하기 위해 우리가 최근 출시한 킨들의 역동적인 기능, 즉 종이책을 읽는 것보다 더 많은 작업을 수행할 수 있게 해주는 기능 몇 가지를 자세히 살펴보겠습니다.")
"This year, Amazon became the fastest company ever to reach $100 billion in annual sales."[8] (15단어) ("올해 아마존은 연매출 1,000억 달러를 가장 빨리 달성한 회사가 됐습니다.")	2005	"Before I review the year and get into the details, I guess I should mention that Amazon reached $100 billion in annual sales. What's really impressive about that accomplishment is that we reached that number at a faster pace than any other company has been able to achieve." (48단어) ("올해를 되돌아보며 자세한 내용을 살펴보기 전에 아마존이 연매출 1,000억 달러를 달성했다는 사실을 언급해야 할 것 같습니다. 특히 더 인상적인 것은 우리가 다른 어느 회사보다 더 빠른 속도로 그 수치를 달성했다는 점입니다.")

- **구체성**

글쓰기 강좌에서 아마존 직원들은 애매모호한 언어, 즉 '족제비 말weasel words'을 피하는 방법을 배운다.

'거의 모든 고객'이라고 말하는 것보다 '프라임 회원 중 87퍼센트'라고 구체적으로 말하는 게 좋다. 비슷하게 '훨씬 더 낫다'가 아니라 '25 베이시스 포인트basis point 상승'이라고 구체적으로 말해야 한다. '얼마 전'이 아니라 '3개월 전'이라고 구체적으로 말해야 한다.

아마존 뉴스룸Amazon newsroom을 방문해 구체성에 대해 배워 보자. 아마존이 발표하는 공지사항의 로그라인(첫 문장)에는 보통 지표부터 데이터, 특정 위치, 타깃층에 이르는 다양한 정보가 정확하게 명시돼 있다. 몇 가지 예를 살펴보자(구체적인 표현은 굵은 글씨로 표시했다).

- 아마존은 **알렉사, AWS, 아마존 약국을 지원하기** 위해 **새로운 일자리 3,000개를** 창출할 계획으로, 자사의 보스턴 기술 허브를 확장한다.
- 아마존은 자사가 있는 지역 사회 서민들에게 **2만 가구가 넘는 저렴한 주택**을 공급하기 위해 **20억 달러** 규모의 주택 형평성 기금Housing Equity Fund을 조성했다.
- 오클라호마시티에 새로 들어선 **100만 평방피트** 규모의 아마존 풀필먼트 센터fulfillment center는 **일자리 500개**를 창출할 것이다.
- 아마존 고객은 이제 집을 나서지 않아도 아마존 온라인 스토어를 통해 **처방약**을 구매할 수 있다. **아마존 프라임 회원은 무료 2일 배송**을 받을 수 있고, 보험 없이 결제할 경우 신규 처방전 적립 혜택과 함께 최대 **80퍼센트 할인**을 받을 수 있다.
- 아마존은 주문처리와 운송을 담당하는 **직원 7만 5,000명**을 고용하고 있으며, 초봉은 평균 **시급 17달러** 이상이고 신입 상여금sign-on bonus은 최대 **1,000달러**까지 지급한다.

거꾸로 일하는 베조스

2021년 2월 2일, 아마존 임직원 전원은 CEO가 보낸 이메일 메모를 받았다.

제프 베조스는 22단어(영어 기준)의 글로 회사 설립 이후 가장 의미가 큰 결정을 발표했다. 그는 "아마존 동료들에게"로 글을 시작했다.

> 이번 3분기에 저는 아마존 이사회 의장으로 이동하고, 앤디 재시가 CEO가 될 것이라는 발표를 하게 돼 기쁩니다.[9]

독자는 맨 위의 첫 문장만으로도 무엇에 관한 이메일인지 알 수 있다. 베조스는 일을 거꾸로 처리한다. 그는 가장 중요한 핵심, 즉 로그라인으로 시작해 의장으로 보직을 옮기는 것에 대한 세부 정보를 설명한다. 이러한 세부 정보는 그가 왜 이러한 변화를 주고 있는지, 그의 다음 행보는 무엇인지, 그가 27년 전에 시작한 회사가 어떻게 세상을 변화시켜 왔는지 설명해 준다.

베조스의 이메일은 그림 4에서 확인할 수 있는 명확하고 간결하며 구체적인 글쓰기 모델을 제공한다.

● 그림 4: 베조스 이메일에 대한 언어학적 분석

총수	
단어	620
문자	2,959
문단	12
문장	47
평균	
단락당 문장 수	4.7
문장당 단어 수	13.1
단어당 문자 수	4.6
가독성	
플레시 가독성 점수	62.4
플레시-킨케이드 등급	7.8
수동태 문장 비율	6.3%

명확성: 베조스가 보낸 이메일은 로그라인, 즉 큰 그림으로 시작한다. 첫 문

장만 읽어도 거의 모든 내용을 알 수 있어야 한다. 이메일 전체의 플레시-킨케이드 등급은 7.8학년 수준에 해당한다. 베조스는 이메일 내용 대부분(94퍼센트)을 능동태로 작성하고 있으며, 3장에서 살펴본 바와 같이 능동태는 누가 무엇을 하고 있는지를 명확히 나타내준다.

간결성: 620단어로 작성한 베조스의 이메일은 단 2분 만에 읽을 수 있다. 아마존의 27년 역사를 다루고 그 회사의 다음 행보를 미리 살펴보는 것을 감안하면 아주 짧은 시간이다.

구체성: 이 이메일의 로그라인은 세 가지 구체적인 사항을 알려준다. 베조스는 이사회 의장이 될 것이고, 앤디 재시는 CEO가 될 것이며, 그 변화는 3분기에 일어날 것이다. 더 구체적인 내용은 다음과 같다.

> "저는 이사회 의장직을 맡아 신제품과 초기 사업 계획에 제 에너지를 쏟을 생각입니다."
>
> "현재 우리는 유능하고 헌신적인 직원 130만 명을 고용하고 있습니다."
>
> "발명은 우리가 이룬 성공의 근원입니다. 우리는 고객 리뷰, 원클릭 주문, 개인 맞춤 추천, 프라임의 초고속 배송, 저스트 워크 아웃 쇼핑, 기후 서약, 킨들, 알렉사, 마켓플레이스, 클라우드 컴퓨팅, 커리어 초이스 그 외에 많은 것들을 개척했습니다."

그렇다면 베조스의 다음 행보는 정확히 무엇일까? 베조스는 그의 에너지를 어디에 집중할까? 그 답은 기자 브래드 스톤(Brad Stone)이 쓰레기통에서 우연히 발견한 로그라인에서 찾을 수 있다.

2003년, 《뉴스위크》에서 일하던 스톤은 베조스가 어떤 계획을 세웠는지 알아내고자 진부한 방식으로 조사에 착수했다. 스톤은 아마존 본사와 일치하는 시애틀 주소로 등록된 기업 목록에서, '블루 오퍼레이션 LLC(Blue Operations LLC)'를 발견했다. 그는 해당 항목을 검색했고, 항공 우주 공학자를 모집 중인 정체불명의 웹 사이트를 발견했다.

이 소식을 가장 먼저 보도하기로 결심한 스톤은 서류에 적힌 또 다른 주소인 시애틀 남부의 공업 지대로 차를 몰고 갔다. 그는 블루 오리진_BLUE ORIGIN이 문에 인쇄돼 있는 5만 3,000평방피트(약 4,923제곱미터)의 창고를 발견했다.

늦은 주말 밤이었다. 창고 창문을 통해서는 아무것도 볼 수 없었다. 차에서 한 시간을 기다린 끝에, 결국 스톤은 길 건너 쓰레기통 내용물을 트렁크에 최대한 많이 싣고 돌아가기로 결심했다. 쓰레기를 샅샅이 살피던 그는 커피로 얼룩 진 종이 조각을 우연히 발견했다. 베조스가 블루 오리진의 첫 번째 사명을 적은 것이었다.

"우주에서 영속하는 인간 존재를 창조하기 위해."

여러분이 세상에서 가장 위대한 생각을 갖고 있다고 해도, 그 생각을 명확하고, 간결하고, 구체적인 한 문장으로 표현할 수 없다면 아무도 그 생각에 주목하지 않을 것이다.

5장

기억에 남는 은유

THE BEZOS BLUEPRINT Legal Pad - **100 pages**

지상에서 가장 큰 강의 이름을 따
아마존이라 부르게 됐습니다.
지상에서 가장 폭넓은 제품 셀렉션을
제공하기 위해서죠.

_제프 베조스, 2018년 워싱턴 D.C. 경제 클럽

제프 베조스는 9,863일 동안 아마존을 경영했지만, 항상 첫날처럼 일하는 모습을 보여줬다.

'첫날$_{Day 1}$'은 창업 첫날의 마음가짐을 나타내는 은유의 말이다. 아마존이 온라인 서점으로 사업을 시작했을 당시 직원 수는 약 10명에 불과했다. 약 27년 후 베조스가 아마존의 경영 일선에서 손을 뗐을 때, 아마존은 직원 160만 명을 고용한 기업으로 성장해 있었다. 그렇지만 베조스에 따르면 창업 첫날의 마음가짐을 지닌 리더는, 사람들이 여전히 스타트업에서 일하고 있는 것처럼 생각하고 행동하며, 배우고, 성장하고, 혁신하고, 창조할 기회를 발견하도록 새로이 일깨우는 역할을 한다.

첫날 정신의 은유는 1997년 상장 기업이 된 아마존의 첫 주주 서한에 처음 등장했다. 베조스는 "인터넷과 관련해서는 첫날에 불과합니다"라고 선언했다.[1] 그는 아마존이 언제부터 이윤을 내기 시작할지 궁금해하는 주주들에게 전자 상거래가 빠르게 성장하고 있지만, 온라인 쇼핑은 아직 초창기에 있음을 상기시켰다. 즉 진정한 변화는 아직 이뤄지지 않았다는 이야기였다.

베조스가 주주들에게 보낸 연례 서한에는 '첫날'이라는 문구가 반복적으로 등장했다. 베조스는 21통의 편지에서 그 문구를 25번이나 사용했다. 2009년, 베조스는 "아직 첫날입니다It's still Day 1"라는 문장으로 모든 편지를 끝맺기 시작했다. 2016년부터 2020년까지는 한 단어를 바꿔 이렇게 적었다. "여전히 첫날입니다It remains Day 1." 2019년 주주 서한은 코로나19 팬데믹이 선언되고 한 달 후인 2020년 4월에 발표됐다. 베이조는 주주와 직원 모두에게 "이러한 상황에서도 여전히 첫날입니다Even in these circumstances, it remains Day 1"라고 썼다.

베조스는 끊임없이 첫날을 언급함으로써 말의 상징에서 비롯된 은유를 어떻게 생각하고 행동할 것인가에 대한 청사진으로 바꿔 놨다. 오늘날까지도 첫날이라는 은유는 아마존 내부 곳곳에 완전히 통합돼 있으며, 위험을 감수하고, 신속하게 행동하며, 호기심을 갖고, 실험하고, 실패하며, 끊임없이 배워 나가려는 마음가짐을 설명해 주는 지름길 역할을 하고 있다. 첫날 정신이 전하는 메시지는 무심코 지나치기가 어렵다. 베조스는 그가 일했던 시애틀 건물에 '데이 원 노스Day 1 North'라는 이름을 붙였다. 그 건물 로비에 걸린 명판이 여전히 방문객들을 맞이하고 있다. 베조스는 그 명판에 이같이 적었다. "아직 발명되지 않은 것들이 정말 많다. 곧 새로 벌어질 일들이 정말 많다."

2016년 베조스는 전체 회의에서 한 번 이상 나온 한 질문에 답했다. 직원들은 알고 싶어 했다. "둘째 날은 어떤 모습을 하고 있나요?"

베조스는 이렇게 답했다. "둘째 날은 정체된 모습을 하고 있죠. 안주하는 모습이요. 활기를 잃고 고통스러운 쇠퇴가 시작되는 날입니다."[2]

첫날에 대한 은유는 아마존을 넘어 많은 곳에서 사용되고 있다. 첫날 정신은 경영대학원에서 가르치는 경영 철학 중 하나가 됐다. "첫날 기업이란 무엇인가?"가 인기 검색어가 됐다. 첫날 기업은 존재하지 않는다. 그것은 어떤 실체가 아닌 마음가짐이다. 여느 훌륭한 은유처럼 지식을 쉽게 전달하기 위한 지름길 역할을 하는 추상적 개념이다.

이 장에서 여러분은 은유 뒤에 숨겨져 있는 신경 과학과, 은유가 청중을 설득하는 데 중요한 역할을 하는 이유에 대해 배우게 될 것이다. 또 은유가 설득력 있는 수단으로 사용된 역사를 간단히 소개하고, 1980년을 기점으로 우리가 은유를 단순한 수사법 이상으로 생각하게 된 이유를 설명할 것이다. 여러분은 베조스가 일부러 은유를 선택하는 이유를 알게 될 것이고, 추상적인 개념을 실행 가능한 아이디어로 바꾸는 데 은유를 사용하는 다른 비즈니스 커뮤니케이터들을 만나게 될 것이다. 마지막으로, 여러분의 아이디어에 "천사들의 맑은 노랫소리 같은 명료함"을 줄 수 있는 적절한 은유를 찾기 위한 쉽고 간단한 방법을 배우게 될 것이다.

생명이 없는 것에 생명 불어넣기

기본적인 것부터 시작해 보자. 은유란 무엇인가? 은유는 서로 관련이 없는 두 가지를 비교하는 것이다. 바로 이것이 은유의 진부하고 일반적인 정의다. 나는 텍사스 법학 전문대학원 학장이자 모범적인 글쓰기에 관한 책 세 권을 펴낸 저자인 워드 판스워스 Ward Farnsworth가 제시한 보다 흥미로운 설명을 선호한다. 판스워스는 은유를 이렇게 설명했다.

> 은유는 낯선 것을 친숙하게 만들고, 보이지 않는 것을 보이게 하며, 복잡한 것을 이해하기 쉽게 만들 수 있다. 아리스토텔레스가 말한 것처럼, 은유는 생명이 없는 것에 생명을 불어넣을 수 있다. 은유는 어떤 한 대상을 뜻밖의 대상으로 바꿔 놓음으로써 재미를 만들어낼 수 있다. 은유는 비교 대상에서 얻은 영감을 통해 감정을 불러일으킬 수 있다. 은유는 적절한 비교로 요점을 매우 흥미롭고 인상적인 것으로 만들 수 있다. 은유는 놀라움이라는 요소로 관심을 이끌어낼 수 있다. 은유는 이 모든 것을 아주 경제적으로 해낼 수 있으며, 한

문장이나 한 단어로 수많은 이미지와 의미를 떠올리게 할 수 있다.³

은유는 어디에나 존재한다. 은유를 알든 모르든 여러분은 항상 은유를 사용한다. 서류 작업에 '빠져' 있는가? 그렇다면 여러분은 은유를 잘 사용하고 있는 셈이다. 여러분의 친구가 '호수 같은 마음'을 지닌 사람이자 '보석처럼 빛나는 별'과 같은 존재인가? 그렇다면 여러분은 은유의 풀장 속에 발만 담근 게 아니라 그 안에서 아예 수영을 하고 있는 것이다.

매년 2월 14일, 미국인들은 시대를 초월하는 은유를 축하하기 위해 장미에 수십억 달러를 쓴다. 플로리스트들은 밸런타인데이에 장미 2억 5,000만 송이를 판매한다. 가장 인기 있는 장미는 사랑의 상징인 빨간 장미다.

붉은 장미의 전설은 그리스 신화에 나오는 사랑의 여신 아프로디테Aphrodite까지 거슬러 올라간다. 그녀는 빨간 장미만큼이나 아름다웠다고 전해진다. 이후로, 시인들은 장미를 사랑의 표현으로 삼았다. 셰익스피어의 줄리엣은 "장미는 어떤 이름으로 불리든 달콤한 향기가 날 거야."라 말한다. 그녀는 로미오가 원수 집안 출신이라는 불편한 사실에도 로미오에 대한 사랑을 인정한다. 로미오는 줄리엣의 은유에 밀리지 않고 "줄리엣은 태양이지!"라고 외친다. 줄리엣은 아름다움을 발산하고 어둠을 밝혀주기 때문이다. 그 의미가 참으로 깊다.

많은 대중가요가 종이에 적힌 시처럼 시작하는 것을 보면, 작사가들이 은유의 파도를 타고 슈퍼스타의 자리에 오르는 것도 우연이 아니다. 브렛 마이클스Bret Michaels는 〈모든 장미에는 가시가 있다Every Rose Has Its Thorn〉라는 곡을 쓸 때 장미라는 주제에 흠뻑 빠져 있었다. 장미가 그가 얻게 된 큰 인기를 의미한다면, 가시는 성공이 그의 인간 관계에 미친 부정적 영향을 의미한다. 가스 브룩스Garth Brooks가 〈춤The Dance〉을 노래할 때, 그는 내슈빌Nashville의 한 싸구려 술집에서 추는 라인 댄스(사람들이 줄을 지어 동시에 복잡한 발동작을 하며 추는

춤_역주)를 이야기하는 게 아니다. 그 춤은 가까운 사람을 잃는 것을 나타내는 은유다. 그 사람을 만나지 않았더라면 아픔을 피할 수 있었겠지만, 그 사람과 함께한 행복한 시간들은 놓치고 말았을 것이다.

가스는 그가 작곡한 곡 중에서 특히 〈강The River〉이라는 곡에 대한 편지를 가장 많이 받는다고 말한다. 가스가 "강물이 마를 때까지" 그의 배를 항해한다고 노래할 때, 실제로 그가 배를 타는 선장인 것은 아니다. 그는 컨트리 음악계에서 큰 성공을 꿈꾸며 힘겹게 살아가는 가수였다. 꿈은 강과 같고 꿈꾸는 가스는 그 강을 따라가는 배다. "물가에 앉아 있지 말고 (…) 여울에 몸을 맡기고 그 흐름에 맞춰 춤을 춰봐."

지미 버핏Jimmy Buffett은 대중음악에서 가장 수익성이 높은 은유를 노래한다. 버핏이 〈마가리타빌Margaritaville〉을 처음 부르면서 특정 장소를 생각한 것은 아니었다. 마가리타빌은 여유로운 마음의 은유이자 인생철학의 노래다. 그런데 그 노래가 갑자기 인기를 끌면서 마가리타빌은 실제 장소가 됐다. 마가리타빌 바, 레스토랑, 제품들은 버핏에게 5억 달러가 넘는 가치를 안겨줬다.

은유가 여러분을 베조스나 버핏과 같은 부자로 만들어주지 않을지도 모르지만, 여러분의 말을 듣는 사람들의 마음 상태, 즉 감정을 만들어내는 데 은유를 사용할 수 있다면 여러분의 삶과 경력은 한층 풍성해질 것이다.

우리는 은유를 하루 종일 사용한다. 우리는 은유의 말을 적고, 노래하고, 심지어 그 안에서 사유한다. 1980년, 조지 레이코프George Lakoff와 마크 존슨Mark Johnson이 공동 집필한 《삶으로서의 은유Metaphors We Live By》가 출간되면서 인지과학 분야에서 은유에 대한 연구가 본격적으로 시작됐다. 그때까지 대부분의 사람은 은유를 시라든가 연설문을 적을 때나 사용하는 문학적 장치로 생각했다. 레이코프와 존슨은 은유가 그보다 더 널리 사용되고 있다고 주장한다. "우리가 생각하는 방식, 우리가 경험하는 것, 우리가 매일 하는 일은 은유와 상당한 관련이 있다."[4]

레이코프와 존슨은 '개념 은유 이론conceptual metaphor theory, CMT'이라는 개념을 대중화했다.[5] 이 이론은 우리 뇌가 한 영역을 다른 영역의 개념으로 '매핑mapping'해 세계를 이해한다고 설명한다. 이러한 연구 결과는 은유는 소스 도메인source domain과 타깃 도메인target domain을 포함해야 한다는 기본 원칙과 연결된다. 타깃 도메인은 여러분이 전달하려는 추상적인 개념이고, 소스 도메인은 여러분이 비유적 표현으로 설명하고자 하는 구체적인 대상이다. 소스 도메인은 우리가 추상적인 대상을 이해하고, 몇 마디만으로 많은 정보를 전달할 수 있게 해준다. 보통 소스 도메인은 움직임, 물리적 위치, 공간적 방위와 같은 몇 가지 범주로 나뉜다.

예를 들어, '인생'이라는 개념은 너무 추상적이기 때문에 우리가 그 의미를 이해하기 위해서는 보다 더 구체적인 대상의 관점에서 생각해 봐야 한다.

먼저 움직임에 비유해볼 수 있다. "나는 승승장구하고 있다. 이제부터는 순조로운 항해가 될 것이다."

물리적인 비유를 들 수도 있다. "나는 갈림길에 서 있다."

공간적 방위에 빗대어 생각해볼 수도 있다. "내 인생은 위를 올려다보고 있다(좋아지고 있다)."

 개인 코칭

여러분의 전문지식이나 전문 분야 밖에서 사용된 비유적 표현들을 찾아보자. 책, 기사, 연설, 프레젠테이션에서 얼마나 많은 은유를 찾아낼 수 있는지 확인해 보자. 자신의 능력을 시험해 보라. 은유를 움직임, 물리적 위치, 공간적 방위에 빗대어 설명한 비유적 표현으로 각각 분류해 보자. 여러분이 보고 듣고 읽는 은유를 잘 인식하게 되면, 설득력 있는 프레젠테이션을 준비하고 수행하는 데 도움이 되는 창의적인 아이디어를 얻게 될 것이다.

적절한 은유를 찾아 사용하지 않고 느낌, 추상적 원리, 복잡한 생각을 말로 설명하는 것은 거의 불가능하다. 미술사학자인 넬슨 굿맨Nelson Goodman에 따르면, "은유는 평범하거나 특별한 모든 담론에 스며들어 있다. (…) 이러한 은유의 끊임없는 사용은 문학적 색채에 대한 사랑뿐 아니라, 절실한 경제적 필요에서도 비롯된다."[6] 정리하면, 은유는 엄청난 양의 정보를 한 단어나 문구로 요약해 주는 정신적 지름길 역할을 한다. 은유를 통해 세부 내용에 얽매이지 않고 청중에게 보여줄 그림을 빠르게 그려낼 수 있다.

이제 아마존의 성장을 견인한 두 가지 은유적 개념인 피자 두 판 팀two-pizza teams과 아마존 플라이휠Amazon flywheel을 살펴보도록 하자. 이 두 전략 안에서 베조스는 아마존의 리더들이 새로운 사고를 하도록 고무시키고자 상징적인 사고와 의사소통을 활용했다.

피자 두 판 팀

테크 버블tech bubble이 터진 후(이 문구 역시 유명한 은유다), 베조스는 휴가 기간 동안 생각하고 독서하기 위한 시간을 냈다. 베조스의 마음을 압박하는 것은 그의 시애틀 집 차고에서 출범한 회사의 느린 혁신 속도였다. 아마존은 빠르게 성장하는 회사였지만, 엔지니어와 제품 관리자들은 주문 번호의 복잡한 처리 과정에 좌절감을 느꼈다. 제품 개발에는 몇몇 주요 부서들이 협업하고 있었고, 의사 결정 과정에 너무 많은 인원이 참여하고 있었다. 베조스는 1999년 3월 미국 출판 협회American Association of Publishers 연설에서 이렇게 말했다. "계층 구조는 변화에 그리 민감하지 못합니다."[7]

베조스는 자발적으로 묵상의 시간을 보낸 뒤 간단한 아이디어를 갖고 돌아왔다. 아마존 초기와 같은 방식으로 팀을 조직했다면 각 그룹이 프로젝트로드맵~road map~과 소프트웨어 코드를 소유할 수 있어 훨씬 더 빠르게 움직일 수 있었을 것이다. 베조스는 그 무렵에는 피자 두 판이면 팀 전체가 식사를 해결할 수 있었다는 사실을 상기했다. 베조스는 자신의 아이디어를 종이 한 장에 써 내려갔고, 피자 두 판 팀이 탄생했다.

'**피자 두 판 팀**~two-pizza teams~'이라는 은유는 많은 정보를 전달해 줬다. 분산된 의사 결정의 필요성을 강조했고, 회사를 소규모 엔지니어링 팀들로 구성해 유닛 간의 느슨한 연결만으로 자율적으로 운영해야 할 필요성도 알려줬다. 또 직원들 간의 조율이 과도하게 이뤄지면 속도와 민첩성이 저해된다는 사실도 깨닫게 해줬다. 피자 두 판 팀이라는 은유는 심지어 수학 공식까지 축약시켰다.

'의사소통 경로 공식~communication path formula~'이라 불리는 유명한 공식은 팀이 커짐에 따라 팀원 간 의사소통 경로가 폭발적으로 증가해 정보를 공유하고 작업을 완료하는 데 필요한 시간이 증가한다는 것을 보여준다. 이 공식은 다음과 같다.

$N * (N-1) / 2$

$N =$ 프로젝트의 팀원 수[8]

의사소통 경로 공식에 따르면, 5명으로 구성된 소규모 프로젝트 팀에서 시작하면 10개의 의사소통 경로가 생겨날 수 있다. 팀 규모를 두 배로 늘리면 의사소통 경로는 45개로 확장된다. 이는 프로젝트 매니저가 팀원들에게 정보를 제공하는 데 에너지와 시간을 4.5배 더 소비해야 함을 의미한다.

베조스는 자신이 읽고 경영진에게도 추천한 프레더릭 브룩스~Frederick Brooks~의 《맨먼스 미신~The Mythical Man-Month~》에서 영감을 받아 이 공식을 이해했다. 컴퓨터과학자이자 IBM의 첨단 기술 전문가인 브룩스는 프로젝트에 더 많은 인원을 투입한다고 해서 더 빠른 결과를 얻게 되는 것은 아니라고 주장했다. 오히려 의사소통 경로가 폭발적으로 증가해 프로젝트 진행 속도가 느려질 수 있다는 것이다.

《아마존, 세상의 모든 것을 팝니다》의 저자 브래드 스톤Brad Stone에 따르면, "베조스는 회사 내부 커뮤니케이션 제약에서 벗어나, 느슨하게 연결된 팀들이 더 빨리 움직여 고객들에게 더 빠른 서비스를 제공할 수 있기를 희망했다."**9** 만족스럽게 구성된 피자 두 판 팀은 또 하나의 강력한 장점을 갖고 있다. 그들의 민첩성은 실수를 발견하거나 빠른 수정이 필요할 경우 문제를 곧장 바로잡을 수 있게 해준다.

알다시피 수학자와 컴퓨터과학자들은 소규모 팀 배후에 숨겨진 전략을 주의 깊게 연구해 왔다. 많은 책과 불가해한 공식들이 그 전략을 밝혀내는 데 사용됐다. 베조스는 피자 두 판 팀의 개념을 쉽게 설명할 수 있는 방법을 찾아내야 한다는 것을 알고 있었다. 프로젝트를 완수하는 데 걸리는 시간이 팀 규모에 반비례하듯이, 아이디어가 채택되는 속도 역시 단순성에 정비례한다.

피자 두 판보다 더 단순한 게 있을까? 피자 두 판의 법칙은 큰 관심을 받았다. 난관에 봉착하기 전까지는…….

피자 두 판을 싱글 스레드로 대신하기

전직 아마존 임원 빌 카Bill Carr와 콜린 브라이어Colin Bryar가 공동 집필한 《순서 파괴Working Backwards》에 따르면, 피자 두 판 팀에 대한 기대에도 불구하고 그 은유에는 단점이 있었다. 카와 브라이어는 아마존에서 총 27년을 보내면서 회사의 성장 과정 중 가장 결정적인 순간 대부분에 처음부터 참여한 인물로, 그 두 사람만큼 베조스를 잘 아는 사람도 없을 것이다. 카와 브라이어는 피자 두 판 팀에 관해 이야기하면서 제품 개발과 같은 분야에서는 소규모 팀들이 잘 작동했지만, 법률 부서나 인사 부서와 같은 분야에서는 속도나 유연성을 높이는 데 실패했다고 말한다.

피자 두 판이라는 은유는 기억하기 좋고 이해하기도 쉬웠다. 물론 일부 작업 환경에서는 유용했지만, 다른 작업 환경에서는 그렇지 못했다. 아마존 임원들은 팀의 성공을 예측하기 위한 가장 중요한 요인은 그 팀의 크기가 아니라, "업무를 완수하는 데 온전히 집중할 팀을 구성하고 관리할 수 있는 적절한 기술, 권한, 경험을 갖춘 리더의 유무"[10]라는 사실을 알아냈다.

이 모델에 맞는 새로운 이름, 즉 새로운 은유가 필요했다.

아마존의 리더 중 많은 이가 공학과 컴퓨터과학 분야에서 경험을 쌓아왔던 관계로, 그들은 새로운 개념(타깃 도메인)을 그들이 잘 알고 있는 소스 도메인 중 비슷한 것과 연결시켰다. 그들은 '**싱글 스레드**single-thread'라는 용어에서 그들이 찾던 이름을 발견했다.

컴퓨터 프로그래머들은 스레드thread, 즉 한 번에 하나의 명령을 처리하는 일에 익숙하다. 자바스크립트JavaScript와 같은 많은 프로그래밍 언어는 싱글 스레드 방식으로 작동하며, 이는 정의상 한 번에 한 줄의 코드를 실행하는 것을 의미한다. 싱글 스레드 개념을 리더십에 적용하면, 팀 리더가 새로운 제품, 새로운 사업 영역, 비즈니스 전환을 막론하고 한 번에 한 가지 일에만 집중한다는 의미가 된다.

피자 두 판으로 식사를 해결할 수 있는 팀으로 시작했던 것이 '싱글 스레드 리더single-threaded leader, STL'가 운영하는 팀으로 발전한 것이다. 브라이어와 카에 따르면, 싱글 스레드 리더십은 "한 사람이 경쟁 부담 없이 하나의 주요 이니셔티브를 소유"할 수 있게 한 덕에, 아마존에서 새로운 혁신의 물결을 이끌었다. 싱글 스레드 리더는 자원, 유연성, 민첩성을 갖춘 팀을 이끌어 목표를 달성한다.

싱글 스레드 리더십이라는 새로운 은유는 아마존 풀필먼트~FBA~와 같은 혁신의 파도를 일으켰다. 그 아이디어는 바로 제3자 판매자들이 아마존의 창고와 배송 서비스에 접근할 수 있도록 하는 것이었다. 아마존은 제3자 판매자들을 대신해 보관하고, 선별하고, 포장하고, 배송하여 그들의 물류 문제를 해결해 줬다.

소매 및 물류 운영 부문에서 근무하는 임원들은 FBA 아이디어를 매우 좋아했다. 하지만 그 아이디어는 정작 1년 이상 방치됐는데, 그 개념을 실제로 구현해 내는 데 필요한 모든 세부 사항을 관리할 만한 인물이 없었기 때문이다. 아마존 부사장인 톰 테일러~Tom Taylor~는 FBA를 설립하기 위한 팀을 고용하고 관리하는 데 100퍼센트 집중할 것을 요청받았다. FBA는 더 빠른 배송을 원하는 고객과 사업을 확장하기 위해 더 유연한 창고 옵션을 필요로 하는 판매자들을 위한 시스템이었다. 싱글 스레드 리더 한 명이 판매자 수백만 명의 문제를 해결했으며, 고객 수백만 명을 훨씬 더 만족스럽게 만들었다.

구글에서 '싱글 스레드 리더~single-threaded leader~'라는 용어를 검색하면, 500만 건이 넘는 검색 결과가 나온다. 아마존에서 만들어진 이 개념은 이제 하나의 이니셔티브에 100퍼센트 전념하고 책임을 지는 리더를 위한 경영 원칙이 됐다. 이것이 바로 은유의 힘이다. 한두 단어로 많은 것을 전달하고, 회사가 성장하는 과정에서 직원들에게 길잡이 역할을 할 수 있다.

캐나다에서 큰 주목을 받은 한 스타트업은 이 싱글 스레드 은유를 적극적으로 활용해 부를 축적했다. 호퍼~Hopper~는 모바일 전용 여행 앱으로, 1억 달러의 자금을 조달하며 2018년 기록적인 가치 평가액을 달성했다. 그 투자는 호퍼를 캐나다 역사상 가장 가치 있는 스타트업으로 만들었다.

호퍼의 CEO이자 공동 설립자인 프레데릭 랄롱드~Frederic Lalonde~는 초고속으로 성장하는 스타트업이라면, 문화, 메시지 전달, 마케팅, 경영을 포함해 모든 것을 다르게 살펴봐야 한다고 말한다. 랄롱드는 비즈니스 책과 리더십 관련 글을 매우 열심히 읽는 사람이다. 그는 싱글 스레드 리더십 기술은 리더들이 오너처럼 행동할 수 있는 권한을 주고, 이는 '초고속 성장 속도'로 이어진다는 것을 알게 됐다.

호퍼에서 일하는 싱글 스레드 오너들은 한 가지에만 집중하고 한 가지만 고민하는 사람들이다. 호퍼에는 제품팀, 기술팀, 데이터과학팀, 디자인팀이 없다. 대신 호퍼는 고객 경험을 개선하기 위한 기능이나 서비스를 연구하는 소규모 그룹으로 이뤄져 있다. 랄롱드는 말한다. "호퍼는 여러 유능한 전문가로 구성된 팀을 가진 사내 스타트업들의 느슨한 연합으로 이뤄진 조직체와 같습니다."[11]

호퍼에서는 누구나 리더로 성장할 수 있다. 일단 한 리더에게 한 가지 일이 할당되면, 그 리더는 팀을 구성하고 팀원들을 적재적소에 배치하는 일을 담당한다. 팀은 한두 명의 기술 인재로 시작하는데, 이들만으로도 고객에게 필요한 새로운 제품이나 서비스를 만들고, 개선하고, 제공하기에 충분하다. 해당 제품이나 기능이 시장에 적합하다고 판단될 경우, 싱글 스레드 리더는 팀을 확대하고 아이디어를 더 큰 사업으로 성장시킬 수 있는 권한을 얻게 된다.

랄롱드는 코로나19 팬데믹 기간 동안 회사의 성장률을 두 배로 높이는 데 싱글 스레드 리더십의 유연성과 속도가 도움이 됐다고 인정한다. 2021년 초 여행 제한이 풀리기 시작하면서 호퍼는 분기당 최대 200명의 직원을 추가로 고용했다.

심지어 호퍼는 피자 두 판의 법칙을 도입해 변화를 더하기도 했다.

랄롱드는 회사를 설립하면서 많은 책을 읽었을 뿐만 아니라 행동 과학도 공부했다. 그는 행동 과학을 공부하면서 역사상 가장 빠른 속도로 성장한 조직이 로마 제국이라는 사실을 알게 됐다. 군사들은 8명으로 구성된 소규모 팀에 배치됐다. 한 텐트 안에 들어갈 수 있는 인원이 8명이었기 때문이다. 랄롱드는 로마 군단이 500년 동안 서방 세계를 지배했던 '분산 네트워크'를 만들어냈다고 말한다.

그래서 호퍼에서는 피자 두 판 팀이 로마 텐트Roman tent라는 은유로 대체됐다. 팀은 8~10명 이내의 그룹으로 구성되며, 각 팀에는 그 팀이 전담하는 프로젝트를 책임지는 리더 한 명이 속해 있다.

로마 텐트와 피자 팀은 기억하기 쉽고 강력한 경영 개념이지만, 아마존에서 근무했던 한 임원은 더 맛있는 은유를 발견했다고 믿고 있다. 그 은유는 바로 베이글이다.

베이글 한 다스 법칙

전 AWS 임원인 제프 로슨Jeff Lawson은 트윌리오Twilio라는 회사를 설립하면서 베조스가 그린 청사진에서 얻은 아이디어를 채택했다.

로슨은 아마존이 직원을 5,000명으로 늘리고 난 후인 2004년 아마존에 합류했다. 그는 자신을 영입한 사람에게 회사의 직원 수가 100명이었던 초창기 이후로 회사가 얼마나 달라졌는지 물었다. 그리고 "아마존은 그때나 지금이나 같은 절박감을 가진 회사"라는 답을 들었다.

로슨은 그 절박감을 자신의 스타트업으로 가져오고 싶었다. 그는 소규모 팀이 그의 목표를 실현해줄 열쇠라고 믿었다. 로슨은 아마존이 큰 규모에도 불구하고 임무와 권한을 부여받은 리더들이 이끄는 소규모 팀들로 이뤄진 스타트업의 집합체처럼 구성돼 있었다고 회상한다.[12] 트윌리오에 소규모 팀 모델을 도입하는 일은 쉬웠다. 트윌리오에는 소프트웨어 개발자 출신의 창업자

세 명뿐이었기 때문이다. 고객이 버그를 신고하면 로슨은 그 버그를 5분 안에 수정할 수 있었다. 세 사람은 결정을 빠르게 내렸다. 그들에게는 피자 두 판도 많았다. 베이글 세 개면 충분했다.

트윌리오 초창기에 창업자들은 매주 월요일 아침 회의를 하기 위해 만났다. 로슨은 베이글 세 개를 구입하러 빵집에 들렀다. 회사가 성장함에 따라 주문하는 베이글 수도 늘어났다. 로슨이 구입하는 베이글 수가 반 다스에서 한 다스로, 또 그 다음에는 세 다스로 늘어났다. 그러나 로슨은 베조스가 소규모 팀에 대한 확신을 갖게 한 동일한 추세에 주목하기 시작했다. 트윌리오의 혁신 속도는 베이글 주문 수 증가와 비례해 감소하고 있었다.

한때는 30명에 달하는 직원이 CEO인 로슨에게 보고를 하기도 했다. 그는 회사에 직원이 더 적을 때보다 회사가 효율적으로 운영되지 않고 있다는 사실을 알 수 있었다. 로슨은 아마존 시절에 접했던 피자 두 판 은유를 떠올리며, 그룹을 세 팀으로 나누는 해결책을 제시했다. 한 팀은 기존 제품을 지원하고, 다른 두 팀은 각각 향후 진행할 프로젝트와 내부 플랫폼에 집중하도록 했다.

피자를 대신한 로슨의 경험 법칙은 각 팀 규모가 베이글 한 다스(12개)로 식사를 해결할 수 있을 만큼 작아야 한다는 것이었다. "베이글 한 다스로 팀 전체가 식사할 수 없다면, 그 팀이 너무 커졌다는 뜻이다." 첫 세 팀이 150개 그룹으로 확대됐을 때에도, 로슨은 항상 이 은유를 마음에 품고 있었다. 최근 로슨은 트윌리오가 들어본 적은 없지만 자기도 모르는 사이 사용하고 있을 가능성이 높은 가장 성공적인 비즈니스 중 하나라고 농담하기를 좋아한다. 트윌리오의 소프트웨어는 앱 수천 개에 내장돼 있다. 여러분이 우버 운전기사에게 받는 메시지나 넷플릭스에 로그인하기 전 기기로 전송되는 코드도 트윌리오의 소프트웨어를 통해 제공된다. 로슨은 소비자 눈에 띄지 않는 회사를 만들면서 디자인에서 마케팅에 이르는 전 과정의 모든 단계에서 의사소통에 대한 생각을 새롭게 해야 했다.

아마존은 피자 두 판 팀보다 더 나은 해결책을 찾아냈지만, 그 은유는 대화와 아이디어의 도화선이 됐다. 요즘 아마존에서는 피자 두 판 팀에 대해 많이 언급하지 않겠지만, 이것은 여전히 스타트업이나 대기업 모두 유익하게 활용할 수 있는 편리한 은유다.

싱글 스레드, 피자 두 판, 베이글 한 다스, 로마 텐트 은유 중 하나를 골라보자. 더 좋은 방법은 여러분의 조직 문화와 임무에 딱 걸맞은 새로운 은유를 찾아내는 것이다.

피자 두 판 팀이 여러분 회사의 플라이휠을 더 빠르게 회전시킬 수 있는 아이디어를 찾아낼 수도 있다. 그렇다, 플라이휠(회전 속도를 고르게 유지해 주는 관성 바퀴를 말한다_역주) 말이다. 은유를 다루는 이 장은 현재 많이들 언급하는 플라이휠에 대해 이야기하지 않고는 완성되지 않을 것이다. 플라이휠 전략은 아마존의 성장을 이끄는 비결이다. 플라이휠은 또한 비즈니스 역사상 가장 설득력 있는 은유 중 하나기도 하다.

플라이휠

2001년 10월, 제프 베조스는 경제경영 저자이자 사상가인 짐 콜린스Jim Collins를 초청해, 아마존의 경영진에게 이야기를 들려줄 것을 요청했다. 콜린스가 경영의 고전이 될 저서 《좋은 기업을 넘어 위대한 기업으로Good to Great》를 막 출간하기 직전이었다. 베조스는 콜린스가 연구를 통해 밝혀낸 플라이휠 은유를 일찍이 알아봤다. 아마존은 닷컴 붕괴에서 살아남고 향후 20년간 지속적인 성장을 촉진하기 위해 플라이휠이라는 개념을 도입했다.

플라이휠ﬂywheel은 에너지를 저장함에 따라 점점 더 빠르게 회전하는 원반을 말한다. 콜린스는 플라이휠이 처음에는 엄청난 힘을 필요로 한다고 말했다. "그러나 엄청난 추진력으로 밀고 나가면 플라이휠이 조금씩 움직인다. 끈질긴 힘으로 계속 밀다 보면 플라이휠이 한 바퀴를 다 돌게 된다. 멈춰서는 안 된다. 계속 밀어야 한다. 그러면 플라이휠이 조금씩 더 빨리 움직인다. 두 바퀴… 네 바퀴… 여덟 바퀴를 회전하면서 플라이휠은 추진력을 쌓아가고, 열여섯 바퀴… 서른두 바퀴를 회전하면서 속도가 점점 더 빨라지고, 천 바퀴… 만 바퀴… 십만 바퀴를 회전한다. 그러다 어느 순간이 되면 힘차게 앞으로 나아간다! 플라이휠은 막을 수 없을 정도로 강력한 추진력을 갖고 앞으로 나아간다."[13]

베조스는 메모를 하고 있었다.

냅킨 위에, 베조스는 '선순환'이라고 알려지게 될 전략을 스케치했다. '성장'을 중심으로 하는 플라이휠은 고객 서비스, 제품 셀렉션, 저렴한 가격에 의해 나아가게 될 것이다. 폐루프closed-loop 시스템에서 플라이휠은 성장 동력 중 일부나 전체가 향상됨에 따라 점점 더 빠르게 회전한다. 예를 들어, '고객 서비스'는 더 빠른 배송, 더 쉬운 탐색, 더 많은 제품 등으로 향상될 수 있다.

브래드 스톤에 따르면, "저렴한 가격이 더 많은 고객 방문을 유도했다. 늘어난 고객은 판매량을 증가시키고, 더 많은 수수료를 지불하는 제3자 판매자들을 사이트로 유인했다. 이를 통해 아마존은 풀필먼트 센터와 웹 사이트 운영에 필요한 서버 같은 고정 비용만으로 더 많은 것을 얻어낼 수 있었다. 또 이렇게 더 높아진 효율성으로 가격을 더 낮출 수 있었다. 그들은 이 플라이휠의 어느 부분에든 동력이 공급되면 그 순환이 가속화될 것이라고 생각했다."[14]

베조스는 플라이휠 전략에 깊이 매료되었고, 애널리스트 프레젠테이션에 그 개념을 포함시키지 않았다. 플라이휠 전략을 아마존의 성장 비법이라고 생각했기 때문이다. 플라이휠 전략 덕분에 아마존의 소비자 사업은 소매업계에서 선망의 대상이 됐다.

아마존의 현직 리더들은 여전히 대화를 나누면서도 플라이휠을 끊임없이 언급한다. 아마존이 소매업을 넘어 사업을 다각화함에 따라 플라이휠 은유는 각 사업 부문이 성장을 촉진하기 위해 사용하는 대표적인 접근 방식으로 기능하고 있으며, 그 결과 조직의 다른 모든 측면에서도 혁신을 가속화하고 있다.

예를 들어, 아마존의 클라우드 컴퓨팅 부문인 AWS는 제3자 판매자들의 제품을 판매하지 않지만, IT 전문가를 위한 특수한 도구를 판매한다. 더 많은 도구를 만들어낼수록 더 많은 제3자 개발자를 끌어들일 수 있다. 도구는 서비스 소비 증가로 이어지고, 더 많은 기업 고객을 유치한다. 규모가 커짐에 따라 AWS는 클라우드 서비스를 더 저렴한 가격에 제공해 더 많은 개발자를 끌어들이고, 더 많은 도구를 만들어 더 많은 기업 고객을 유치하고 있다.

AWS는 소비자 소매업과 매우 다른 것처럼 보이지만, 베조스는 2015년 주주 서한에서 두 부문의 유사성을 강조했다. 은유는 서로 다른 두 가지가 얼마나 비슷한지를 보여주는 장치임을 기억하자.

베조스는 이렇게 적었다. "표면적으로 그 둘은 이보다 더 다를 수 없습니다. 하나는 소비자에게, 다른 하나는 기업에 서비스를 제공합니다. (…) 하지만 표면 아래를 살펴보면 그 둘은 결코 크게 다르지 않습니다."[15]

'그 둘은 결코 크게 다르지 않습니다.' 베조스는 은유의 힘 뒤에 있는 원리를 설명하고 있다. 적절한 은유는 말을 구체적인 심상으로 바꾸는 데 도움을 준다. 플라이휠 효과는 논리적으로 들리지만, 객관적인 실체, 즉 플라이휠 자체의 도움이 있어야만 그 잠재력을 분명하게 이해할 수 있다.

개인 코칭

은유는 이해를 돕는 지름길 역할을 한다. 은유는 청중이 복잡하거나 추상적인 개념을 이해하는 데 도움을 준다. 또 은유는 매우 효과적이기 때문에 일상적인 대화에서도 자주 사용된다. 하지만 그렇다고 해서 비즈니스 프레젠테이션에서 진부한 표현을 사용해서는 안 된다. 너무 틀에 박힌 은유는 그 효과를 발휘하기가 어렵다. 우리가 피해야 할 진부한 표현을 몇 가지 살펴보자.

- 공은 네 코트 안에 있다 The ball is in your court
  ('이제 네 차례다' 또는 '너에게 달렸다'는 뜻이다_역주)
- 테이블로 가져오기 Bring to the table
  (이익이 될 만한 것을 제공하거나 기여한다는 의미다_역주)
- 상자 밖에서 생각하라 Think outside the box (창의적으로 생각하라는 의미다_역주)
- 양동이 속 물 한 방울 A drop in the bucket ('새 발의 피'와 같은 뜻이다_역주)
- 완벽한 폭풍 A perfect storm
  (안 좋은 일이 잇따라 일어나는 '설상가상'과 같은 뜻이다_역주)
- 연고 속 파리 A fly in the ointment ('옥에 티'라는 말과 같은 뜻이다_역주)

쉬운 은유는 피하는 게 좋다. 여러분이 어떤 표현을 수없이 많이 들어봤다면, 여러분의 청중도 마찬가지일 것이다.

커뮤니케이션 도구로서 은유 사용하기

독특한 경험이나 사건을 묘사하는 데 은유를 사용하라. 우주비행사 크리스 해드필드Chris Hadfield가 국제 우주 정거장International Space Station의 지휘권을 잡으려면, 일단 그곳에 먼저 도착해야 했다. 그는 소유즈Soyuz 로켓을 타고 히치하이킹을 했다. 약 300톤의 등유와 질소 연료가 로켓을 지구의 중력이 미치지 않는 목적지로 쏘아 올리기 위한 추력 100만 파운드를 발생시켰다.

해드필드는 국제 우주 정거장에 가본 우주비행사 240명 중 한 명이다. 우리 대부분은 거대한 로켓 꼭대기에 앉아 우주로 날아가는 경험을 단 한 번도 할 수 없을 것이다. 숙련된 과학 교육 전문가인 해드필드는 로켓 발사의 느낌을 전달하기 위해 친숙한 비유를 주로 사용한다. 로켓 발사를 설명하면서 그는 우리를 로켓에 태워 데리고 간다.

> 발사 6초 전, 이 짐승 같은 로켓은 용이 불을 내뿜을 준비를 할 때처럼 포효하기 시작합니다. 그다음에는 여러분 아래쪽에서 막 분출하기 시작한 엄청난 마력을 통해 로켓의 진동을 느낄 수 있습니다. 여러분 자신이 허리케인 속에 있는 작은 나뭇잎처럼 느껴질 겁니다. 곧 일어날 일에 비하면 여러분은 아주 미약한 존재라는 사실을 깨닫게 됩니다. 카운트다운 숫자가 0이 되면 거대한 엔진들, 여러분 옆에 있는 커다란 고체 로켓들이 점화됩니다. 마치 큰 사고가 발생한 것처럼 엄청난 에너지 진동이 우주선 전체를 관통하면서 뭔가가 우주선에 충격을 줍니다. 엔진들이 점화될 때, 여러분을 흔들어 대는 거대한 개의 턱에 갇혀 실제로 강타를 당하는 것처럼 느껴집니다. 여러분은 어쩔 수 없이 꼼짝 못 하는 상태로 계속 집중합니다.[16]

포효하는 짐승, 불을 내뿜는 용, 분출, 허리케인 속에 있는 나뭇잎, 거대한 개의 턱과 같은 표현은, 낯선 경험을 묘사하기 위한 구체적인 아이디어다.

난해한 주제에 활기를 불어넣기 위해 은유를 사용하라. 비즈니스 뉴스를 보거나 주식 시장을 주시하는 사람이라면 '경제적 해자 economic moat'(해자는 성을 지키기 위해 성 주위에 둘러 판 못을 말한다_역주)라는 말을 틀림없이 들어봤을 것이다. 이 표현은 워런 버핏이 1995년 버크셔 해서웨이 회의에서 사용하면서 널리 퍼졌다. 한 주주가 버핏에게 물었다. "당신이 수익을 얻기 위해 사용하는 경제학의 기본 원칙은 무엇인가요?"**17**

버핏은 이렇게 답했다. "저희에게 가장 중요한 일은 정직한 영주가 관리하는 훌륭한 경제적 성을 보호해줄 넓고 튼튼한 해자를 가진 기업을 찾는 것입니다."

성이라는 은유는 버핏과 그의 팀이 잠재적 투자를 평가하는 데 사용하는 복잡한 데이터와 정보 시스템을 생생하게 묘사하며 간결한 지름길 역할을 한다. 깊은 해자는 기업에 고유한 이점을 제공해 경쟁업체가 해당 사업에 진입하기 어렵게 만들고 그 기업의 시장 점유율을 보호해 준다. 성은 성을 지키는 정직하고 듬직한 기사, 즉 CEO를 통해 힘을 얻는다. 버핏은 해자가 잠재적인 공격자들을 방어하는 영구적이고 강력한 억제책 역할을 한다고 설명한다.

2007년 버핏은 가장 큰 성과를 거둔 투자 중 하나인 가이코$_{GEICO}$ 보험을 설명하기 위한 은유로 성을 다시 사용했다. 가이코 보험은 저렴한 제품을 제공했고, 자사 광고 모델로 잘 알려진 도마뱀붙이$_{gecko}$ 덕분에 큰 명성을 누렸으며, 높은 이익률을 보였다.

해자가 있는 성들을 찾는 것이 버핏에게 높은 수익을 안겨주는 전략임이 입증됐다. 가이코가 상장된 기업은 아니지만, 한 투자 사이트는 버핏이 가이코에서 400억 달러를 벌어들여 4만 8,000퍼센트의 수익률을 달성했다고 추정하고 있다.

버핏은 "가이코는 보배"라고 말하기도 했다. 이처럼 억만장자인 버핏은 은유적 표현을 계속해서 사용하고 있다.

텔레비전에 자주 출연하거나 분석 작업을 하는 기자들이 신뢰하는 전문가들을 주의 깊게 살펴보자. 나는 뉴욕시에서 금융 시장을 보도한 기간을 포함해, 15년 동안 텔레비전 뉴스 앵커로 근무했다. 여러분에게 한 가지 비밀을 알려주자면, 소통을 잘하는 전문가를 찾기란 매우 어렵다. 이런 현실은 소수의 저명인사가 엄청난 명성을 얻게 되는 이유이기도 하다. 경제학자 다이앤 스윙크Diane Swonk도 그중 한 명이다.

다이앤 스윙크의 직함은 그랜트 손튼Grant Thornton의 수석 경제학자chief economist이지만, 그녀는 자신이 주로 하는 역할이 복잡한 데이터를 일상 언어로 옮기는 것이라고 말한다.

스윙크는 세계에서 가장 존경받는 경제학자 중 한 명으로 인기가 많다. 그녀는 인터뷰, 팟캐스트, 연설에 응하면서 바쁜 일정을 소화하며, 언론 매체와 정부 지도자들은 세계 경제에 대한 명확한 통찰을 얻으려고 스윙크에게 의지한다. 그녀의 강점은 은유의 힘에 있다. 스윙크는 내게 매달 40시간을 보고서를 작성하는 데 할애한다고 밝혔다. 그녀는 산더미 같은 데이터에서 통찰을 얻기 위해 필요한 유추와 은유적 표현을 다듬으면서 많은 시간을 보낸다.

코로나19 팬데믹 기간 동안 미국 정부는 어려움을 겪고 있는 사람들과 위기에서 살아남으려는 기업들을 돕는 데 수조 달러를 썼다. 수조 달러는 사람들이 쉽게 헤아리기 어려운 큰 금액이다. 게다가 정부는 그 돈을 분배하기 위해 복잡하기 짝이 없는 약어 프로그램들을 발표했다. 스윙크는 이 어려운 내용을 시청자와 독자들이 이해하도록 도왔다. 스윙크가 사용한 표현 중 가장 많이 인용된 것들은 다음과 같다. 가장 많이 인용된 그녀의 설명이 은유적 표현이라는 것이 놀랍지 않다.

- "경제가 하룻밤 사이에 빙하기에 들어섰습니다. 우리는 극심한 혹한기를 겪고 있습니다. 얼어붙은 경제를 다시 녹이려면 오랜 시간이 걸릴 겁니다."
- "코로나19는 빙산이고, 우리는 구명보트를 타기 위해 애쓰고 있습니다."
- "우리는 코로나바이러스 마라톤의 기장 힘든 구간으로 들어가고 있습니다."
- "뚜껑을 열어 보면 일자리 보고서는 흉측해 보입니다."

- "연준이 모자에서 꺼낼 토끼가 바닥나고 있습니다."

스윙크는 경제학의 난해하고 복잡한 언어를 사람들이 이해하기 쉬운 말로 바꾸는 재능을 타고났다. 하지만 그녀는 '타고난 능력'도 연습이 필요하다고 말한다. "한번은 제 동료 중 한 명이 '바꾸니까 아주 쉬워 보이네요'라고 말하더라고요. 동료들은 그렇게 쉽게 바꾸는 데 얼마나 많은 시간이 걸리는지 잘 몰라요. 그렇지만 저는 성실한 작가죠. 의사소통 기술은 제가 열심히 노력해 얻은 능력이에요. 제대로 설명하지 못하면 아무것도 전달되지 않기 때문에 열심히 노력할 수밖에 없어요."[18]

어려운 내용을 설명할 때 전하고자 하는 메시지를 잃지 않도록 하자. 적절한 은유를 찾으려면 그만큼 노력이 필요하지만, 탁월한 의사소통 능력을 갖추게 되면 그 노력이 분명 빛을 발할 것이다.

*개인 코칭

간단한 은유는 "시간은 돈이다"처럼 "A는 B이다"라고 쓴다. 이 형식은 복잡한 개념을 표현하는 데 효과적이다. 자기 분야에서 복잡한 개념을 하나 선택해 A는 B이다 형식을 사용해 설명해 보자. 그리고 일상 언어로 그 비유를 해설해 보자.

- **복잡한 개념: (A)** _____
- **익숙한 개념: (B)** _____
- **A는 B이다 형식:** _____ 는 _____ 이다

예

- **복잡한 개념:** 바람직한 투자 대상
- **익숙한 개념:** 해자가 있는 성
- **A는 B이다 형식:** 바람직한 투자 대상은 경쟁자들이 함부로 진입할 수 없는 해자로 둘러싸인 경제적 성이다.

아리스토텔레스는 은유를 자유롭게 구사할 수 있는 능력을 천재의 징표라고 생각했다. 나는 이 장이 여러분 안에 내재된 천재성을 발휘하고, 적절한 은유를 사용해 여러분의 생각을 전달하는 데 도움이 되길 바란다.

영향력 있는 리더들은 그들의 청중을 교육하기 위해 은유와 유추를 모두 사용한다. 은유와 유추는 비슷해 보이지만, 그 사이에는 뚜렷한 차이가 있다. 베조스는 언제 은유를, 또 언제 유추를 사용해야 하는지 잘 알고 있다. 다음 장에서 여러분 역시 그 둘의 사용법을 알게 될 것이다.

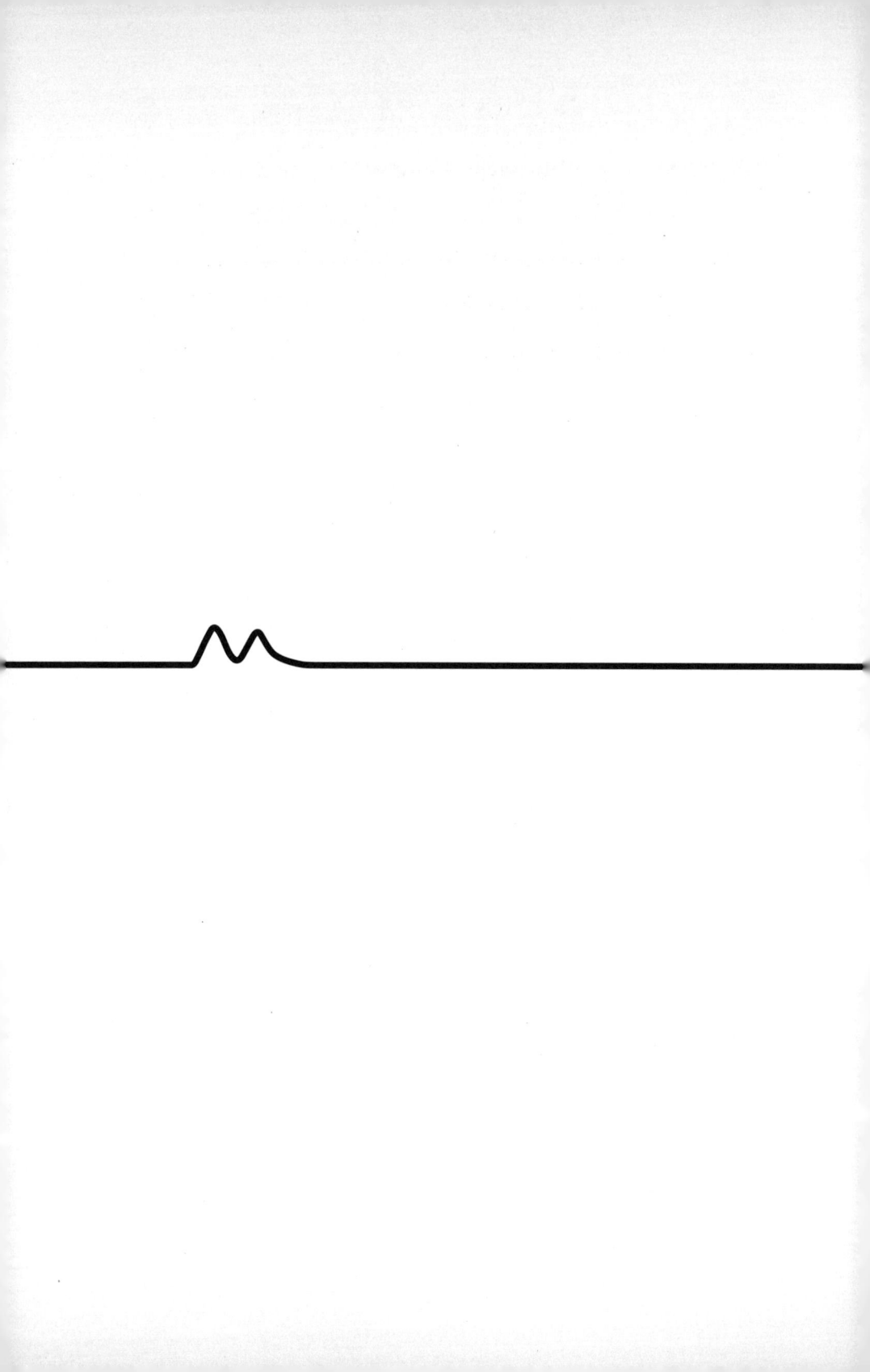

6장
유추, 커뮤니케이터의 '가장 강력한' 무기

유추는 난해한 것과 평범한 것 사이에서
가장 많은 지식을 만들어낸다.

_ 아리스토텔레스

빌 카는 아마존을 변화시키고 그의 경력 중 가장 흥미로운 사업을 시작하게 한 회의를 생생하게 기억하고 있다. 카는 그 전사 회의에서 베조스가 말한 내용을 모두 기억하지는 못하지만, 한 가지 이야기는 기억에 남아 있었다. 그 이야기는 카가 처음에는 수락하기를 꺼렸던 사업을 추진할 수 있도록 자신감을 심어줬다.

카가 아마존에서 4년간 승진 가도를 달려 월드와이드 미디어Worldwide Media의 부사장이 된 후, 베조스는 그에게 새로운 디지털 미디어 사업을 이끌어줄 것을 부탁했다. 베조스가 직접 인사이동을 요청해 왔기 때문에, 카는 선택의 여지가 많지 않다고 느꼈다. 그렇지만 막 경력이 발전하고 있었던 터라, 그는 이번 요청에 적잖은 실망을 했다. 아마존의 책, 음악, 비디오 분야 책임자로서 카는 회사의 전 세계 매출 중 77퍼센트를 차지하는 사업부를 운영했다. 그런데 이제는 회사의 가장 작은 신사업을 이끌게 된 것이다. 예컨대 전자책의 비중은 도서 전체 부문 중 1퍼센트 미만에 불과했다. 아마존은 책 내용 검색 search-inside-the-book 기능을 출시하기는 했지만, 디지털 제품과 서비스를 제공한 경험은 거의 없었다. 또 하드웨어 제품도 만들어본 적이 없었다. 반면 전자 상거래 분야에서는 이미 대성공을 거뒀다.

'왜 지금 바꿔야 할까?' 카는 고민했다. 그리고 그는 전사 회의에서 그 답을 얻었다.

"그 회의를 어제 일처럼 기억해요."[1] 카는 말했다.

"많은 사람이 우려를 표하며 질문을 던졌습니다. 아마존이 잘 알지 못하는 분야에 투자하는 이유가 뭔가요? 아마존이 열중해온 한 가지에서 딴 데로 주의를 돌려야 하는 이유는요? 아마존이 왜 기기를 직접 만들어야 합니까? 아마존은 디지털 미디어 서비스에 대해 무엇을 알고 있나요?"

직원들의 걱정 섞인 의견을 경청한 후, 베조스는 고대의 효과적인 수사, **유추**$_{analogy}$를 통해 그의 답을 전달했다.

"우리는 많은 씨앗을 심어야 합니다. 그중 어떤 씨앗이 '거대한 참나무$_{oak}$'로 자랄지 모르니까요."[2]

참나무에 근거한 유추는 탁월한 선택이었다.

참나무는 천 년까지 살고, 베조스는 장기적인 관점에서 사고한다. 참나무는 크고, 아마존은 다양한 제품을 제공하는 데 중점을 둔다. 또 참나무는 탄력적이고 견고하며, 이는 베조스가 아마존이라는 브랜드와 결부시켜 생각하는 가치다. 참나무 한 그루는 평생에 걸쳐 도토리 수백만 개를 생산한다. 각각의 도토리에는 씨앗이 담겨 있고, 도토리 대부분은 동물들이 먹는다. 그런데 일부는 땅에 떨어져 뿌리를 내리고 거대한 참나무로 자라난다.

카는 이야기했다. "많은 사람이 공감할 수 있는 유추였어요. 사람들이 베조스가 내린 결정을 이해하는 데 큰 도움이 됐습니다. 씨앗들을 심고, 물을 주고, 성장하는 씨앗들을 지켜보는 과정을 머릿속으로 직접 그릴 수 있죠. 더 나아가 그중 한두 개가 거대한 참나무로 자라나서, 미래에 그 나무 아래에 앉아 있는 자기 모습을 상상할 수도 있을 겁니다."[3]

그 씨앗들 중 일부는 킨들, 아마존 뮤직$_{Amazon Music}$, 아마존 스튜디오$_{Amazon Studios}$, 알렉사라는 이름으로 통하는 강력한 사업들로 성장했다.

카는 내게 이렇게 말했다. "베조스는 소통에 능수능란한 커뮤니케이터입니다. 유추는 매우 강력한 효과를 발휘하죠."[4]

베조스는 은유의 대가이며 유추의 왕이다.

유추는 은유와 마찬가지로 서로 관련이 없는 두 가지를 비교해 그 둘의 유사성을 강조하는 수사적 표현이다. 의사소통 과정에서 유추의 목적은 한 사람이 다른 사람에게 지식을 전달하는 데 있다. 유추적 표현이 은유적 표현을 포함하고 있을 수도 있지만, 유추는 은유보다 더 정교한 설명이다.

우리는 유추 형태로 정보를 받아들이기를 좋아하는데, 우리 자신이 유추로 생각하기 때문이다. 심리학자 다이앤 핼펀$_{Diane Halpern}$에 따르면, "유추는 인간의 생각 속에 늘 존재"하며, "우리는 새로운 상황에 직면할 때마다 익숙한 상황을 참조해 새로운 상황을 이해하려고 한다."[5]

우리 뇌는 새로운 것이나 알 수 없는 것을 익숙한 것과 연결해 생각함으로써 세상을 계속해서 처리한다. 새로운 개념이 제시되면 우리 뇌는 '이건 뭐지?'라고 묻지 않고 '이건 뭐와 비슷하지?'라고 묻는다.

유레카의 순간

유추적 사고 없이 창의적인 아이디어를 내기란 거의 불가능할 것이다. 대부분의 중요한 과학적 발견은 유추에서 시작된다. 예를 들어, 우리에게 유레카의 순간을 선사한 사건은 유추적 사고의 결과였다.

기원전 3세기에 아르키메데스$_{Archimedes}$라는 수학자는 어려운 문제를 풀어야 했다. 한 금세공사가 히에론 왕을 위해 왕관을 만들었는데, 히에론 왕은 그 금세공사가 순금이 아닌 은을 섞어 만든 왕관으로 자신을 속였다고 믿었다. 아르키메데스는 진실을 밝혀낼 수 있었을까? 오랫동안 고심한 끝에 좌절감을 느낀 아르키메데스는 긴장을 풀기 위해 목욕을 했다.

아르키메데스가 욕조에 몸을 담그자 욕조 밖으로 약간의 물이 넘쳤다. 그는 자기 몸으로 밀어낸 물이 자기 몸무게와 같다는 사실을 깨달았다. 금은 왕관 제작자가 사용할 수 있는 다른 금속, 가령 은보다 더 무거웠다. 따라서 아르키메데스는 히에론 왕의 왕관이 순금으로 만들어졌는지 알아내기 위해 같은 실험 방식을 이용할 수 있었다. 왕관은 순금이 아니었다. 그는 너무 흥분한 나머지 옷을 입지도 않고 거리로 달려 나가 "유레카!"라고 외쳤다.

인지과학자들은 유추가 우리의 사고방식에서 결정적 역할을 한다는 사실을 입증하기 위해 아르키메데스를 인용한다. 우리 뇌는 이미 알고 있는 주제(아르키메데스의 욕조)의 기본 구조를 다른 대상이나 알 수 없는 주제(왕관)와 연결시킨다.

유추는 새로운 관점에서 개념을 이해할 수 있는 공통된 틀을 제공함으로써 한 사람이 다른 사람과 정보를 쉽게 교환할 수 있게 해준다. 유추는 추상적인 것을 구체화한다.

유추 중에서도 더 나은 유추가 존재한다. 다이앤 핼펀은 어떤 유추가 가장 효과적인지 알아내기 위한 실험을 수행했다.[6] 그녀는 17세에서 64세 사이의 실험 지원자 193명을 모았다. 그들은 과학과 관련된 세 구절의 글을 읽었고, 읽은 직후 그 내용에 대한 질문에 답했다. 일주일 후, 그들은 같은 내용을 바탕으로 한 두 번째 질문지에 답했다.

실험에서는 림프계나 전류와 같은 주제를 다뤘고, 실험 참가자들은 세 그룹으로 나뉘었다. 첫 번째 그룹은 유추를 포함하지 않은 글을 읽었고, 두 번째 그룹은 '근거리 도메인$_{near\text{-}domain}$' 유추가 포함된 글을 읽었고, 세 번째 그룹은 '원거리 도메인$_{far-domain}$' 유추로 쓰인 글을 읽었다.

근거리 도메인 유추는 독자가 이미 알고 있는 과학 분야에서 나온다. 원거리 도메인 유추는 한 주제를 완전히 다른 영역에 있는 주제에 비유한다. 림프계에 대한 원거리 도메인 유추는 림프계를 스펀지 공간을 통과하는 물의 흐름에 비유했다. 근거리 도메인 유추는 림프계를 혈관을 통과하는 혈액의 움직임에 비유했다.

전류를 다룬 글에서 원거리 도메인 유추는 전류를 물을 보내는 호스에 비유했다. 전압은 호스를 통해 물을 밀어내는 압력과 같다. 전류의 세기는 호스의 지름과 같고(관이 넓을수록 더 많은 전류가 흐른다), 전기 저항은 물의 흐름을 늦추는 호스 안의 모래와 같다. 근거리 도메인 유추로 쓰인 글은 전기 회로를 통해 흐르는 전류를 설명했다.

핼펀이 수행한 실험의 목적은 사람들이 읽은 것을 기억해 내는 능력을 테스트하는 것이었다. 자료를 읽고 난 직후에는 어떤 그룹에서도 큰 차이가 보이지 않았다. 하지만 일주일 후 모든 참가자를 다시 테스트했을 때, 핼펀은 상당한 차이를 발견했다. 원거리 도메인 유추를 포함하고 있는 글을 읽은 사람들은 훨씬 더 많은 내용을 기억할 수 있었고, 그 내용을 더 잘 이해하고 있는 것으로 나타났다. 학술적으로 표현하자면, "원거리 도메인 유추에서와 같이 유사 관계$_{similarity\ relationship}$가 보다 모호할 때, 피험자들은 그 관계를 의미 있게 만들기 위해 근본적인 관계를 찾아야 한다." 간단히 말해서, 핼펀은 주제와 동떨어진 개념이 우리 마음에 더 깊은 인상을 남긴다는 사실을 밝혀낸 것이다.

유추와 관련한 연구는 핼펀의 실험만 있는 게 아니다. 교육 분야의 연구를 보면, 원거리 도메인 유추가 포함된 전문적인 내용을 읽는 학생들이 유추가 포함되지 않은 동일한 내용을 읽는 학생들보다 이해력을 측정하는 테스트에서 더 높은 점수를 받는 경향이 있다. "심장은 피스톤이나 펌프 시스템과 같다"나 "순환계는 철도와 같다" 등의 원거리 도메인 유추가 기억하기가 좋고 이해하기도 쉽다.

청중이 여러분의 생각을 기억하고 이해하기를 바란다면 해당 주제와 동떨어진 유추를 사용해야 한다. 여러분이 인생은 살아 있는 유기체와 같다고 내게 말한다면 나는 별 관심을 기울이지 않을지도 모른다. 하지만 여러분이 인생은 초콜릿 상자와 같다고 내게 말한다면, 나는 그 이유를 알고 싶을 것이다. 포레스트 검프는 형편없는 유추와 훌륭한 유추의 차이를 알고 있었다.

> **개인 코칭**
>
> 여러분이 글쓰기와 의사소통에서 유추의 힘을 활용하기 위한 첫 번째 단계는, 우리의 일상 언어에 유추가 얼마나 자주 등장하는지 인식하는 것이다. 대화, 책, 기사, 동영상에서 얼마나 많은 유추를 접하게 되는지 기록해 보자. 복잡한 주제를 다루는 유명 저자와 연사들을 더 주의 깊게 살펴보자. 그들이 지식을 전달하기 위해 유추를 사용하는 경향이 더 크다는 사실을 발견하게 될 것이다.

물구나무서기 유추

사업을 시작하고, 성장시키고, 운영하려면 끊임없는 학습과 피드백이 필요하다. 제프 베조스는 2017년 주주 서한에서 많은 것을 말할 수 있었지만, 그 대신 전자 상거래 분야와 거리가 먼 유추, 즉 '물구나무서기 배우기'를 선택했다.

베조스는 적었다. "최근 친한 친구 한 명이 아무 지지대 없이 완벽하게 물구나무서기는 법을 배우기로 했습니다."[7]

벽에 기대지 않고, 동작을 그대로 유지해 인스타그램에 올릴 수 있을 정도의 물구나무서기가 목표였어요. 그녀는 요가 스튜디오의 물구나무서기 워크숍에 참가하는 것으로 그 여정을 시작하기로 했죠. 그런 다음 그녀는 한동안 연습에 임했지만 자신이 원하는 결과를 얻지는 못했습니다. 그래서 그녀는 물구나무서기 코치를 고용했어요. 네, 여러분이 무슨 생각을 하고 계실지 잘 압니다만, 이 이야기는 실제로 있었던 일이랍니다. 그 코치는 첫 수업에서 그녀에게 몇 가지 멋진 조언을 건넸습니다. 그는 대부분 사람이 자신이 열심히만 하면 2주 안에 물구나무서기를 마스터할 수 있을 것이라고 생각한다고 말했죠. 그러나 매일 연습해도 6개월은 걸리는 게 현실이라고요. 만약 여러분이 2주 안에 물구나무서기를 마스터해야 한다고 생각한다면, 여러분은 결국 그만두게 될 것입니다.

사업 운영과 물구나무서기는 서로 다른 영역의 서로 다른 주제이지만 구조적으로는 유사하다. 사업을 시작하는 것은 생각보다 어렵다. 최고의 인재를 고용하는 것은 생각보다 어렵다. 또 6페이지 분량의 훌륭한 메모를 작성하는 것도 생각보다 어렵다.

베조스는 글쓰기를 포함한 모든 기술을 마스터하는 것은 하루아침에 이뤄지지 않는다는 사실을 상기시키기 위해 물구나무서기 유추에 대한 이야기를 계속 이어갔다. 기술을 마스터하려면 시간이 필요하다.

베조스는 전한다. "우리가 알아낸 것은 다음과 같습니다."[8]

보통 메모가 훌륭하지 않을 때를 보면, 작성자들이 높은 기준을 인지하지 못해서가 아니라 가능성에 대한 잘못된 기대 때문인 경우가 많습니다. 그들은 6페이지 분량의 수준 높은 메모를 하루 이틀 혹은 몇 시간 만에 작성할 수 있다고 착각합니다. 실제로는 일주일 이상이 걸릴 수도 있습니다! 그들은 단 2주 만에 물구나무서기를 마스터하려 하고 우리는 그들을 올바르게 지도하지 못하고 있습니다. 훌륭한 메모를 작성하려면 작성 후 다시 고쳐 쓰고, 작업 개선을 요청받은 동료들과 공유하고, 이틀 정도 시간을 보낸 뒤에, 새로운 마음으로 다시 편집해야 합니다. 하루 이틀 만에 절대로 완성될 수 없습니다. 훌륭한 메모는 대개 일주일이 넘는 시간을 필요로 합니다.

전구는 최초의 '킬러 앱'이었다

2003년, 베조스는 그의 생각을 구체화하는 유추로 TED 청중을 깜짝 놀라게 했다.

닷컴 버블dot-com bubble은 수많은 투자자를 끌어모았고, 그들은 적자를 내고 있는 기업들에 수조 달러를 쏟아부었다. 기술주technology stock를 추적하는 지수는 2000년 3월 10일에 최고치를 기록했고, 그 후 다시 그 수준에 도달하기까지 15년이 걸렸다. 주식 시장이 80퍼센트 폭락하자 투자자와 분석가들은 비교할 대상을 찾기 시작했다.

여기저기 돌기 시작한 유명한 유추는 캘리포니아의 골드러시gold rush였다. 실리콘 밸리가 닷컴 열풍의 중심지였기에 적합한 이야기였다. 베조스는 골드러시라는 유추가 표면적으로는 적합해 보여 사용할 마음이 들기도 했지만, 다른 유추를 염두에 두고 있었다.

"한 사건을 설명하기에 적합한 유추를 찾기란 쉽지 않습니다. 하지만 우리가 사건에 반응하는 방식, 오늘날 우리가 내리는 결정, 미래에 대한 우리의 기대는 우리가 사건을 어떻게 분류하느냐에 달려 있습니다."[9]

먼저 베조스는 사람들이 골드러시 유추를 선택하게 된 이유를 설명했다.

"우선, 두 사건 모두 정말 대단했습니다. 골드러시가 발생한 1849년, 사람들은 캘리포니아 금광에서 7억 달러에 상당하는 금을 채굴했습니다. 정말 대단했죠. 인터넷 역시 정말 대단했습니다. 인터넷은 사람들이 서로 의사소통할 수 있게 하는 대단한 방식이죠. 대단한 거예요."

1850년대의 골드러시와 인터넷 둘 다 같은 궤적을 따랐다. "엄청난 붐. 엄청난 붐. 엄청난 붕괴. 엄청난 붕괴."

베조스는 계속해서 비슷한 점을 설명했다. "두 사건 모두 과대광고를 수반했습니다. 신문 광고들은 '금! 금! 금!'이라는 표제를 크게 다뤘죠."

그 이야기들은 사람들의 흥분을 고취시켰다. 많은 사람이 부자가 되기 위해 멀쩡한 직장을 그만뒀다. "사람들은 자신이 변호사든, 은행원이든, 어떤 기술을 갖고 있든, 금을 채굴하기 위해 하던 일을 그만뒀습니다."

베조스는 의사들 중 일부는 환자 곁을 떠나기까지 했다고 말하면서, 포장마차를 타고 캘리포니아로 가고 있는 톨란드~Toland~라는 의사의 신문 기사 사진을 보여줬다. "인터넷에서도 같은 일이 일어났습니다." 베조스는 웃으면서 이렇게 덧붙였다. "우리는 닥터쿠프닷컴~DrKoop.com~을 얻게 됐죠."

골드러시와 인터넷의 부정적 영향 또한 비슷했다. 둘 다 갑작스럽게 찾아와 많은 피해를 남겼다. 베조스는 클론다이크~Klondike~ 골드러시 당시 악명 높았던 지역인 화이트 패스 트레일~White Pass Trail~ 사진을 보여줬다. 화이트 패스 트레일은 알래스카와 브리티시컬럼비아 경계에 있는 산길이다. 이 산길이 원래 이 이름으로 불린 것은 바위 투성이의 울퉁불퉁한 길에서 동물 수천 마리가 죽을 때까지였다. 오늘날에는 죽은 말의 산길이라는 뜻을 가진 '데드 호스 트레일~Dead Horse Trail~'로 알려져 있다.

그는 계속한다. "자, 여기서 골드러시에 대한 우리의 유추가 달라지기 시작하는데요, 그 차이가 꽤 크다고 할 수 있습니다. 골드러시의 경우, 한번 끝나면 그대로 끝이니까요."

베조스는 골드러시 대신 더 정확한 비유, 즉 "우리를 대단히 낙관적으로 만들어줄 더 나은 유추"를 선택했다. 그는 골드러시 비유를 전기의 등장으로 대체하기로 결정했다.

이번에도 모든 유추가 그렇듯 설명을 필요로 했다. 5장에서 살펴본 바와 같이, 은유는 A는 B, 즉 어떤 한 대상이 다른 대상이라고 말한다. 베조스가 "인터넷은 전기입니다"라고 말했다면 말이 안 될 것이다. 유추는 거의 항상 은유로 시작되지만, 그 은유를 생생하게 살리려면 이야기꾼이 필요하다.

베조스는 탐사자들이 1849년까지 캘리포니아에 있는 거의 모든 돌 밑을 확인했다고 설명했다. 그리고 모든 금이 사라졌다. 전기는 다르다. 일단 인프라가 설치되자 회사들은 전기를 사용해 온갖 종류의 전기 제품을 만들기 시작했다. 그리고 혁신은 계속됐다.

베조스에 따르면, 전구는 최초의 '킬러 앱$_{killer\ app}$'(시장에 등장하자마자 경쟁 상품을 몰아내 시장을 장악하고 엄청난 파급 효과를 미치는 서비스나 상품을 말한다_역주) 이었다. 그 다음에는 선풍기, 전기다리미, 진공청소기, 이웃들 사이에서 부러움의 대상이었던 세탁기가 그 뒤를 이었다.

"모두가 이 전기세탁기를 원했습니다."[10] 베조스가 말했다.

그는 오늘날 홈디포에서 살 수 있는 우아한 톱 로딩$_{top-loading}$(위쪽에 달린 뚜껑을 열어 세탁물을 넣는 방식을 뜻한다_역주) 세탁기가 아닌 콘크리트 믹서처럼 보이는 1908년식 헐리$_{Hurley}$ 세탁기 사진을 보여줬다. 그 당시의 세탁기들은 위험하기도 했다. 베조스가 전하길, "머리카락과 옷이 세탁기에 빨려 들어가는 경험을 한 사람들에 대한 섬뜩한 이야기들"도 있었다.

베조스는 덧붙였다. "우리 인터넷은 1908년식 헐리 세탁기와 같은 단계에 있습니다. 우리 머리카락이 빨려 들어가지는 않지만, 아직 원시적 수준에 머물러 있어요. 우리는 1908년에 있는 겁니다."

"만약 인터넷을 골드러시의 관점에서 생각한다면, 여러분은 지금 매우 의기소침해질 겁니다. 마지막 금덩이는 사라질 테니까요. 그런데 혁신이 좋은 점은 마지막 덩어리가 없다는 겁니다. 새로운 모든 것은 두 가지의 새로운 질문과 두 가지의 새로운 기회를 만들어냅니다."

더 나은 유추를 선택하려면 시간과 사고가 필요하다. 하지만 자신의 생각은 물론이고 함께 일하는 사람들의 생각을 명확히 한다는 점에서 그 보상은 엄청날 수 있다. 또 더 나은 유추는 대부분 사람이 다르게 생각할 때에도 여러분이 올바른 길을 가고 있다는 확신을 갖게 해준다. 베조스는 더 나은 유추를 선택함으로써 자기가 수행하는 프레젠테이션에 활기를 불어넣었을 뿐 아니라, 비판하는 사람들을 상대할 자신감을 얻을 수 있었다. 베조스는 언론이 아마존을 보도하면서 사용한 일련의 헤드라인을 보여줬다.

온갖 부정적인 것이 모여 온라인이 되다: 노력할 가치가 없는 경험 (1996)

아마존닷토스트$_{AMAZON.TOAST}$ (1998)

아마존닷봄$_{AMAZON.BOMB}$ (1999)

베조스는 사람들이 전기를 (첫 용도였던) 조명 이상의 용도로 사용하는 것처럼, 앞으로 인터넷을 사용해 웹 페이지를 방문하거나 주문하는 것 이상의 일을 하게 될 것이라고 주장했다.

그는 이같이 결론 내렸다. "만약 여러분이 이제 막 시작한 단계에 있다고 생각한다면, 즉 인터넷이 1908년식 헐리 세탁기와 같다고 생각한다면, 여러분은 대단히 낙천적인 겁니다. 그리고 저는 우리가 정말 시작점에 있다고 생각합니다. 또 우리가 그동안 거쳐온 혁신보다 더 많은 혁신이 우리를 기다리고 있다고 생각합니다. 우리는 실로 아주 초기 단계에 있습니다."

베조스의 말이 맞았고 그의 유추는 적중했다. 베조스의 TED 토크~TED Talk~ 강연이 있던 2003년의 그날부터 베조스가 CEO 자리에서 물러날 때까지 아마존에 투자한 사람이라면, 그 투자 가치가 1만 5,000퍼센트 상승하는 것을 확인할 수 있었을 것이다. 어떤 한 사건을 표현하는 데 사용할 유추는 신중하게 선택해야 한다. 올바른 유추가 여러분을 부자로 만들 수도 있다.

메시지 전달 방식을 바꾸기 위해 메시지를 바꿀 필요는 없다. 바꿔야 하는 것은 여러분의 생각을 모든 사람이 이해할 수 있는 언어로 변환하기 위해 사용하는 방법이다. 많은 사람에게 익숙하지 않은 난해한 주제에 대해 이야기할 때에는 유추를 활용해 보자.

버너 보겔스~Werner Vogels~ 박사는 아마존의 전설적인 최고 기술 경영자~chief technology officer, CTO~이자 세계 최대 클라우드 컴퓨팅 플랫폼인 AWS의 수석 아키텍트~chief architect~ 중 한 명이다. 그는 CTO의 역할은 기술과 비즈니스의 세계를 서로 연결하는 것이며, 그 역할을 수행하려면 명확하고 간결하게 설명할 수 있어야 한다고 말한 적이 있다. 보겔스는 사람들이 클라우드 사용법을 모른다면 클라우드는 결국 쓸모없는 것이 되고 말 것이라고 생각한다.

2006년 AWS에서 보겔스와 그의 팀은 고객이 웹에서 데이터를 쉽게 저장하고 검색할 수 있는 '심플 스토리지 서비스~Simple Storage Service~'인 S3 출시를 발표했다. 이 서비스는 클라우드 혁명의 시발점이 됐지만, S3 보도 자료에서 '클라우드 컴퓨팅'이라는 용어조차 찾아볼 수 없을 정도로 시대를 크게 앞선 서비스였다.

보겔스는 S3 덕분에 인터넷에 데이터를 저장하는 것은 쉬워졌지만, 데이터를 구축하는 것은 쉽지 않았다고 말했다. 아마존 개발자들은 "객체, 버킷 그리고 키"를 사용하는 완전히 새로운 시스템을 개발해 확장 가능하고 안정적이며 합리적인 가격의 서비스를 만들었다. 컴퓨터 프로그래머가 아니라면 그 용어들이 생소할 수 있으므로 보겔스는 시스템 작동 방식을 설명하기 위한 개념으로 우리에게 익숙한 '도서관$_{library}$'을 택했다.

보겔스는 말했다. "S3 팀이 구축한 시스템을 설명하기 위한 유추로 전형적인 도서관을 사용할 수 있습니다."[11]

> S3 도서관에서 책은 객체$_{object}$ 입니다. 객체는 사진, 음악, 문서, 콜센터 교환 목록 등 모든 데이터 형태가 될 수 있습니다. 객체는 버킷$_{bucket}$에 저장됩니다. 도서관 유추에서 버킷은 도서관의 미술사나 지질학 서가와 같습니다. 버킷은 내부의 모든 객체를 분류하고 정리하는 방법이죠. 버킷에는 하나의 객체 또는 수백만 개의 객체나 주제가 포함될 수 있어요. 키$_{key}$는 도서관의 도서 목록이라고 생각하면 됩니다. 키에는 버킷에 있는 각 객체의 고유 정보가 조금씩 포함돼 있습니다. 버킷에 있는 모든 객체는 딱 하나의 키를 갖게 됩니다. 키를 사용해 올바른 버킷으로 이동하면 올바른 객체를 찾을 수 있습니다.

도서관 유추는 데이터 수요가 기하급수적으로 증가함에 따라 스토리지 시스템을 확장해 구축하는 방법을 설명하는 데 도움이 됐다. 2020년 S3 서비스 출시 15주년을 맞아, 보겔스는 S3 버킷에 객체 100조 개가 저장돼 있다고 발표했다. 그는 덧붙였다. "100조 개라는 숫자를 헤아리기란 쉽지 않지만, 100조 개는 인간의 뇌 시냅스나 인체의 세포 수와 거의 같습니다." 보겔스는 기술과 비즈니스 언어를 연결하기 위한 비교 쌍을 계속해서 찾고 있다.

유추는 고대의 의사소통 장치이지만, 전 세계의 정보량이 방대해지고 그 복잡성이 증가함에 따라 오늘날 그 어느 때보다 중요한 교육 수단으로 활용되고 있다. 신중하게 선택한 유추를 통해 여러분의 언어를 향상시키면 청중에게 영감을 선사하게 될 것이다.

유추와 은유는 이야기의 구성 요소이므로, 훌륭한 이야기꾼이 익숙한 것과 낯선 것을 연결하기 위해 이러한 수사적 표현을 사용하는 것은 놀라운 일이 아니다. 2부에서 우리는 그런 이야기꾼들이 사람들을 교육하고, 설득하고, 동기를 부여하며, 영감을 주는 이야기를 만들어내는 기술을 살펴볼 것이다. 훌륭한 이야기꾼들은 세계 최고의 명문 대학에 입학한다. 훌륭한 이야기꾼들은 최고의 직장에 채용된다. 훌륭한 이야기꾼들은 그들의 스타트업에 필요한 투자자들을 유치한다. 그리고 훌륭한 이야기꾼들은 다른 사람들이 불가능한 일을 할 수 있도록 불꽃을 일으킨다.

THE BEZOS BLUEPRINT

2부

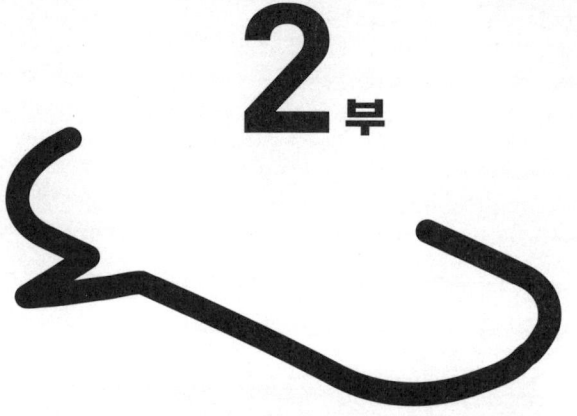

이야기 구조를 구축하라

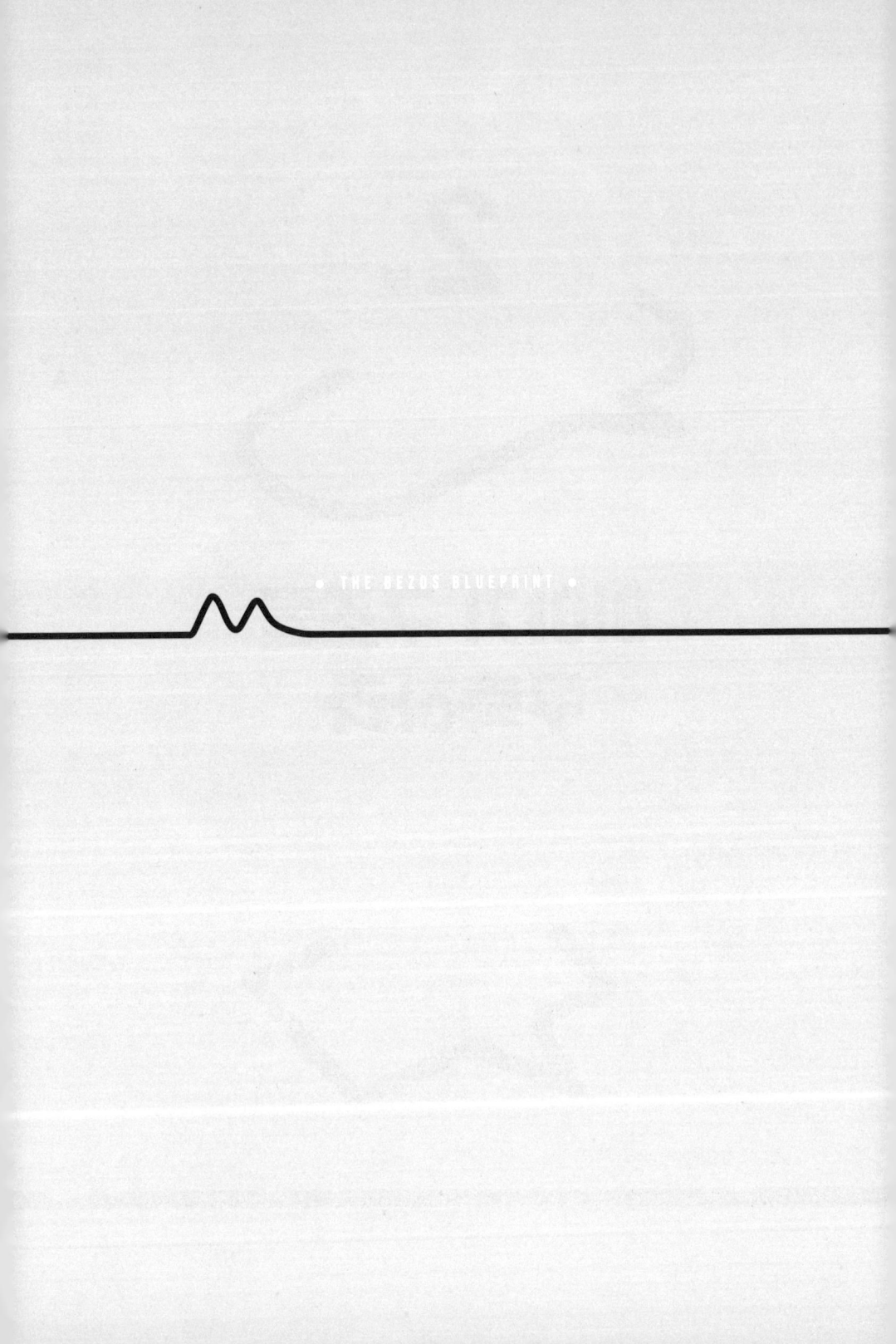

3막으로 구성된 서사시적 스토리텔링

7장

THE BEZOS BLUEPRINT   Legal Pad - **100 pages**

제프 베조스는 그의 경이로운 시절을 벗어나지
않았다. (…) 내러티브와 스토리텔링에 대한 그의
관심은, 아마존이 서적 판매업에 뿌리를 두고
있기 때문만은 아니다. 그러한 관심은 그의
개인적인 열정이기도 하다.

_ 월터 아이작슨 Walter Isaacson

THE BEZOS BLUEPRINT

제프 베조스의 삶을 다룬 영화의 첫 장면을 상상해 보자. 그 영화의 시나리오는 그의 생명을 앗아갈 뻔한 끔찍한 사건으로 시작될 수도 있다.

오프닝
야외 장면. 남서부에 있는 산
텍사스—오전 10시

관객은 텍사스 남서부에 위치한 캐시드럴산$_{\text{Cathedral Mountain}}$의 울퉁불퉁한 지형 위로 헬리콥터 날개가 회전하는 소리를 듣는다.

장면   헬리콥터가 이륙하고 있다. 5인승 루비 레드 가젤 헬리콥터다. 갑자기 강한 바람이 불어 헬리콥터가 균형을 잃는다.

장면   조종사가 정신을 차리려 노력할 때 승객 세 명의 공포에 질린 얼굴이 매우 크게 클로즈업된다. 헬리콥터에는 억만장자 제프, 그의 변호사, 카우보이 그리고 '치터'($_{\text{Cheater}}$'는 '사기꾼'이라는 의미다_역주)라는 별명을 가진 조종사가 타고 있다.

조종사는 헬리콥터가 나무숲을 벗어나기 위해 고군분투하는 동안 통제를 유지하기 위해 사투를 벌이고 있다. 헬리콥터는 로데오의 야생마처럼 흔들린다. 헬리콥터가 흙더미에 부딪혀 비틀거린다. 회전 날개가 툭 부러져 파편이 튀면서 기내를 뚫고 들어갈 위험에 빠진다. 기체가 데굴데굴 구르더니, 일부에만 물이 흐르는 개울에 거꾸로 떨어져버린다.

장면 전환 추락 지점 근처에 있는 표지판, '사고 발생 개울'이라고 적혀 있다.

침묵.

추락 장면 개울물이 기내로 세차게 흘러 들어온다. 카우보이는 자기 목숨을 구해준 안전벨트에서 벗어나려고 안간힘을 쓰다가 실수로 물을 들이킨다. 변호사는 물속에 갇힌다. 다른 이들이 그녀를 구하기 위해 다급하게 움직인다. 변호사의 머리가 물 위로 떠오르고 숨을 헐떡인다. 그녀는 허리에 극심한 통증을 느끼지만 살아 있다.

승객들이 헬리콥터에서 기어 나와 개울가에 모인다. 모두가 베이고 멍들어 아픔을 호소한다. 그들은 개울에 뒤집혀 있는 헬리콥터를 바라본다. 그들은 자신이 살아 있는 것이 행운이라는 것을 알고 있다.

제프가 카우보이를 향해 말한다. "당신이 맞았어요. 우린 말을 이용해야 했어요."

페이드아웃 가까스로 죽음을 면한 억만장자가 터뜨리는 폭소가 협곡에 울려 퍼지면서 화면이 어두워진다.

이 이야기에 담긴 내용은 모두 사실이다. 추락 사고는 2003년 3월 6일 오전 10시에 발생했다. 당시 텍사스 남서부의 고지대는 바람이 거세게 불어 기상을 예측할 수 없는 상황이었다.

제프 베조스는 변호사 엘리자베스 코렐(Elizabeth Korrell)과 오지를 누구보다 잘 아는 실제 카우보이인 타이 홀랜드(Ty Holland)와 함께 헬리콥터에 탑승할 예정이었다. 홀랜드는 그 지역의 바람 패턴이 어떤지 경험을 통해 잘 알고 있었기 때문에 불안감을 느꼈다. 그날 아침 일찍, 그는 헬리콥터 대신 말을 타자고 일행에게 제안했다.

지역 주민들은 찰스 '치터' 벨라(Charles 'Cheater' Bella)라는 이에 대해 잘 알고 있었다. 그는 탈옥 사건 연루자로 악명이 높았다. 《앨패소 타임스(El Paso Times)》에 따르면 1997년 7월 11일, 벨라는 "샌타페이(Santa Fe) 근처의 뉴멕시코 교도소에서 수감자 세 명을 탈출시키려다 실패한 사건에 가담했다. 그는 총구로 위협당해 어쩔 수 없이 한 거라고 진술했다."[1] 벨라는 실베스터 스탤론이 영화 〈람보 3〉에서 조종한 것과 같은 헬리콥터를 조종했다.

어떤 이야기들은 저절로 완성되기도 한다.

나중에 우리는 베조스가 외딴 지역을 시찰한 이유를 알게 됐다. 그는 우주 기업인 블루 오리진(Blue Origin)을 설립할 장소를 물색하고 있었다. 블루 오리진은 헬리콥터 추락 사고가 나고 2년이 지난 시점에 첫 시험 비행을 시작했다. 2021년 7월, 베조스와 그의 동생 마크(Mark)는 블루 오리진이 우주로 보낸 최초의 인간이 됐다.

베조스는 비밀리에 회사를 설립했지만, 스토리텔링에 대한 그의 열정은 회사 설립 문서에 잘 드러나 있다. 베조스는 인간이 빛보다 빠른 워프 속도로 이동할 수 있는 기술을 발명한 〈스타 트렉〉의 등장인물 제프람 코크란(Zefram Cochrane)의 이름을 딴 '제프람 LLC'와 같은 특이한 회사명으로 토지를 매입했다. 베조스는 그의 친구이자 공상과학 소설 작가인 닐 스티븐슨Neal Stephenson에게 모험과도 같은 이 새로운 사업의 수석 고문 역할을 해 달라고 부탁했다.

작가 월터 아이작슨은 이렇게 말한다. "내러티브와 스토리텔링에 대한 베조스의 관심은 아마존이 서적 판매업에 뿌리를 두고 있기 때문만은 아닙니다. 그러한 관심은 그의 개인적인 열정이기도 합니다. 어린 시절 베조스는 매년 여름 지역 도서관에서 공상과학 소설 수십 편을 읽었고, 지금은 작가와 영화 제작자들의 친목 도모를 위한 연례행사를 주최하고 있습니다. (…) 그는 인문학에의 애정과 기술을 향한 열정을 비즈니스적인 본능과 연결시킵니다."[2]

아이작슨의 말은 영향력이 큰 다른 리더들에게도 적용된다. 그들은 스토리텔링에 대한 열정을 공유한다. 억만장자 투자자이자 전 아마존 이사회 멤버였던 존 도어John Doerr는 진정한 변화를 만드는 기업가는 머리와 마음을 모두 사로잡는 리더라고 말했다. 마음으로 가는 가장 빠른 길은 바로 이야기라는 길이다. 도어는 아무 이야기나 하는 것이 아니라, 청자의 마음을 사로잡는 구조가 있는 이야기를 해야 한다고 했다.

이 장에서는 수천 년 동안 여러 국가와 문화권에서 위대한 이야기를 만들기 위해 따랐던 검증된 청사진을 공개할 것이다. 여러분은 할리우드 블록버스터 영화를 제작하는 데 사용되는 것과 동일한 스토리텔링 구조를 적용해 인상적인 비즈니스 프레젠테이션을 만드는 방법을 배우게 될 것이다. 또 베조스와 다른 비즈니스 이야기꾼들이 어떻게 템플릿을 따라 연설과 공개 프레젠테이션을 준비하는지도 알게 될 것이다. 일단 이 모델의 간단한 단계를 배우고 나면, 여러분 역시 청중을 놀라게 할 수 있는 이야기꾼이 될 수 있다.

먼저 1-2-3으로 간단하게 만드는 스토리텔링 구조를 살펴보도록 하자.

3막 구조

약 2,000년 전, 설득의 아버지라 불리는 아리스토텔레스Aristotle는 이야기를 세 부분으로 구분했다. 그는 이야기에는 처음, 중간, 끝이 있어야 한다고 말했다. 아리스토텔레스의 주장은 우리 삶의 여정을 반영하고 있기 때문에 의미가 있다. 우리는 태어나고, 살고, 죽는다.

좋다, 꽤 그럴 듯한 주장이다. 이야기에는 처음, 중간, 끝이 있다는 아리스토텔레스의 주장에 이의를 제기하지 않을 것이라고 생각한다. 그러나 그 기본 구조에 맞는 콘텐츠 제작 방법을 제대로 배우지 않으면 이야기를 만드는 데 별 도움이 되지 않는다.

여러분은 궁금할 수도 있다. 대부분의 이야기가 똑같은 세 부분으로 구성돼 있다면 왜 그 이야기들이 비슷하지 않은 것일까? 그 답은 공통된 구조에 있다. 이야기는 세 부분으로 구성돼 있지만, 그 세 부분에 무엇이 들어가느냐에 따라 모든 것이 달라진다. 핵심은 그 구조 안에서 얼마나 많은 재미를 느낄 수 있는지 배우는 데 있다.

구조는 창의성을 제한하지 않는다. 오히려 구조가 창의성을 발휘할 수 있게 한다.

아리스토텔레스가 설득의 아버지라면, 시드 필드Syd Field는 시나리오 작법의 대부다. 《더 할리우드 리포터The Hollywood Reporter》에 따르면, 필드는 세계에서 가장 인기 있는 시나리오 선생이었다. 필드는 여러분이 좋아하는 거의 모든 영화의 기초가 되는 3막 구조를 발명하지는 않았지만, 그 구조가 좋은 이야기를 구성하는 기초임을 증명했다.

1막은 설정이다. 명칭에서 알 수 있듯이 시나리오의 1막은 등장인물을 소개하고, 이야기의 중심 전제를 펼쳐놓고, 등장인물이 사는 세계를 묘사하고, 주인공과 그 세계에 사는 다른 사람들 간의 관계를 만들어 이야기를 설정한다. 1막의 처음 몇 분은 영화뿐 아니라 비즈니스 프레젠테이션에서도 매우 중요하다. 첫 장면으로 관객을 사로잡아 그들이 나머지 이야기에 주의를 기울이도록 유도해야 한다.

2막은 갈등이다. 이야기 중간에 주인공은 시험에 빠지고, 꿈을 이루는 데 방해가 되는 악당, 장애물, 갈등을 만나게 된다. 이러한 장애물을 극복하면서 이야기가 전개되고 관객의 관심과 참여가 지속된다. 시나리오 작가인 아론 소킨Aaron Sorkin은 이 과정을 "의도와 장애의 제단에서 예배를 드리는 것"이라고 말한다. 누군가가 무엇을 원하면, 누군가는 그것을 방해한다. 시드 필드는 이를 아주 잘 표현했다. "갈등이 없으면 행동이 존재하지 않고, 행동이 없으면 등장인물이 존재하지 않으며, 등장인물이 없으면 이야기가 존재하지 않고, 이야기가 없으면 시나리오가 존재하지 않는다."[3]

3막은 해결이다. 마지막 3막에서 주인공은 문제에 대한 해결책을 찾고, 꿈을 이루고, 무엇보다 중요하게, 자신과 세상을 더 나은 방향으로 '변화'시킨다. 모험에서 돌아온 주인공은 보물을 얻게 되며, 보통 그 보물은 새로 발견한 지혜의 형태를 띤다.

이 3막 구조를 공식과 혼동하면 안 된다. 구조는 영화, 소설, 비즈니스 프레젠테이션 등 모든 형태의 좋은 이야기가 가진 구성을 드러내는 모델이다. 공식은 그 결과가 매번 동일하다는 것을 의미한다. 공식은 내용의 창의성을 저해하지만, 구조는 창의성을 발휘할 수 있게 해준다.

〈스타워즈〉는 전형적인 3막 구조의 이야기다. 3막 구조를 설명할 수 있는 성공적인 영화들이 많지만, 여기서는 대부분이 잘 알고 있는 영화 프랜차이즈를 예를 들어 설명하겠다. 1977년 조지 루카스George Lucas의 오리지널 작품인 〈스

타워즈: 새로운 희망 Star Wars: A New Hope〉을 살펴보자.

1막: 우리는 어린 농장 소년 루크 스카이워커에 대해 알게 된다. 모험이 시작되기 전에 루크가 사는 곳과 그의 삶이 어떤지 살펴본다. 우리는 루크의 희망, 꿈, 좌절 등, 먼 은하계에 살고 있지만 우리가 공감할 수 있는 특성을 파악해 가면서 루크라는 등장인물에 감정을 이입한다.

또 우리는 다스 베이더, 레아, 오비완 케노비, R2-D2, C-3PO 같이 루크의 모험에 동행하거나 루크를 방해하는 주요 등장인물도 만나게 된다. 한 솔로와 츄이는 2막 초반부에 등장한다.

이야기의 전제는 1막이 시작되고 10분 안에 드러난다. 반란군은 은하계에 평화를 가져오기 위해 사악한 제국을 무너뜨려야 한다. 다스 베이더는 데스 스타를 파괴하기 위한 지도를 R2-D2의 기억 장치에 교묘하게 숨겨 놓은 레아 공주를 생포한다.

2막: 루크는 레아 공주를 구출하고 지도를 선한 사람들에게 넘겨주겠다는 목표를 달성하는 데 방해가 되는 위협적인 장애물과 악당들을 끊임없이 만나게 된다. 다스 베이더, 스톰트루퍼, 쓰레기 속에 사는 흉측한 생명체와의 아슬아슬한 만남까지 그의 앞을 가로막는다.

3막: 루크(주인공)와 다스 베이더(적)의 마지막 결투가 펼쳐진다. 루크가 데스 스타를 파괴하고 은하계의 평화를 되찾는다. 루크와 그의 친구들은 반란군 연합을 도운 공로로 훈장을 받고, 다음 에피소드가 시작될 때까지 행복하게 살아간다.

넷플릭스, 유튜브, 아마존 프라임, 디즈니 플러스, 그 외에 여러분이 즐겨 찾는 OTT 서비스에서 찾아볼 수 있는 거의 모든 영화와 프로그램이 3막 구조를 그대로 따르는 것을 볼 수 있다. 종종 3막 구조에서 벗어나 작품 제작하기를 좋아하는 제임스 카메론 James Cameron 감독조차 3막 구조를 염두에 두고 글을 쓰기 시작한다고 한다(카메론 감독의 〈터미네이터〉는 코다$_{coda}$가 있는 5막 구조다). 카메론은 규칙을 어기기 전에 그 규칙을 이해하는 것이 좋다고 말한다. 그림 7은 어째서 3막 구조가 처음부터 끝까지 한 이야기의 여정을 만드는 데 적합한지 시각적으로 보여준다.

● 그림 7: 3막 구조

3막 구조를 프레젠테이션을 제작하기 위한 청사진으로 사용하려면 대부분의 이야기가 3막 구조를 따르지만, 3막 구조를 따른다고 해서 모두 좋은 이야기는 아니라는 사실을 알아야 한다. 평범한 이야기와 훌륭한 이야기의 차이는 이야기의 장면, 즉 '비트$_{beat}$'에 있다.

핵심 장면, 즉 **'비트'**는 이야기를 전개시키는 사건이다. 비트는 관객이 좋아하는 서스펜스, 긴장감, 흥분을 만들어낸다. 다음 네 가지 비트를 여러분의 제안서와 프레젠테이션에 넣는다면, 청중은 모든 단어에 집중할 것이다.

촉매제$_{Catalyst}$: 시나리오에서 보통 촉매제는 '선동적인 사건$_{inciting\ incident}$'이라 불리며, 그러한 사건은 현상 유지를 방해하고, 모험을 불러오고, 이야기를 전개시킨다. 로맨틱 코미디 작가들은 이러한 장면을 만드는 데 전문가다. 〈노팅힐〉의 애나(줄리아 로버츠)와 윌리엄(휴 그랜트)은 길모퉁이에서 우연히 마주친다. 윌리엄은 애나의 블라우스에 오렌지 주스를 쏟지만, 다행히도 그의 아파트가 근처에 있다. 둘 사이에 불꽃이 튀면서 모험이 시작된다.

프레젠테이션을 만들 때에는 항상 촉매제를 고려해야 한다. 그 아이디어를 향한 여러분의 열정에 불을 붙인 도화선은 무엇이었을까? 그건 여러분이 경험한 사건, 여러분이 직면한 문제, 여러분에게 영감을 준 멘토, 여러분이 읽은 책, 아니면 여행이었을지도 모른다. 하워드 슐츠$_{Howard\ Schultz}$는 밀라노의 한 카페를 방문했고, 그 경험은 그에게 스타벅스 사업에 대한 영감을 줬다. 여러분이 지금과 같은 방식으로 생각하게 된 계기가 있을 것이다. 그 촉매제를 여러분의 청중과 공유하자.

논쟁$_{Debate}$: 영웅들조차 의심을 품는다. 여정을 시작하기 전에 자기 성찰을 하거나 다른 등장인물들과 의논해야 한다. 변화는 두렵다. 대부분 사람이 현상 유지를 선호하기 때문에, 우리는 상황이 그대로 유지되기를 바라는 다른 사람들과 공감할 수 있다. 그러나 우리는 자신의 꿈을 좇기 위해 용기를 내고 모험의 삶을 추구하는 비범한 사람들을 보고 싶어 한다. 이 비트의 전형은 〈스타워즈〉에서 35분경에 등장한다. 루크 스카이워커는 도움을 요청하는 레아 공주의 멋진 홀로그램을 보았지만, 오비완 케노비와 함께 모험을 떠날 생각은 없다. 그러나 은하 제국의 엄청난 악을 목격하고는 마음을 바꾸게 된다. 그는 포스의 길을 배워서 그의 아버지처럼 제다이가 되기를 원한다. 이제 되돌릴 수 없다.

여러분은 모험을 떠나기로 결정하기 전에 의심의 순간이 있었는가? 더 중요하게는, 무엇이 여러분의 목표를 추구하는 데 필요한 자신감을 줬는가? 여러분이 목표한 바를 절대 이룰 수 없을 것이라고 말하며 여러분을 비판하고 반대하는 이들을 어떻게 극복했는가?

넷플릭스 공동 창립자 마크 랜돌프$_{Marc\ Randolph}$는 사람들에게 자신의 아이디어를 이야기했을 때 가장 많은 반응이 "그건 절대 안 될 겁니다"였다고 말했다. 랜돌프는 그 사람들의 말이 맞을지도 모른다고 생각하기 시작했다. 그러나 문제를 해결하고, 현실적인 문제에 직면하고, 해결책을 시험해 보려는 그의 열정이 계속해서 그에게 동기를 부여했다. 여러분도 비슷한 상황에 처한 적이 있을 것이다. 누군가에게 "그건 절대 안 될 거야"란 말을 들은 때가 있을 것이다. 이러한 내적 의심이나 비판을 어떻게 극복했는지가 이야기에 담겨야 할 중요한 장면이다.

재미와 게임 Fun and Games: 재미와 게임 비트는 시나리오나 비즈니스 프레젠테이션의 재미있는 부분이다. 이러한 비트는 쉽게 알아볼 수 있고, 긴장감을 해소해 준다. 주인공이 고군분투하는 모습만 계속해서 보고 싶지는 않을 것이다. 우리는 좀더 가벼운 장면을 갈망하기도 한다. 그러한 장면은 기발하거나 유쾌하거나 놀라운 모험을 담고 있다. 재미와 게임 비트는 모든 〈해리 포터〉 영화에 담겨 있다. 예를 들어, 호그와트에 도착한 해리는 그리핀도르 기숙사에 배정돼 성을 탐험하고 기숙사의 퀴디치 팀에서 활약한다.

청중 대부분은 비즈니스 프레젠테이션에 금방 지루함을 느낀다. 오락적 가치가 거의 없거나 전혀 없기 때문이다. 재미를 찾아보자. 사라 블레이클리Sara Blakely는 여성 의류 브랜드 스팽스SPANX 피칭에 성공한 비결로, 어떤 상황 속에서도 유머를 잃지 않는 자신의 능력을 꼽는다. 패션 분야에서의 경험도 없고, 경영대학원 학력도 없고, 저축한 돈도 5,000달러에 불과했던 블레이클리는 자신의 장래를 낙관하지 못했다. 그러다 하루는 파티 의상에 적절한 속옷을 찾지 못해 팬티스타킹의 발 부분을 잘라내 입게 되었는데, 그 모습이 무척 마음에 들었다. 블레이클리는 그 이야기와 함께 자금 조달과 회사 설립에 뛰어들었고, 그 과정에서 벌어진 여러 재미있는 일화를 내게 들려주었다. 그녀가 유머를 스팽스의 핵심 가치 중 하나로 꼽은 것은 놀라운 일이 아니다.

끝장All Is Lost: 이 비트가 담긴 장면은 내가 영화에서 가장 좋아하는 장면이며, 비즈니스 프레젠테이션에서도 마찬가지다. 영화 속 비운의 연인이 함께할 수 있다는 희망을 모두 잃는 장면이나, 〈스타워즈〉에 등장하는 영웅들이 분쇄 압축기에 끌려 들어가기 일보 직전의 장면이 그 예다. 주인공은 이루고자 하는 꿈과 아주 동떨어진 상황에 있으며, 최소한 그런 것처럼 보인다. 하지만 그들이 '영혼의 어두운 밤'에서 어떻게 빠져나오는지가, 영감을 줄 수 있는 이야기의 힘이 된다.

제임스 다이슨$_{\text{James Dyson}}$은 자신을 억만장자로 만들어준 제품, 먼지 봉투 없는 진공청소기를 최초로 개발하기까지 5,126번이나 '실패'한 경험담을 자주 이야기한다. 그에게는 승산이 없었다. 시간과 돈도 부족했다. 하지만 다이슨은 실패할 때마다 자신의 목표에 더 가까이 다가갈 수 있는 뭔가를 배웠다. 그가 얻은 교훈은 실패를 두려워할 것이 아니라 기꺼이 받아들여야 한다는 것이다.

> **✱ 개인 코칭 💡**
>
> 자신의 프레젠테이션을 생각해 보자. 내러티브에 포함할 수 있는 핵심 장면, 즉 비트를 찾아보자. 이러한 장면은 이야기를 계속 움직이고 청중을 몰입시킨다. 자신의 삶이나 사업에서 비트의 네 가지 범주에 해당하는 사건을 찾아보자.
>
> - 촉매제: _____
> - 논쟁: _____
> - 재미와 게임: _____
> - 끝장: _____

아직 첫날이다

지금까지 3막 구조와 좋은 이야기를 훌륭한 이야기로 만드는 비트를 살펴봤다. 이제 제프 베조스가 3막 구조를 어떻게 적용했는지 살펴보도록 하자.

코로나19 팬데믹으로 인해 제프 베조스는 2020년 7월 29일에 열린 의회 청문회에 직접 출석하지 못했다. 그러나 베조스가 2,700마일(약 4,345km) 떨어진 시애틀 사무실에서 원격으로 발언을 진행했는데도, 《월스트리트 저널》은

"고무적이고, 강력하며, 설득력 있었다"라고 평했다. 그러면서 베조스의 증언 중에서 350단어를 직접 인용하는 이례적인 행보를 보였다. 베조스는 아마존에 대한 많은 지표를 언급했지만, 매체가 발췌한 대목은 오직 그가 공유한 이야기뿐이었다. 보도에 따르면, 그 이야기는 "자리에서 일어나 환호하지 않을 수 없는" 것이었다. 또 CNBC 방송국의 한 앵커는 발언이 끝난 후 이렇게 말했다. "와, 정말 감동적이었어요. 정말 멋진 이야기예요." 청중은 여러분의 프레젠테이션 내용을 전부 기억하지는 못할 것이다. 그들은 여러분이 전달한 모든 정보와 데이터를 담아 두지도 않을 것이다. 그러나 여러분이 한 이야기는 분명 기억할 것이다.

미국 하원에서 진행된 베조스의 발언은 비트와 함께 작동하는 3막 구조의 훌륭한 예시 중 하나다. 다음 인용문은 모두 한 연설에서 나온 것으로, 베조스가 얼마나 이야기 구조를 철저하게 준수하는지를 보여준다.

로그라인. 저는 제프 베조스입니다. 저는 26년 전 세상에서 가장 뛰어난 고객 중심 기업을 만들겠다는 장기적인 사명을 갖고 아마존을 설립했습니다.[4]

[1막]

제 어머니 재키Jackie는 뉴멕시코주 앨버커키에서 열일곱 살 고등학생 신분으로 저를 낳았습니다. 1964년 당시 앨버커키에서 고등학생이 임신하는 것이 흔한 일은 아니었습니다. 어머니에게는 힘든 일이었죠. 학교에서 어머니를 쫓아내려고 했을 때 할아버지가 나서서 어머니를 도와주셨습니다. 협의 끝에 교장 선생님은 "학교에 남아 학업을 마칠 수는 있지만 과외 활동을 할 수 없고, 사물함도 사용할 수 없습니다"라고 말씀하셨죠. 할아버지는 그 제안을 받아들였고 어머니는 고등학교를 마쳤지만, 졸업장을 받기 위해 친구들과 함께 단상을 가로질러 걸을 수는 없었습니다. 학업을 계속해 나가기로 결심한 어머니는 야간 학교에 등록하고, 아이를 데리고 수업에 참여할 수 있게 해

주는 교수의 수업을 골라 수강했습니다. 어머니는 더플백$_{\text{duffel bag}}$ 두 개를 들고 학교에 나타나곤 했습니다. 하나는 교과서로 가득 찬 가방이었고, 다른 하나는 기저귀, 젖병 그리고 제가 몇 분 정도 조용히 갖고 놀 수 있는 것들로 가득 찬 가방이었죠.

제 아버지 성함은 미겔$_{\text{Miguel}}$입니다. 제가 네 살 때 저를 입양하셨습니다. 카스트로가 정권을 잡은 직후, 페드로 판 작전$_{\text{Operation Pedro Pan}}$의 일환으로 쿠바에서 미국으로 이주했을 당시 아버지는 열여섯 살이었습니다. 아버지는 홀로 미국에 도착하셨죠. 조부모님은 아버지가 이곳에서 더 안전할 것이라고 생각하셨어요. 할머니는 미국이 추울 거라고 생각해 수중에 있는 유일한 청소용 천으로 바느질해 만든 재킷을 입혀주셨습니다. 저희는 지금도 그 재킷을 갖고 있습니다. 부모님의 식탁 옆에 걸려 있지요. 아버지는 플로리다에 있는 난민 센터인 캠프 마테쿰베$_{\text{Camp Matecumbe}}$에서 2주 동안 머문 뒤, 델라웨어주 윌밍턴에 있는 한 가톨릭 선교 단체로 보내졌습니다. 운 좋게 선교 단체에 들어가긴 했지만, 아버지는 영어를 할 줄 몰랐고 쉬운 길을 갈 수 없었습니다. 그러나 강한 끈기와 결단력은 갖고 계셨죠. 아버지는 앨버커키에 있는 대학에서 장학금을 받게 됐고, 그곳에서 어머니를 만났습니다. 우리가 인생에서 얻게 되는 몇 가지 선물이 있는데, 제게 가장 큰 선물 중 하나는 바로 제 어머니와 아버지입니다. 두 분은 평생 저와 제 형제들에게 훌륭한 롤 모델이 돼주셨습니다.

부모님에게 배울 수 없는 것들을 조부모님으로부터 배울 수 있습니다. 저는 네 살부터 열여섯 살까지 텍사스에 있는 조부모님 목장에서 여름을 보내곤 했습니다. 제 할아버지는 1950년대와 60년대에 원자력 위원회$_{\text{Atomic Energy Commission}}$에서 우주 기술과 미사일 방어 시스템을 연구한 공무원이자 목장주였고, 자립심이 강하고 수완이 좋으셨습니다. 외딴곳에서는 뭔가 고장 났을 때 전화기를 들어 누군가에게 전화를 걸지 않습니다. 직접 고쳐야 하죠. 어렸을 때 저는 할아버지가 고장 난 캐터필러Caterpillar 불도저를 수리하거나 직접 수의사 일을 하는 등, 해결할 수 없는 것처럼 보이는 많은 문제를 직접 해결하는 모습을 지켜봤습니다. 할아버지는 어려운 문제에 도전하는 법을 제게 가르쳐 주셨습니다. 어려움이 닥치면 다시 일어나 한 번 더 시도하면 됩니다. 더 나은 곳으로 가는 길을 스스로 만들어 나갈 수 있습니다.

논쟁

당시 저는 뉴욕에 있는 한 투자 회사에서 일하고 있었습니다. 상사에게 퇴사한다고 말씀드렸더니, 상사는 저를 센트럴 파크로 데려가 긴 산책을 했습니다. 상사는 제 이야기를 한참 듣다가, 마침내 말했습니다. "제프, 좋은 아이디어라고 생각하네만, 아직 좋은 일자리를 얻지 못한 사람에게 더 좋을 법한 아이디어인 것 같군." 그는 최종 결정을 내리기 전에 이틀 정도 더 생각해 보라며 저를 설득했습니다. 머리가 아닌 가슴으로 내린 결정이었습니다. 여든이 돼 제 인생을 되돌아봤을 때 후회할 일은 만들고 싶지 않았어요. 그리고 우리가 후회하는 대부분은 시도하지 않은 일들이나 가보지 않은 길들이죠.

재미와 게임

저는 십 대 때 이러한 교훈을 마음에 새기며 차고 발명가가 됐습니다. 시멘트를 채운 타이어로 만든 자동문 닫힘 장치, 우산과 은박지로 만든 태양열 조리 기구, 형제들을 놀리기 위해 빵 굽는 팬으로 만든 경보기 등을 발명했습니다.

[2막]

아마존닷컴의 초기 창업 자금 대부분을 부모님께 지원받았습니다. 부모님은 평생 모은 재산 중 상당한 액수를 잘 알지 못하는 분야에 투자하셨어요. 두 분은 아마존이나 인터넷 서점이라는 개념에 돈을 건 게 아니었습니다. 아들에게 돈을 걸었던 것이죠. 저는 투자금을 잃을 확률이 70퍼센트라고 말씀 드렸지만, 두 분은 제 말에 아랑곳하지 않으셨습니다. 자금 100만 달러를 모으기까지 투자자들과 미팅을 50차례 넘게 가져야 했고, 회의를 할 때마다 가장 많이 받은 질문은 '인터넷이 뭐냐'는 것이었습니다.

전 세계의 다른 많은 국가와 달리, 우리가 살고 있는 미국이라는 위대한 국가는 위험을 감수하는 기업가를 지지해 주며, 비난하지 않습니다. 저는 안정된 직장을 그만두고 실패할 수 있다는 것을 충분히 이해한 상태로 시애틀의 한 차고로 들어갔고, 스타트업 창업에 뛰어들었습니다. 언젠가 우리도 지게차를 구입할 수 있을 거라는 꿈을 꾸면서 우체국에 소포를 직접 전달하던 때가 엊그제 같습니다.

아마존의 성공은 결코 예정된 것이 아니었습니다. 초창기 아마존에 투자하는 것은 매우 위험한 제안이었어요. 창업 후 2001년 말까지 누적 손실만 30억 달러에 달했고, 같은 해 4분기 중 단 한 분기도 흑자를 내지 못했습니다.[5]

끝장

눈치 빠른 분석가들은 반스 앤 노블(Barnes & Noble)이 아마존을 무너뜨릴 것이라고 예측하면서 '아마존닷토스트(Amazon.toast)'라는 낙인을 찍었습니다. 창업한 지 5년이 다 되어 가던 1999년, 《바론즈(Barron's)》는 '아마존닷봄(Amazon..bomb)'이라는 제목의 기사를 내보냈습니다. 2000년 제 연례 주주 서한은 한 단어의 문장으로 시작됐습니다. "어이쿠." 인터넷 버블이 정점에 달했을 때 아마존 주가는 116달러로 최고점을 찍었고, 버블이 깨진 뒤 주가는 6달러까지 떨어졌습니다. 전문가와 석학들은 저희가 파산할 거라고 생각했습니다. 저와 함께 기꺼이 위험을 감수하고 아마존의 신념을 고수하려는 많은 인재가 있었기에 아마존은 살아남을 수 있었고 결국 성공할 수 있었습니다.

[3막]

다행히 저희의 접근 방식이 효과를 내고 있습니다. 주요 독립 여론 조사에 따르면, 미국인 중 80퍼센트가 아마존에 대해 전반적으로 호감을 갖고 있는 것으로 나타났습니다. 미국인들은 '옳은 일을 하는 데' 있어 아마존보다 더 신뢰할 수 있는 대상으로 누구를 꼽았을까요? 2020년 1월 모닝 컨설트(Morning Consult) 설문조사에 따르면, 주치의와 군대 둘뿐이었습니다. 그리고 2020년 《포춘》이 선정한 세계에서 가장 존경받는 기업 순위에서는 2위를 차지했습니다(1위는 애플입니다). 저희는 고객들이 그들을 대신해 열심히 일하는 아마존을 알아봐 주고, 또 신뢰로 보답해 주는 것에 감사합니다. 그러한 신뢰를 얻고 유지하기 위해 노력하는 것이 아마존의 첫날 문화를 견인하는 가장 큰 원동력입니다.

여러분 대부분이 알고 있는 이 아마존이라는 회사는 미소가 그려진 갈색 상자에 담긴 온라인 주문 상품을 배송하는 회사입니다. 그곳이 우리의 출발점이고, 현재도 소매업은 전체 매출 중 80퍼센트 이상을 차지하는 가장 큰 사업 부문입니다. 고객들이 아마존에서 쇼핑을 하면 그들의 지역 사회에서 일자리를 창출하는 데 도움이 됩니다. 그 결과 아마존은 직원 100만 명을 직접 고용하고 있으며, 직원 중 상당수가 시간당 급여를 받는 초급 직원입니다. 저희는 시애틀과 실리콘 밸리에서 교육받은 고학력의 컴퓨터과학자와 경영학 석사들만 고용하지 않습니다. 아마존은 웨스트버지니아, 테네시, 캔자스, 아이다호 등 미국 전역에서 직원 수십만 명을 고용해 교육하고 있습니다. 이 직원들은 포장 작업자, 기계공, 공장 관리자로 일하고 있습니다. 직원 중 많은 이에게 아마존은 첫 직장입니다. 일부에게는 지금 일자리가 다른 경력을 쌓기 위한 디딤돌이며, 저희가 그들에게 그러한 도움이 될 수 있어 자랑스럽습니다. 아마존은 7억 달러가 넘는 자금을 투자해 10만 명이 넘는 아마존 직원이 의료, 운송, 기계학습, 클라우드 컴퓨팅과 같은 다양한 분야의 프로그램을 이용할 수 있도록 지원하고 있습니다. 그 프로그램은 커리어 초이스Career Choice라 불리며, 아마존에서 맡고 있는 업무와 관계없이 수요가 많고 임금이 높은 분야의 자격증이나 학위 취득을 위한 수업료 및 학비의 95퍼센트를 지원합니다.

발언 막바지, 베조스는 아마존의 기원설을 미국의 기업가 정신에 대한 은유로 사용한다. "아마존이 이 나라에서 탄생한 것은 우연이 아닙니다. 세상의 다른 어느 곳에서보다 이곳 미국에서 새로운 기업들이 시작하고, 성장하며, 번창하고 있습니다. 우리 미국은 수완과 자립을 포용하며, 밑바닥부터 시작하는 창업자들을 포용합니다. 그리고 오늘의 저를 겸손하게 만드는 이 어려움에도 불구하고, 저는 우리의 미래를 그 어느 때보다 낙관하고 있습니다."

베조스의 발언에는 설정, 갈등, 해결이 담겨 있다. 베조스는 모험이 시작되기 전에 먼저 자신이 살던 평범한 세상을 설정했다. 그는 평범한 세상에서 배운 가치들로부터 2막의 시험, 시련, 장애물, 도전에 직면해 나가는 데 필요한 교훈들을 배웠다. 그리고 3막에서 마침내 여러 어려움을 극복하고 세상을 변화시켰다.

> 제프 베조스는 아마존 이야기 중 재미와 게임 비트를 말할 때 특히 즐거워한다. 그는 청중에게 맞는 다양한 일화를 들려줄 수 있다. 다음의 두 가지 예를 살펴보자.
>
> 아마존이라는 발상이 처음 떠오른 건 1994년이었습니다. 웹 사용량이 매년 2,300퍼센트씩 증가하고 있다는 놀라운 통계를 접했거든요. 저는 그 성장세에 발맞춰 합리적인 사업 계획을 세워야겠다고 결심했고, 온라인에서 가장 먼저 판매할 최고의 상품으로 책을 선택했습니다. 친구에게 전화했더니, 그 친구가 자기 변호사를 소개해 줬습니다. 변호사가 전화로 이렇게 묻더군요. "법인 설립 서류에 어떤 회사명을 적길 원하는지 알려주세요." 저는 대답했죠. "카다브라Cadabra요. 주문 아브라카다브라abracadabra처럼요." 그는 "카다버요Cadaver?"('시체'라는 뜻이다_역주)라고 반문했고, 저는 '이거 안 되겠다' 싶었지요. 그래서 그냥 "일단 카다브라로 해주세요. 제가 나중에 바꾸겠습니다"라고 했습니다. 3개월 후 저는 이름을 지상에서 가장 큰 강인 아마존으로 변경했습니다. 지상에서 가장 큰 제품 셀렉션을 제공할 아마존으로 말이죠.[6]

> 첫 달에 저는 딱딱한 시멘트 바닥에 무릎을 꿇고 상자를 직접 포장하고 있었고, 제 옆에는 또 다른 사람이 무릎을 꿇고 있었습니다. 제가 말했죠. "우리에게 필요한 게 뭔지 알아요? 무릎 보호대! 무릎이 정말 너무 아파요." 그러자 옆에서 포장을 하던 사람이 대꾸하더군요. "포장 작업 테이블이 필요해요." 저는 생각했습니다. '지금까지 들어본 아이디어 중 가장 기발해!'라고. 다음 날 저는 포장 작업 테이블을 구입했고, 그 덕분에 생산성이 두 배로 향상됐습니다.[7]
>
> 유머는 긴장감을 풀어준다. 유머는 즐거움을 준다. 유머는 관계와 신뢰를 구축하는 데 도움을 준다. 여러분을 웃게 해주는 일화들을 찾아보자. 그러면 여러분의 청중도 그 이야기들을 즐길 것이다.

이야기를 연구하는 학생이 되어라

베조스는 유능한 이야기꾼이다. 왜냐하면 내러티브를 연구하기 때문이다. 다른 유명한 기업가들과 마찬가지로, 베조스 역시 아무리 뛰어난 기술과 탄탄한 비즈니스 모델도 이를 설득할 이야기가 없으면 큰 의미가 없다고 말해왔다. 베조스에게는 좋은 이야기를 볼 줄 아는 안목이 있다.

2017년, 아마존 스튜디오가 나아갈 방향을 진지하게 논의하는 회의에서 베조스는 아마존 스튜디오에서 제작할 오리지널 프로그램의 품질을 두고 불만을 표했다.

"상징적인 프로그램에는 기본적으로 공통점이 있습니다."[8] 그는 말했다.

회의에 참석했던 사람들에 따르면, 베조스가 서사시적 이야기를 구성하는 요소를 깊이 이해하고 있음을 알 수 있는 일이 뒤이어 일어났다. 베조스는 메모나 문서에 의지하지 않고 다음과 같은 스토리텔링 요소들을 열거했다. 그는 그 요소들을 모두 외우고 있었다.

- 성장과 변화를 경험하는 영웅적인 주인공
- 강력한 적수

- 소원 성취 (주인공은 초능력이나 마법과 같은 숨겨진 능력을 갖고 있음)
- 도덕적 선택
- 다양한 세계 구축 (다양한 지리적 환경)
- 다음 에피소드를 보고 싶은 절박한 욕구 (서스펜스가 연속되는 이야기)
- 문명의 위협 (외계인 침략이나 치명적인 전염병과 같은 인류를 향한 전 세계적 위협)
- 유머
- 배신
- 긍정적 감정 (사랑, 기쁨, 희망)
- 부정적 감정 (상실, 슬픔)
- 폭력

회의가 끝난 후 베조스는 스튜디오 임원들에게 개발 중인 프로젝트에 대한 정기적인 업데이트를 보내 달라고 요청했다. 업데이트에는 "각 프로그램의 스토리텔링 요소를 설명하는 스프레드시트가 포함돼야 했고, 한 요소라도 누락된 경우 그 이유를 설명해야 했다."[9]

아마존 오리지널 프로그램의 스토리텔링 품질이 향상되기 시작했고, 아마존 스튜디오는 존 크래신스키John Krasinski가 주연한 스파이 스릴러 〈톰 클랜시의 잭 라이언Tom Clancy's Jack Ryan〉과 같은 전 세계적인 히트작을 탄생시켰다.

아마존 프라임 비디오Amazon Prime Video는 200개가 넘는 국가에서 이용 가능하다. 〈잭 라이언〉과 같은 프로그램은 전 세계 시청자의 참여를 유도하기 위해 세심하게 다듬은 스토리텔링을 특징으로 한다. 모든 에피소드에서 베조스가 제시한 12가지 요소를 각각 찾아볼 수 있다. 주인공 잭 라이언은 무명의 영웅으로, 자신의 트라우마를 다루는 평범한 분석가다. 이 드라마의 제작자는 주인공을 초인으로 만드는 것을 의도적으로 피했다. 소박하고 겸손한 캐릭터에 더 공감할 수 있도록 하기 위함이었다. 대신 라이언이 마주할 악당에 대해서는 더 많은 고민을 했다. "어떤 이야기를 할 때, 영웅은 그가 마주하게 될 적수에 상응하는 능력을 갖게 됩니다. 저희는 복잡하고 입체적인 적수를 만들어내는 데 많은 시간과 에너지를 쏟았습니다."[10]

효과적인 이야기 구조가 얼마나 빨리 시청자를 몰입시킬 수 있는지 알고 싶다면, 〈잭 라이언〉 시즌 1의 파일럿 에피소드를 시청해 보길 바란다. 1시간 분량의 텔레비전 드라마는 일반적으로 다섯 파트로 구성되지만, 이 다섯 파트 역시 여전히 3막 구조에 포함된다.

파일럿 에피소드는 충격적이거나 놀라운 장면이 담긴 티저$_{teaser}$로 시작해 시청자의 시선을 사로잡고 놓아주지 않는다. (나는 이 장 첫머리에 놓인 가상의 베조스 시나리오에서 헬리콥터 추락 사고를 티저로 선택했다.)

티저에 이어 시청자는 드라마의 주인공을 만나게 된다. 〈잭 라이언〉의 파일럿 에피소드에서는 나머지 8부작 시리즈에 등장하는 주요 등장인물 대부분을 만나볼 수 있다. 심지어 라이언의 새로운 CIA 상사가 회의실로 들어와 "돌아가면서 해보죠. 자기소개를 하고 어떤 일을 하는지 말씀해 주세요"라고 말하는 장면도 있다. 또 우리는 영웅의 가치관에 대해서도 좀더 알게 된다. 한 장면에서는 라이언이 돈보다 자신의 원칙을 내세우면서 내부자 거래 계획을 따르기를 거부한다.

〈잭 라이언〉의 2막에서는 격렬한 말다툼부터 기습 공격, 무시무시한 전투까지 다양한 대립 구도가 펼쳐진다.

이어지는 3막에서 라이언은 상사와의 관계나 테러리스트 심문 기지에서의 죽을 고비 같은 여러 갈등을 해결해 나간다.

그리고 모든 것이 끝났다는 생각이 들 때쯤, 모든 에피소드가 손에 땀을 쥐게 하는 장면으로 끝을 맺는다.

모든 서사시적 이야기는 일정한 구조를 따르고 있지만, 그 구조에 담긴 이야기는 앞서 살았고, 앞으로 살아갈 사람들의 수만큼이나 다양하다. 누구에게나 이야기가 있다. 여러분에게도 이야기가 있고, 그 이야기는 들을 만한 가치가 있다.

다음 장에서는 아이디어 하나로 시작해 오늘날 총 3,200억 달러에 달하는 기업 가치를 달성한 기업가 네 명의 이야기를 들어볼 것이다. 각 기업가가 어떻게 3막 구조의 기원설 작법을 배우게 됐는지 확인하게 될 것이다. 모든 기업가와 리더는 설득력 있게 이야기하는 법을 배워야 한다. 여러분의 청중은 이야기와 연결돼 있다. 그들은 이야기를 갈망한다. 그리고 그들은 자신의 상상력을 불타오르게 할 이야기를 가져다줄 여러분을 기다리고 있다.

● THE BEZOS BLUEPRINT ●

8장

기원설

효과적인 스토리텔링을 하기란 쉽지 않다.
하지만 성공한다면 사피엔스에게
엄청난 힘을 부여해줄 것이다.
낯선 사람 수백만 명이 공동 목표를 향해 협력하고
일할 수 있게 만들기 때문이다.

_ 유발 노아 하라리 Yuval Noah Harari

스토리텔링은 인류의 발전에 중요한 역할을 한 신뢰 구축의 기술 중 하나다.

유발 노아 하라리Yuval Noah Harari는《사피엔스Sapiens》에서 "신뢰 없이는 무역이 존재할 수 없으며, 낯선 사람을 신뢰하기란 매우 어렵다"고 말한다.[1] 그는 또 이렇게 설명한다. "이야기는 가족이나 집단 안에서 우리를 하나로 묶어주는 접착제이며, 대규모로 유연하게 협력할 수 있는 전례 없는 능력을 사피엔스에게 부여했다. 이것이 바로 사피엔스가 세계를 지배하게 된 이유다."

인류학자들은 우리 조상들이 하루 종일 사냥과 채집 활동을 하고 난 뒤 모닥불 주위에 모였을 때, 그 시간의 80퍼센트를 이야기를 나누는 데 썼다고 말한다. 스토리텔링 기술을 마스터한 남녀는 부족민들 사이에서 널리 존경받았고 부족의 리더로 간주되는 경우가 많았다. 이야기꾼은 스토리텔링을 통해 사람들의 신뢰를 얻고, 행동에 영향을 미치고, 협력을 장려하고, 공통 가치를 기반으로 한 강력한 문화를 구축했다.

놀랍게도 가장 오래된 것으로 알려진 길가메시Gilgamesh 이야기부터 가장 존경받는 브랜드의 창립 신화에 이르기까지 거의 모든 서사시적 이야기는 조셉 캠벨Joseph Campbell의 《영웅의 여정The Hero's Journey》에 설명돼 있는 단계를 따른다. 신화학 교수인 캠벨은 시대와 문화를 초월한 영웅 이야기가 비슷한 주기를 따른다는 사실을 발견했다. 그는 이러한 공통 여정을 영웅 이야기의 표준 템플릿, '단일신화monomyth'라고 불렀다. 잭 라이언에서 해리 포터, 캣니스 에버딘Katniss Everdeen, 루크 스카이워커에 이르는 현대 영화의 영웅들처럼 고대 문헌의 영웅들도 그 여정을 따랐다.

캠벨이 이 공식을 발명하지는 않았다. 그는 공식을 발견한 것이다.

영웅의 여정은 기업가 대부분의 성공 사례와 완벽하게 일치한다. 영웅은 평범한 세상에 살다가 모험(문제, 도전, 아이디어)으로의 부름을 받게 된다. 그들은 여러 의심과 회의론자들에 직면하고, 또 미지의 세계에 맞설 수 있도록 단련시키는 멘토를 만나기도 한다. 길이 열리고 수레바퀴가 굴러가는 순간, 영웅들은 결국 문턱을 넘고 만다. 그들은 현재의 안락하고 안전한 집을 떠나 모험을 시작한다. 여정 중에 그들은 시험, 장애물, 동료, 적들을 만나게 된다. 그들의 시련은 점점 더 심해진다. 죽을 고비를 넘기기도 하고, 혼돈에 빠지기도 하고, 바닥을 치기도 한다. 하지만 캠벨이 말했듯이 영웅은 비틀거리며 걸을 때 진정한 보물, 즉 꿈을 이룰 수 있는 비결을 발견한다. 위험에서 벗어난 영웅은 승리를 거머쥐고 경험을 통해 변화한다. 무엇보다 중요한 것은, 영웅들은 다른 사람들에게 도움이 되는 교훈이나 보물과 같은 '묘약'을 갖고 모험에서 돌아온다는 것이다.

제프 베조스와 같은 숙련된 커뮤니케이터들의 연설이나 프레젠테이션을 주의 깊게 들어 보면 영웅의 여정과 관련된 거의 모든 단계를 발견하게 될 것이다.

베조스는 뉴멕시코주 앨버커키의 평범한 가정에서 태어났고, 태어날 당시 그의 어머니는 아직 어린 고등학생이었다. 야심 찬 소년이 된 베조스는 성공하는 데 필요한 가치를 가르쳐 주는 멘토인 할아버지를 만나게 된다. 베조스는 인터넷이 매년 2,300퍼센트씩 성장하고 있다는 사실을 알게 되면서 모험으로의 부름을 받게 된다. 그는 자신의 꿈을 포기하라고 말하는 상사를 통해 의심을 마주하게 된다. 베조스는 아내 매켄지McKenzie와 함께 차를 타고 시애틀로 가면서 말 그대로 문턱을 넘게 된다. 그는 닷컴 붕괴가 아마존의 가치를 상당 부분 앗아가면서 죽을 고비를 넘기고 겨우 살아나는 경험을 했다. 하지만 그러한 시련 속에서도 그는 회사의 성장을 촉진하는 아이디어(클라우드 서비스를 제공하고 제3자 판매자에게 플랫폼을 개방하는 것)를 생각해 낸다. 심지어 그는 '묘약'까지 갖고 돌아온다. 미국 하원 청문회 증언에서, 베조스는 마지막으로 이렇게 말했다. "전 세계가 미국이라는 나라에 있는 묘약을 한 모금만이라도 맛보고 싶을 겁니다. 제 아버지와 같은 이민자들은 이 나라가 얼마나 보물 같은 곳인지 잘 알고 있습니다."

스토리텔링은 우리가 하는 행위가 아니다. 이야기꾼이 곧 우리 자신이다.

스토리텔링에 능한 기업가들은 영웅의 여정을 이해하지만, 각 단계를 모두 거쳐야 한다는 의무감을 느끼지는 않는다. 캠벨은 영웅의 여정을 17단계로 구분했다. 이후 1990년대 들어 디즈니의 시나리오 작가인 크리스토퍼 보글러Christopher Vogler가 캠벨의 17단계를 12단계로 요약해 할리우드 영화 제작자들이 더 쉽게 따를 수 있는 템플릿으로 만들었다.

영웅의 여정은 시나리오 작성부터 비디오 게임 제작에 이르는 모든 것에 영감을 주지만, 이야기꾼이라면 누구나 신화 구조를 자기에게 맞춰 조정할 수 있다. 단계를 건너뛰거나 재배치할 수도 있다. 스토리텔링 목적이 비즈니스 관련이라면, 영웅의 여정에서 말하는 단계와 관계없이 중요한 내러티브는 여전히 3막으로 구성된다는 점을 기억하는 것이 중요하다. 영웅의 여정은 3막 구조에 복잡한 인물의 변화 또는 내적 여정을 '덧씌운' 것이다.

여러분이 이야기를 전개해 나가기 위해 영웅의 여정에서 장면을 훔쳐오고 싶다면, 아주 좋다. 꼭 기억해야 할 점은 청중은 이야기를 갈망한다는 것 그리고 3막 구조는 청중이 좋아하는 템플릿이라는 것이다.

이 장의 나머지 부분에서는 성공한 기업가들이 고객을 교육하고, 자금을 모으고, 아이디어를 제안하고, 신뢰를 구축하고, 청중을 감동시키기 위해 공개적으로 이야기한 영웅의 여정 예시들을 소개한다. 이야기는 달라져도, 그 구조는 동일하게 유지된다는 사실을 확인하게 될 것이다.

골리앗, 다윗을 만나다

1막: 마크와 리드는 카풀로 함께 출근했다. 연쇄 창업가인 마크는 운전을 하면서 리드에게 맞춤형 개 사료, 맞춤형 샴푸, 맞춤형 서핑 보드와 같은 아이디어를 제안했다. 리드는 모든 제안을 거절했다. 한 가지만 제외하고.

1997년 1월, 리드는 비디오 대여점인 블록버스터$_{Blockbuster}$가 〈아폴로 13〉의 비디오 테이프에 연체료 40달러를 부과한 것에 짜증이 나 있었다.

"연체료가 없다면 어떨까?"[2] 그는 큰 소리로 물었다.

바로 그 질문과 함께 넷플릭스의 아이디어가 탄생했다. 하지만 이 두 기업가는 모험을 시작하면서 엄청난 장애물에 맞닥뜨리고 죽을 고비를 넘기기도 했다.

2막: 마크 랜돌프$_{Marc\ Randolph}$와 리드 헤이스팅스$_{Reed\ Hastings}$는 얼마 지나지 않아 비디오 테이프를 우편으로 보내려면 비용이 너무 많이 든다는 사실을 알게 됐다. 다행히 DVD라는 새로운 발명품이 등장하면서 우편 발송 비용이 낮아졌다. 1998년 5월, 마크와 리드는 세계 최초의 온라인 DVD 대여점인 넷플릭스$_{Netflix}$를 시작했다.

2년 후 위기가 닥쳤다. 가입자가 30만 명에 불과했던 넷플릭스는 적자에 시달리고 있었다. 2000년에만 5,700만 달러의 손실을 기록했다. 닷컴 붕괴로 인해 추가 자금원도 점점 고갈돼 가고 있었다. 결국 두 기업가는 자존심을 버리고 블록버스터와의 만남을 추진했다.

블록버스터는 넷플릭스보다 천 배나 더 큰 규모의 기업이었다. 블록버스터의 CEO 존 안티오코$_{\text{John Antioco}}$를 만나게 될 동굴 같은 회의실로 들어가면서, 리드는 그 사실을 마크에게 상기시켰다.

리드가 프레젠테이션을 시작했다. 블록버스터가 넷플릭스를 5,000만 달러에 인수하면, 넷플릭스가 합병 회사의 온라인 부문을 운영할 수 있다는 제안이었다. 마크는 안티오코가 웃음을 참으려고 안간힘을 쓰고 있다는 것을 알 수 있었다. 회의는 순식간에 엉망이 되고 말았다. 낙담한 마크와 리드는 캘리포니아로 돌아가는 비행기에 몸을 실었다. 헤어지기 전에 마크는 리드를 향해 이렇게 말했다. "블록버스터는 우리를 원하지 않아. 이제 해야 할 일이 분명해졌어. 우리가 그들을 혼내주는 거야."

골리앗, 다윗을 만나다.

3막: 두 기업가는 현실에 안주하던 블록버스터를 상대로 승리를 거뒀다. 블록버스터 문화에서는 혁신을 강조하지 않았기 때문에 스트리밍이라는 새로운 엔터테인먼트 소비 방식에 적응하지 못했다. 반면에 넷플릭스는 DVD 우편 배송 사업에서 190개국의 가입자 2억 명을 보유한 인터넷 스트리밍 서비스로 피벗$_{\text{pivot}}$했다. 또한 넷플릭스는 전 세계 TV 프로그램과 영화를 대표하는 제작사가 됐다.

넷플릭스의 3막 이야기를 말하는 데에는 3분 정도가 소요된다. 그러나 이이야기가 전부는 아니다. 결코 아니다. 랜돌프가 한 번도 성공한 적 없는 아이디어를 연구하는 데 쏟은 시간은 이야기에 담기지 않았다. 수개월에 걸쳐 이뤄진 분석, 수백 시간에 걸쳐 주고받은 토론, 회사 출범 전에 진행한 마라톤 회의도 포함되지 않았다.

"전체적으로 이야기가 좀 뒤죽박죽이기는 하지만, 모든 걸 다 말하면 사람들의 눈이 반짝일 겁니다."[3] 내가 캘리포니아 샌타크루즈$_{\text{Santa Cruz}}$에 있는 랜돌프를 방문했을 때, 그는 이렇게 말했다. "실리콘 밸리는 멋진 기원설$_{\text{Origin Story}}$

을 좋아합니다. 투자자, 이사회 멤버, 기자, 대중 모두 좋아하죠. 그러한 감정에 호소하는 진실된 이야기를 갖고 있다는 것은 큰 장점입니다. 거대 기업을 무너뜨리고자 할 때 회사 설립 이야기를 300페이지 분량의 책으로 엮을 수는 없는 일이죠. 서너 개의 짧은 문단에 맞는 이야기가 돼야 합니다. 리드가 자주 반복해 이야기하는 기원설은 그야말로 최고의 브랜딩이죠."

넷플릭스의 기원설은 간결하고, 명확하고, 인상적이다. 그 이야기에는 넷플릭스의 비전, 혁신, 회복 탄력성의 정수가 담겨 있다. 넷플릭스의 기원설은 리드와 마크가 수년 동안 고객, 투자자, 파트너들이 그들의 비전을 지지하도록 설득하는 데 사용한 내러티브다.

백 번의 거절, 400억 달러가 되다

1막: 호주 퍼스에 있는 대학에 다닐 때, 멜라니 퍼킨스Melanie Perkins는 부수입을 올리기 위해 어도비 포토샵Adobe Photoshop을 배웠다. 학생들은 기초를 쌓는 데 어려움을 겪었다. 어도비 포토샵이라는 소프트웨어는 비싸고 복잡했다. 2007년, 퍼킨스는 누구나 쉽게 디자인을 할 수 있는 웹 기반 서비스를 시작하면 어떨까 생각했다. 바로 그 순간 캔바Canva의 아이디어가 태어났다.

2막: 캔바는 실리콘 밸리에서 수천 마일 떨어진 곳에 기반을 두고 있었다. 투자자들이 접근하기 어려웠을 뿐 아니라 관심도 부족했다. 퍼킨스는 투자자 백 명에게 아이디어를 제안했지만 모두 그 제안을 거절했다. 하지만 그녀는 그들의 거절에 굴하지 않았다.

기억에 남는 한 행사에서, 퍼킨스는 취미로 카이트서핑kitesurfing을 즐기는 잠재적 투자자들을 만나기 위해 카이트서핑을 배우기도 했다. 2013년 5월, 그녀는 리처드 브랜슨Richard Branson이 영국령 버진아일랜드의 개인 섬에서 주최한 대회에서 사업 설명회를 할 수 있는 기회를 얻었다. 그 섬에서는 많은 투자자가 카이트서핑을 즐기고 있었다. 어느 날 아침 그녀는 서핑 대열에 합류했지만 항로를 벗어났고, 30피트 길이의 돛이 꺾이면서 좌초되고 말았다. 산호초와 부딪히는 고통 속에 몇 시간이나 구조되기만을 기다리는 와중에도, 퍼킨스는 6년 전 창업한 회사의 성장을 위해서라면 그만한 위험쯤은 감수할 가치가 있다고 스스로를 다독였다.

퍼킨스가 자주 공유하는 카이트서핑 이야기는 그녀의 핵심 가치인 끈기와 근성을 드러내고 그 이야기의 주인공인 그녀를 움직이는 원동력이 무엇인지 알려준다. 또 내러티브 사이사이에 '재미와 게임'과 관련된 요소들도 담겨 있다.

3막: 3막에서 퍼킨스는 투자자들이 스타트업의 존재 이유를 이해하지 못해 투자를 꺼린다는 사실을 알게 되고, 그 어려움을 해결하기 위한 방책을 찾는다. 퍼킨스의 사업 제안은 아이디어가 나오게 된 이유보다 캔바의 작동 방식을 설명하는 데 너무 많은 시간을 할애했기 때문에 백 번 이상 거절당했다. 그녀에게는 1막이 없었던 것이다.

퍼킨스가 아이디어의 출발점, 즉 크리에이터들이 기존 디자인 도구를 사용하면서 느꼈던 불만을 공유하기 시작하자, 모든 것이 바뀌었다. 그녀는 내게 전했다. "많은 사람이 포토샵이나 디자인 툴에 당황해본 경험이 있을 겁니다. 그 부분을 이야기하는 게 중요해졌습니다. 특히 투자자들에게요. 그러한 문제점을 이해하지 못하면 고객들이 왜 저희 솔루션을 필요로 하는지도 이해하지 못할 것이기 때문이죠. 그 이야기가 많은 걸 변화시켰어요."[4]

퍼킨스는 디자인을 대중화하고자 하는 사명과 새롭게 재구성한 설명 자료를 바탕으로 투자자들을 설득해 자신의 아이디어를 관철시켰다. 배우 우디 해럴슨Woody Harrelson과 오웬 윌슨Owen Wilson이 열렬한 지지자가 됐고, 전 애플 에반젤리스트evangelist인 가이 가와사키Guy Kawasaki도 투자에 동참했다. 2019년, 8,500만 달러의 투자로 캔바는 32억 달러에 달하는 기업 가치를 달성했다.

그리고 이는 시작에 불과했다. 2021년에는 2억 달러의 대규모 투자를 유치했고, 캔바는 400억 달러 규모의 회사로 성장했다. 현재 퍼킨스는 여성이 설립하고 이끄는 스타트업 중 세계에서 가장 가치가 큰 기업의 소유자다. 190개국의 5,000만 명이 넘는 활성 사용자와 함께, 그녀는 전 세계의 디자인 역량을 강화하겠다는 사명을 실현하고 있다.

여행의 대변혁

1막: 디자인 학교 동문인 브라이언과 조는 엄청나게 비싼 샌프란시스코 아파트 비용을 충당할 방법을 찾고 있었다. 그러던 중 그들은 2007년에 기회를 발견했다. 국제 디자인 콘퍼런스가 열릴 예정이었고, 지역의 모든 호텔은 만실이었다. 두 사람은 재빨리 웹 사이트를 만들어 참석자들에게 그들의 아파트에 있는 에어 매트리스를 빌려준다고 밝혔다. 그리고 디자이너 세 명이 그들의 제안을 받아들였다.

브라이언과 조가 이 아이디어를 사람들에게 말했을 때 그들은 정신 나간 소리 같다고 생각했다. 그들은 "낯선 사람들이 서로의 집에 묵을 리가 없잖아요"라고 말했다. 그런데 첫 주말에 예상치 못한 일이 벌어졌다. 브라이언과 조는 게스트들을 타 지역에서 온 오랜 친구처럼 대하며, 그들끼리는 결코 경험할 수 없었을 샌프란시스코만의 독특한 모습을 보여줬다. 게스트들은 이방인으로 그 지역에 왔지만, 마치 현지인이 된 것 같은 기분을 느꼈다.

그 경험은 브라이언과 조에게도 특별한 인상을 남겼고, 에어비앤비(Airbnb)에 대한 아이디어가 탄생했다.

2막: 플랫폼을 설계하기 위해, 소프트웨어 엔지니어 네이트 블레차르지크(Nate Blecharczyk)가 브라이언 체스키(Brian Chesky), 조 게비아(Joe Gebbia)의 팀에 합류했다. 하지만 이 세 창업자는 더 큰 디자인 문제에 직면하고 만다. '어떻게 하면 낯선 사람들이 서로의 집에 편안한 마음으로 머물 수 있을까?' 핵심은 신뢰였다. 그들이 설계한 솔루션은 호스트와 게스트 프로필, 통합 메시지 시스템, 양방향 후기, 신뢰할 수 있는 기술 플랫폼을 통한 보안 결제 기능을 결합시키는 것이었다. 결국 그들의 아이디어는 그 당시에는 상상조차 할 수 없었던 전 세계 규모의 호스팅으로 이어졌다.

3막: 오늘날에는 주택이나 아파트를 공유하는 일이 그리 이상해 보이지 않는다. 현재 400만 명이 넘는 호스트가 방 한 칸부터 고급 빌라에 이르는 다양한 숙소를 짧게는 하룻밤, 길게는 몇 달 동안 게스트에게 제공하고 있다. 에어비앤비 호스트는 전 세계 220개 이상의 국가와 지역에서 8억 2,500만 명 이상의 게스트를 맞이했으며, 총 1,100억 달러에 달하는 수입을 올렸다.

에어비앤비는 전 세계적으로 주택 공유를 활성화해 여행의 새로운 범주를 개척했다. 에어비앤비 게스트는 관광객처럼 여행하고 이방인이 된 듯한 기분을 느끼는 대신에, 전 세계 약 10만 개 도시의 사람들이 사는 동네에서 진정한 경험을 쌓고, 현지인처럼 생활하며, 현지인들과 함께 시간을 보낼 수 있다.

에어비앤비는 호스트와 게스트를 위해 세상을 변화시켰고, 창업자들의 삶도 변화시켰다. 브라이언, 조, 네이트의 기업 가치는 현재 총 300억 달러에 달한다.

에어비앤비의 공동 창업자이자 CEO인 브라이언 체스키Brian Chesky는 능숙한 이야기꾼이다. 나는 샌프란시스코 북부의 한 고급 리조트에서 열린 벤처캐피털 행사에서 연설한 적이 있다. 당시 체스키도 연사 중 한 명이었다. 그는 영웅의 여정에 대해 이야기했고, 사람들이 그들만의 이야기를 쓰기 위한 경험을 하는 데 에어비앤비가 어떤 도움을 줬는지 설명했다.

벤처캐피털 회사 안드리센 호로위츠Andreessen Horowitz의 파트너 제프 조던Jeff Jordan은 처음 에어비앤비에 대해 들었을 때 '가장 멍청한 아이디어'라고 생각했다. 하지만 그건, 에어비앤비의 뒷이야기와 인상적인 유추로 그의 마음을 사로잡은 체스키를 만나기 전의 이야기였다. 체스키는 "이베이eBay가 물건을 위한 시장이라면, 에어비앤비는 공간을 위한 시장"이라고 설명했다. 조던은 고백한다. "저는 29분 만에 철저한 회의론자에서 완전한 신봉자로 바뀌고 말았습니다. 위대한 창업자라면 누구나 정말 훌륭한 이야기를 할 줄 알죠."

조던은 체스키의 내러티브 형식의 피칭을 듣고 '깜짝' 놀랐다. 체스키는 처음, 중간, 끝이 있는 드라마틱한 줄거리로 창업 이야기를 엮어내는 능력을 갖고 있었다. 그의 이야기에는 기복, 긴장, 안도 그리고 그 모든 것을 하나로 결합시키는 설득력 있는 비전이 담겨 있었다. 체스키가 제안한 이야기는 2020년 12월 에어비앤비가 상장하면서 그 결실을 맺었다. 현재 에어비앤비는 200개가 넘는 국가에 진출해 있으며, 약 150억 달러의 순자산을 보유하고 있는 체스키는 이제 더 이상 월 임대료를 걱정하지 않아도 된다.

100단어로 설명하는 기원설

기원설Origin Story은 3막 구조를 따라야 하지만, 그 길이가 꼭 길어야 할 필요는 없다. 예를 들어, 와비 파커Warby Parker는 기존 안경 산업을 혁신하겠다는 비전을 가진 기업가들이 2010년에 설립한 회사다. 이 회사에서 안경을 주문하면 케이스 안에 안경닦이가 들어 있다. 그 천에는 회사 로고 대신 이야기가 적혀 있는데, 그 이야기는 100자 이내로 간결해서 천에 딱 맞는다.

> 옛날 옛적에 한 청년이 비행기에 안경을 두고 내렸다. 그는 새 안경을 사려고 했다. 하지만 새 안경은 너무 비쌌다. "큰돈을 들이지 않고 멋진 안경을 사는 게 왜 이렇게 어려운 걸까?" 그는 궁금했다. 그 청년은 학교로 돌아와 친구들에게 말했다. 한 친구는 "합리적인 가격에 멋진 안경을 판매하는 회사를 창업하자"고 말했다. 다른 친구는 "안경을 재미있게 쇼핑할 수 있게 해야 해"라고 말했다. 또 다른 친구는 "안경을 하나 판매할 때마다 도움이 필요한 사람에게 하나씩 나눠주자"고 말했다. 유레카! 이렇게 해서 와비 파커가 탄생했다.[5]

1막은 설정이다. 우리의 주인공은 비행기에 안경을 두고 내린다.

2막은 갈등, 즉 문제점이다. 주인공은 새 안경이 비싸다는 사실을 알게 된다. 그래서 그는 문제를 해결하고 다른 사람들이 모험에 동참하도록 유도하기 위해 탐색을 시작한다.

3막은 해결이다. 주인공과 동료들은 안경을 재미있고 저렴하게 쇼핑할 수 있는 회사를 설립하고 더 나은 세상을 만들기 위해 노력한다.

설거지를 하거나, 안경에 묻은 얼룩을 닦거나, 미니 당근 여섯 개를 꼭꼭 씹어 먹는 데 걸리는 시간보다 더 짧은 시간 내에 와비 파커의 역사 전체를 읽을 수 있다.[6]

와비 파커 웹 사이트를 방문하면 세부 사항과 설명이 추가로 담긴 확장된 버전의 이야기를 확인할 수 있다. 예를 들어, 안경을 잃어버린 창업자 닐 블루멘탈$_{Neil\ Blumenthal}$은 대학원 첫 학기를 실눈을 뜬 채 불평하며 보냈다. 나머지 공동 창업자들도 비슷한 경험을 했고, 큰돈을 들이지 않고 좋은 안경테를 찾기가 얼마나 어려운 일인지 알고 충격을 받았다. 이 이야기는 안경업계의 제품 가격이 왜 그렇게 높은지 설명하는 내용으로 이어진다. 또 도움이 필요한 사람들에게 안경을 무료로 나눠주는 '하나 사고, 하나 기부하기$_{get\text{-}a\text{-}pair,\ give\text{-}a\text{-}pair}$' 프로그램에 대한 정보도 포함되어 있다. 이러한 세부 정보는 재미있기는 하지만 모든 고객에게 필요한 정보는 아니다. 보통은 100단어 길이의 이야기만으로도 고객과의 신뢰를 쌓을 수 있다.

★ 개인 코칭 💡

기원설을 만들어 보자. 스타트업 기업은 모두 하나씩 갖고 있다. 대기업들도 하나씩 갖고 있다. 여러분은 어떤 기원설을 갖고 있는가? 어떤 사람, 사물, 사건이 여러분의 핵심 아이디어에 불을 붙였는가? 3막으로 이야기를 구성해 보자.

1막에서는 모험을 시작하기 전의 삶에 대에 이야기하자. 아이디어의 촉매제 역할을 한 문제나 사건은 무엇이었는가? 2막에서는 여러분이 직면했던 도전에 대해 이야기해 보자. 여러분이 원하는 보물을 찾는 데 어떤 장애물이 있었는가? 상황이 얼마나 절박했는지 청중에게 상기시켜 긴장감을 조성해 보자. 3막에서는

> 해결책을 공개하자. 장애물을 어떻게 극복하고 역경을 어떻게 성공으로 바꿔 놨는가? 어떤 교훈을 얻었고, 그 경험을 통해 여러분 자신, 회사, 세상을 어떻게 더 나은 방향으로 변화시켰는가?
>
> 청중은 깔끔하게 포장된 기원설을 원한다. 그리고 여러분은 그러한 이야기를 갖고 있다.

여러분은 자신만의 가치관이 반영된 고유한 이야기를 갖고 있다. 가능한 한 자주 여러분의 이야기를 공유해 보자. 고객, 투자자, 직원, 파트너가 회사의 이야기를 알고 있을 것이라고 생각해서는 안 된다. 여러분은 그 이야기를 말하는 것이 지겨울 수 있지만, 다른 이들은 그 이야기를 듣고 싶어 할 것이다.

스토리텔링은 아마존 문화에 깊이 뿌리박혀 있다. 다음 장에서는 베조스가 어떻게 내러티브를 아마존의 경쟁력으로 삼아, 회사 역사상 가장 혁신적인 시기를 열어 나갔는지 살펴볼 것이다.

THE BEZOS BLUEPRINT

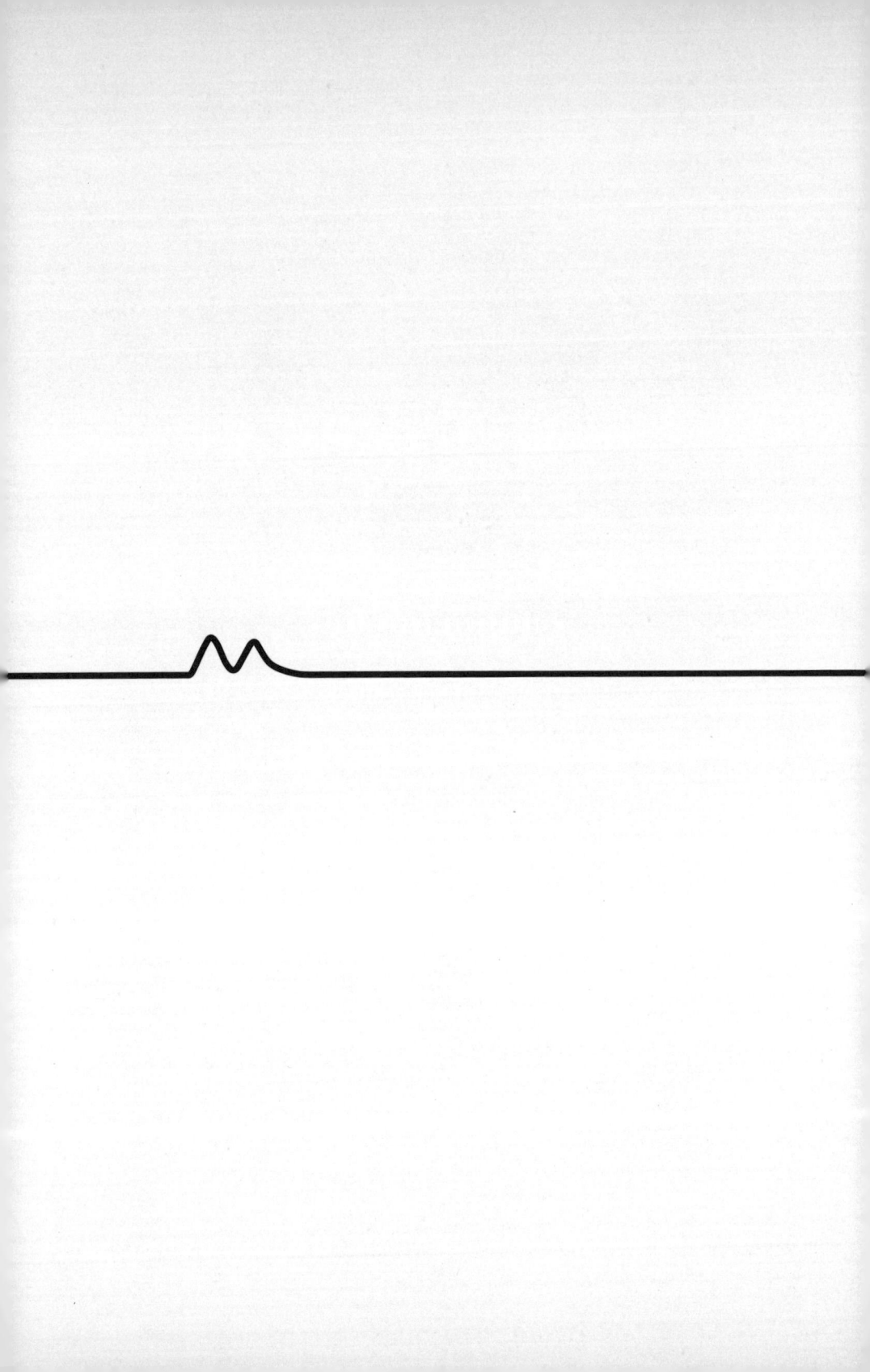

9장
정보를 배가하는 내러티브

이것이 바로 여러분이 마주하게 될 가장 이상한 회의 문화입니다.

_제프 베조스

THE BEZOS BLUEPRINT

2004년 6월 9일 수요일, 아마존에 근무했던 임원들은 모두 오후 6시 2분 받은 편지함에 수신된 이메일을 기억한다.

그날 아마존 직원 대부분이 평균보다 따뜻한 여름날을 즐기고 있었다. 기온은 약 24도였고, 시애틀 사람들이 "산이 나왔다"고 표현하는 것처럼 레이니어산Mount Rainier의 장엄한 봉우리가 선명하게 보일 시기였다. 시애틀의 여름은 짧고, 주민들은 오후 9시까지 해가 지지 않는 날을 기다리고 있었다.

바로 그때 이메일이 도착했다.

상사를 대신해 이메일을 보낸 임원 콜린 브라이어Colin Bryar에 따르면, 그 이메일의 메시지는 "간결하고, 직설적이고, 충격적"이었다. 이메일 제목은 다음과 같았다.

지금부터 S팀에서는 파워포인트 프레젠테이션 사용을 금지합니다 No PowerPoint presentations from now on at S-Team.

다음 주 화요일 회의를 위해 몇 주에 걸쳐 만든 파워포인트 슬라이드를 마무리하고 있던 임원들의 따뜻한 여름 저녁에 갑작스레 한기가 돌았다. 브라이어에게 전화가 빗발치고 이메일이 밀려들었다.

"농담하시는 건가요?" 임원들이 물었다. 농담이 아니었다.

베조스는 아마존의 경영진 회의에서 파워포인트 사용을 금지했다. 다음 번 회의에서 아이디어를 발표할 계획인 팀원들은 예정대로 발표할 수 있었다. 딱 한 가지만 바꾸면 됐다. 파워포인트 슬라이드를 짧은 내러티브 메모로 대체하는 것이다.

진담이었다.

제프의 그림자

브라이어는 '제프의 그림자'라고 알려진 최고 참모였고, 17년 뒤 아마존의 CEO에 오른 앤디 재시에 이어 두 번째로 그 직책을 맡은 사람이었다. 공식적으로 '제프의 그림자'는 백악관의 대통령 비서실장과 비슷한 역할을 하는 기술 고문이었다. 드라마 〈웨스트 윙 The West Wing〉을 봤다면, 비서실장을 거치지 않고 대통령과 대화하는 사람은 아무도 없다는 사실을 알고 있을 것이다. 베조스의 시간을 원하는 팀은 브라이어와 회의 일정을 잡아야 했고, 브라이어는 베조스와 대화를 나눌 자리를 팀에게 마련해 줬다.

베조스가 브라이어에게 기술 고문이 되어 달라고 요청했을 때, 브라이어는 주말 동안 생각해 보겠다고 답했다. 예상되는 여러 어려움이 그의 머릿속을 스쳐갔다.

'나만의 시간이 없어지겠지.'

'하루에 5~7개 팀을 만나게 되겠지.'

'하루에 10시간은 상사와 보내게 되겠지.'

'제프는 내 생각을 그때그때 바로 말해 주기를 기대하겠지.'

그 직책에 요구되는 것들이 많겠지만, 혜택 역시 많을 것이었다. 베조스는 브라이어에게 상상 그 이상의 것을 배울 기회를 제공했다. 브라이어는 역사상 가장 선구적인 비즈니스 리더 중 한 명을 가장 가까이에서 지켜볼 수 있었다. 베조스가 일반 전문가들이 평생에 걸쳐 내리는 결정보다 더 많은 결정을 하루 만에 내리는 모습을 볼 수 있을 터였다.

브라이어는 베조스의 제안을 수락하고 2년간 그의 곁을 지켰다.

브라이어의 재직 기간 동안 **내러티브 메모**는 아마존 프라임, 아마존 웹 서비스, 킨들, 아마존 풀필먼트_{Fulfillment by Amazon}, 그 외에 우리 일상에 영향을 미치고 있는 많은 기능, 제품, 서비스에 생기를 불어넣었다.

아마존의 내러티브는 페라리의 엔진과도 같다. 물론 페라리는 한눈에 바로 알아볼 수 있지만, 페라리를 특별하게 만드는 것은 사실 잘 빠진 외관이 아니라 보닛 아래에 숨어 있다. 내러티브 글쓰기가 아마존을 성공으로 이끈 유일한 원동력은 아니지만, 혁신의 엔진 역할을 하고 있는 게 사실이다.

모든 것을 바꿔 놓은 에세이

베조스는 왜 조직 전체에 널리 보급되어온 커뮤니케이션 도구인 파워포인트 사용을 서둘러 멈춰야 한다고 느꼈을까? 베조스는 출장 중에 비행기에서 읽기 위해 챙긴 30페이지 분량의 에세이에서 영감을 얻었다. 브라이어는 베조스 옆자리에 앉아 같은 글을 읽었다. 두 사람은 고위 경영진 회의에서 의사 결정을 개선할 방법을 찾고 있었다. 그들은 ET에게서 그 답을 찾았다. 이 ET는 영화 등장인물이 아니라, 기상천외한 주장을 펼친 예일 대학교 교수였다.

논문 〈파워포인트의 인지 스타일 The Cognitive Style of PowerPoint〉에서 데이터 시각화 분야의 선구자 에드워드 터프티 Edward Tufte는, 글머리 기호로 작성한 전통적인 파워포인트 스타일이 "보통 언어적·공간적 추론을 약화시키고, 거의 항상 통계 분석에 오류를 일으킨다"고 주장한다.[1] 터프티의 비판은 첫 문단부터 시작되어, 논문 전체에 걸쳐 점점 더 거세진다.

터프티는 썼다. "일상적인 업무에서 파워포인트 템플릿은 전혀 정리되지 않은 서투른 발표자의 프레젠테이션을 10퍼센트나 20퍼센트 정도 개선해줄 수 있지만, 그 대가는 80퍼센트에 달하는 지적 손상이다. 통계 데이터의 경우, 그 손상 수준이 치매에 가까울 정도다." 그에 따르면, "파워포인트를 사용하면 발표자는 이야기하는 척을 하고, 청중은 듣는 척을 할 수 있게 된다."

터프티는 독자들에게 우리를 아름답게 만들어준다고 주장하는 값비싼 약을 상상해 보라고 촉구한다. "오히려 그 약은 우리를 멍청하게 만들고, 커뮤니케이션의 질과 신뢰도를 떨어뜨리고, 지루함에 빠트리고, 동료의 시간을 빼앗는 등 심각한 부작용을 빈번히 일으켰다. 그러한 부작용과 그로 인한 불만족스러운 비용 편익률cost/benefit ratio은 당연히 전 세계적인 제품 리콜로 이어질 것이다."

터프티는 파워포인트를 정말 싫어한다. 그런데 그의 감정은 정당할까?

나는 2004년 베조스와 브라이어가 비행기에서 읽었던 논문, 아마존과 아마존의 내러티브 전략을 도입한 다른 많은 회사에서 엄청난 변화를 일으킨 에세이를 자세히 살펴봤다. 아마존에서 근무했던 많은 사람이 베조스의 6페이지 청사진을 노골적으로 베껴 자신의 스타트업에 도입했다고 인정하는 만큼, 터프티의 파워포인트에 대한 분석과 그가 밝혀낸 파워포인트의 한계를 검토해볼 가치가 있다.

터프티는 말로 논의해야 할 문장과 단락을 단어 조각과 글머리 기호 목록으로 대신하는 전형적인 파워포인트 프레젠테이션을 비판했다. 터프티에 따르면, "글머리 기호는 요점 사이사이의 내러티브를 생략함으로써 추론의 인과적 가정과 분석 구조를 무시하고 은폐한다." 글머리 기호 목록은 발표자가 말을 짧은 문구로 압축하는 방법이다. 터프티는 "글머리 기호가 유용한 경우도 있지만, 일반적으로 주어와 동사가 포함된 문장이 더 좋다"고 말한다.

터프티는 글머리 기호가 잘못 사용되면 말 그대로 목숨을 앗아갈 수도 있다고 믿는다. 그는 2003년 컬럼비아 우주 왕복선 사고에 대한 최종 보고서로 자신의 주장을 뒷받침한다. 컬럼비아 우주 왕복선은 음속의 18배에 달하는 속도로 지구 대기권에 다시 진입하자마자 폭발했다. 결국 그 사고로 우주 비행사 7명 전원이 사망했다.

사고 2주 전 컬럼비아호가 이륙할 때, 외부 연료 탱크를 단열하는 데 사용된 발포제 파편이 떨어져 나가 왼쪽 날개 앞부분을 강타했다. 왼쪽 날개에 생긴 구멍은 발견되지 않았고, 우주 왕복선은 대기권 재진입 시 발생하는 고열을 견딜 수 없게 됐다.

나사NASA 관계자들은 컬럼비아호가 발사된 지 82초 만에 작은 발포제 파편이 부서지는 모습을 비디오 프레임을 통해 볼 수 있었다. 그들은 컬럼비아호를 설계하고 제작한 보잉Boeing의 엔지니어들에게 손상 평가를 요청했다. 엔지니어들은 총 28개 슬라이드로 구성된 파워포인트 보고서 3건을 신속하게 작성했다.

터프티는 그가 "관료적 초합리주의 파워포인트의 향연"이라고 부르는 한 슬라이드를 분석했다. 그 슬라이드에는 여섯 단계의 계층적 글머리 기호가 있었고, 각 글머리 기호에는 짧은 문구가 계단식으로 나열되어 있었다(그림 9 참조).

그 슬라이드의 제목은 어떤 조치를 취할지 결정해야 하는 나사 관계자들에게 낙관적인 그림을 보여줬다. 작은 글씨로 된 아래쪽 글머리 기호 문구들은 우주 왕복선의 실제 손상에 관한 정보를 묻었다. 엔지니어들은 슬라이드 구성에 맞게 짤막한 단어들로 글머리 기호 항목을 작성했다. 완전한 문장이 부재한 가운데, 글머리 기호가 늘어놓는 문장 파편들은 정보가 지닌 진정한 의미를 알아보기 어렵게 만들었다.

• 그림 9: "관료적 초합리주의 파워포인트의 향연"이라 불리는 슬라이드의 모습

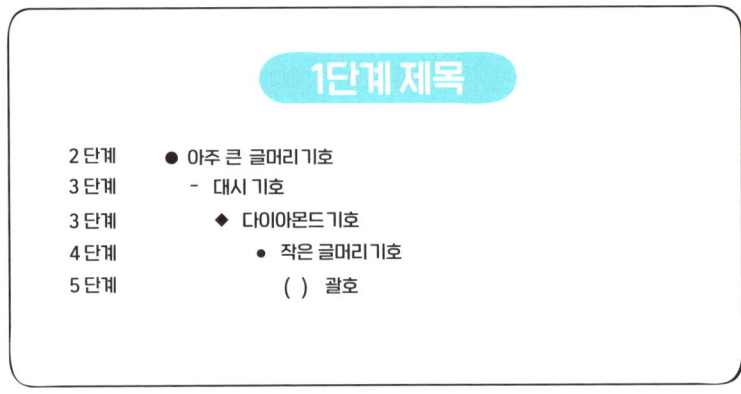

터프티는 이렇게 적었다. "컬럼비아호가 실제로 위험한 상황에 처하지 않았다는 보고서에 만족한 관계자들은, 잠재적인 위협에 대한 평가를 더 이상 시도하지 않았다." 보잉의 엔지니어들은 무슨 일이 일어났는지 설명하려고 했지만, 파워포인트는 스토리텔링 도구가 아니었다.

컬럼비아호 사고 조사 위원회는 최종 보고서에서 다음과 같은 결론에 도달했다. "고질적인 파워포인트 사용은 기술적인 의사소통 방식의 문제점을 잘 보여준다. (…) 정보가 조직 계층 구조를 통해 전달됨에 따라, 핵심 설명과 그것을 뒷받침하는 정보가 걸러진다. 이러한 맥락에서 고위 관리자가 어째서 파워포인트 슬라이드를 읽고도, 생명을 위협하는 화급한 상황을 깨닫지 못하게 되는지를 쉽게 이해할 수 있다."

조사를 통해 터프티는 템플릿에 맞게 잘게 쪼개진 글머리 기호 목록이 의

사 결정에 실제로 해를 끼친다는 것을 확신하게 됐다. 터프티는 역설한다. "파워포인트는 진지하고 중요한 프레젠테이션에는 적합하지 않다. 진지한 문제에는 진지한 도구가 필요하다."

제프 베조스는 터프티가 쓴 에세이를 단 한 페이지도 빠트리지 않고 정독했다. 베조스는 터프티가 더 나은 대안, 즉 5,000년 전으로 거슬러 올라가는 '새로운' 아이디어 공유 방법을 찾아냈다는 사실을 깨달았다. 그 방법은 바로 **완전한 문장과 단락**으로 아이디어를 표현하는 것이었다. 터프티는 "단어, 숫자, 데이터, 그래프, 이미지를 함께 보여주는 인쇄물로 파워포인트 슬라이드를 대체해야 한다"고 조언했다.

베조스는 파워포인트 사용을 금지한 이유를 이렇게 설명했다. "4페이지 분량의 훌륭한 메모를 작성하는 것이 20페이지 분량의 파워포인트를 '작성'하는 것보다 더 어려운 이유는, 좋은 메모의 내러티브 구조가 '무엇이 더 중요한지'와 '상황이 어떻게 연결돼 있는지'를 더 잘 숙고하고 더 잘 이해할 것을 요구하기 때문입니다. 파워포인트 스타일의 프레젠테이션은 아이디어를 대충 얼버무리고, 아이디어의 상대적 중요성을 허물고, 아이디어의 상호 연결성을 무시하도록 방치합니다."[2]

내러티브: 좋은 의도보다 좋은 메커니즘이 쓸모 있다

아마존 어휘 목록에 등재된, 핵심을 찌르는 '제프이즘Jeff-isms(자주 언급되는 제프 베조스의 명언을 말한다_역주)' 중 하나는 다음과 같다. "좋은 의도는 아무 소용이 없으며, 무엇이든 해내려면 좋은 메커니즘이 필요하다."

현재 아마존에서 널리 회자되고 있는 이 말은, 2008년 2월 전사 회의에서 베조스가 다소 길게 설명한 내용을 축약한 버전이다. "보통 우리는 반복되는 문제, 되풀이해 발생하는 문제를 발견하면, 팀을 하나로 단결시켜서 그들이 더 열심히 노력하고 더 잘해 주기를 바랍니다. 필연적으로 선한 의도를 요구하게 되지요. 그런데 선한 의도는 거의 효과가 없습니다. 여러분이 선한 의도를 요구할 때, 여러분은 변화를 요구하는 것이 아닙니다. 사람들은 이미 선한 의도를 갖고 있을 테니까요. 선한 의도가 효과가 없다면 무엇이 효과를 낼 수 있을까요? 바로 메커니즘입니다."[3]

메커니즘mechanism은 반복 가능한 과정으로, 행동과 결정을 아마존의 리더십 원칙에 맞게 조정하는 수단이다. 메커니즘이 제대로 작동하려면 메커니즘을 도입하고, 채택하고, 설계된 대로 작동하는지 '감독'해야 한다. 앞서 논의한 '피자 두 판 팀'과 '싱글 스레드 리더'를 메커니즘의 예로 들 수 있다. 좌절에서 탄생한 아마존의 또 다른 메커니즘은 현재 아마존의 많은 혁신에 기여하고 있다. 바로 '내러티브'다.

내러티브narrative는 단순히 생각을 명료하게 하기 위해 작성한 문서를 가리킨다. 내러티브는 다양한 형태로 존재한다. 베조스가 아마존에서 대중화한 주요 양식으로는 식스 페이저six-pager(6페이지 분량의 내러티브 메모를 말한다_역주)와 보도 자료PR/자주 묻는 질문FAQ이 있다. 이들 모두 커뮤니케이션의 질을 높이기 위해 누구나 채택할 수 있는 것이다. (이번 장에서는 식스 페이저를, 다음 장에서는 보도 자료와 자주 묻는 질문을 다룬다.)

내러티브를 작성하는 과정을 통해 생각을 정제하고, 명확히 하고, 분명하게 표현할 수 있다. 가장 좋은 점은, 누구나 이렇게 할 수 있다는 것이다.

브라이어는 내러티브를 작성하기로 한 아마존의 첫 시도는 "어처구니가 없을 정도로 형편없었다"고 회상한다. 자신의 아이디어를 4페이지 분량으로 설명할 수 없다고 생각한 임원들은 지침을 무시한 채 40페이지 분량의 산문을 제출하기도 했다. 이에 정해진 분량을 준수하라는 지시를 받은 임원들은 한

줄 간격 텍스트, 여백 없애기, 글씨 크기 줄이기 등 규칙을 우회할 수 있는 기발한 방법들을 찾아냈다. 영리하기는 했지만 효과적이지는 못했다. 베조스는 바로 알아차렸다.

결국 베조스와 경영진은 최대 6페이지 분량의 메모가 자신들에게 적합하다는 결론을 내렸다. 세부 사항을 부록appendix으로 첨부하는 게 가능했지만, 메모 자체는 6페이지를 넘기지 않도록 했다. 6페이지가 제한선이다. 내러티브 구조로 작성한 메모는 단순히 한 문장을 더 덧붙이는 게 아니라 아이디어를 표현하기에 충분한 분량이어야 한다. 아이디어를 공유하는 데 2페이지로 충분한 경우에는 2페이지 분량으로 작성하면 된다.

2페이지든 6페이지든 모두 발표자가 자신의 생각을 명확히 하도록 한다는 동일한 목적을 지닌다. 제목, 부제목, 문장, 동사, 명사, 문단으로 내러티브 메모를 작성하는 것은 슬라이드를 글머리 기호로 채우는 것보다 훨씬 어렵다. 브라이어는 말한다. "내러티브는 작성자가 파워포인트 프레젠테이션을 만들 때보다 아이디어를 더 깊이 생각하고 종합해 다루도록 합니다. 특히 작성자의 팀 전체가 그 내러티브를 검토하고 피드백을 제공한 후에는 종이에 적힌 아이디어를 더 깊이 숙고해볼 수 있을 겁니다. 아이디어와 관련된 모든 사실과 핵심 주장을 일관성 있고 이해하기 쉬운 문서로 만드는 것은 버거운 작업이며, 어려울 수밖에 없습니다."[4]

베조스에게 깊은 인상을 줄 수 있는 내러티브를 작성하기 위한 공식적인 템플릿은 없지만, 인상적인 내러티브를 작성하기 위한 입증된 전략은 있다.

다음 전략을 채택하고 적용해 보자. 2004년 이후 있었던 아마존의 모든 주요 혁신, 즉 아마존의 성장을 촉진하고 베조스를 세계에서 가장 부유한 사람 중 한 명으로 만든 모든 성공의 배경에는 내러티브 프로세스가 있었다는 점을 기억하기 바란다. 베조스에게 효과가 있었으니, 여러분에게도 효과가 있을 것이다.

훌륭한 내러티브 메모를 작성하기 위한 5가지 전략

■ **1. '6페이지'가 아닌 내러티브에 집중하자.**

아마존의 식스 페이저를 채택하고 그 이점을 활용하기 위한 핵심은 내러티브에 초점을 맞추는 것이다. 베조스는 "내러티브 구조의 메모에는 글머리 기호뿐 아니라 주제문, 동사, 명사가 필요하다"고 말한다.

'**식스 페이저**six-pager'는 아마존의 고위 경영진 회의에서 진행하는 의사 결정 과정의 요구 사항에 맞는 고유한 형식을 말한다. 아마존에서도 내러티브 메모가 꼭 6페이지여야 한다는 규칙은 없다. 이메일이든 사내 메모든 간에 모든 서면 커뮤니케이션은 필요 이상으로 길어지면 안 된다. 대개는 한 페이지짜리 메모로도 충분하다. 기업 프록터 앤드 갬블Procter & Gamble을 예로 들어 살펴보자.

여러분에게 리처드 듀프리Richard Deupree라는 이름은 생소할지 모르지만, 그가 발명한 TV 방송 형식인 연속극soap opera은 잘 알고 있을 것이다.

1930년대에 프록터 앤드 갬블(이하 P&G)의 CEO였던 듀프리는 대공황 당시 마케팅을 줄이라는 요청을 무시했다. 오히려 그는 새로운 매체인 라디오 광고를 늘렸다. 전구의 발명으로 자사의 양초 판매가 감소하기 시작하자, P&G는 또 다른 인기 제품인 비누의 판매를 늘리는 데 집중했다. 듀프리는 실직 상태에 있는 미국인 수백만 명에게 탈출구를 제공해준 주간 연속극을 후원했다. 이렇게 P&G가 아이보리 비누Ivory soap의 판매를 촉진하기 위해 방송을 활용하면서, 주부들을 타깃으로 한 가벼운 연속극, '소프 오페라soap opera'가 탄생하게 되었다.

또 듀프리는 P&G의 경영진에게 '한 페이지 메모'를 소개했다. 경영 전문가 톰 피터스Tom Peters에 따르면, "듀프리는 타자기로 작성된 한 페이지 이상의 문서를 정말 싫어했습니다. 그는 '제가 이해할 수 있도록 간결하게 요약해 주세요'라는 지시와 함께 긴 메모를 반려한 경우가 많았습니다. 메모가 복잡한 상황과 관련된 것일 경우, 듀프리는 '저는 복잡한 문제는 이해하지 못합니다. 간단한 문제만 이해할 수 있습니다'라는 말을 덧붙이기도 했습니다. 한 인터뷰에서 이에 대한 질문을 받자 그는 '제 업무 중 하나는 사람들이 복잡한 질문을 일련의 간단한 문제로 분해하도록 훈련시키는 겁니다. 그러면 우리 모두 지성적으로 행동할 수 있습니다'라고 설명했습니다."[5]

단순화할 수 있는 능력은 모든 것을 변화시킬 수 있는 힘을 발휘하는 게 사실이다. 그렇다면 P&G는 CEO 듀프리의 엄격한 기준을 충족하기 위해 직원들을 어떻게 교육했을까? P&G에서는 한 페이지 메모를 작성하는 과정을 다섯 가지 요소로 발전시켰다. 표 9에 따라 하기 쉬운 형식과 함께, 각 요소의 설명을 정리해 두었다.

● 표 9: P&G의 한 페이지 메모에 담긴 요소[6]

요소	설명	참고
아이디어 요약	무엇을 제안할 것인지 한 문장으로 표현한다. 핵심 아이디어를 한 문장으로 표현하는 팁은 4장의 로그라인을 참고하자.	"P&G 굿 에브리데이P&G Good Everyday는 신뢰받는 자사 브랜드가 참여하는 새로운 고객 보상 프로그램으로, 일상적인 활동을 여러분, 여러분 가족, 지역 사회, 세상을 위한 선한 활동으로 전환할 수 있도록 도와줍니다."
관점	사실, 트렌드, 이슈를 드러내는 상황을 요약한다.	"P&G는 180년 이상 긍정적인 영향을 미치기 위해 노력해 왔습니다. 자사의 가정용품 브랜드는 지역 사회에 긍정적인 영향을 미치고, 양성평등을 지지하고, 다양성과 포용성을 추구하고, 전 세계 환경의 지속 가능성을 증진하는 등 옳은 일을 하는 데 오랫동안 매진해 왔습니다."

요소	설명	참고
작동 방식	제안 사항을 세부적으로 설명한다. 누가, 언제, 어디서, 무엇을, 어떻게?	"P&G 굿 에브리데이는 선한 영향력을 발휘하고자 하는 사람들을 위한 보상 프로그램입니다."
주요 이점	듀프리는 발표자에게 세 가지 이점, 전략적이고 수익성 있는 가치가 입증된 이상적인 이점을 설명해줄 것을 요구했다. 이 강력한 커뮤니케이션 전략에 대한 설명은 16장의 3의 법칙을 참고하면 된다.	"여러분이 P&G 굿 에브리데이 보상 프로그램에 가입하고 웹 사이트를 통해 간단한 절차를 거치면, P&G는 여러분이 선택한 단체에 기부를 함으로써 여러분이 변화를 만들어 나가는 데 도움을 줄 수 있습니다. 퀴즈, 설문조사, 영수증 스캔을 통해 참여하고 포인트를 적립하면 P&G에서 여러분이 원하는 활동이나 단체에 별도의 비용 부담 없이 자동으로 기부합니다."
다음 단계	어떤 조치를 누가, 언제까지 취해야 하는가?	"우리가 함께하면 더 많은 것을 이룰 수 있습니다. P&G 굿 에브리데이를 통해 선한 일을 하고자 하는 여러분의 열망과 전 세계 문제를 해결하는 데 도움이 되고자 하는 P&G의 지속적인 노력을 한데 모을 수 있습니다. 프로그램 참여를 원할 경우, P&G 굿 에브리데이 웹 사이트를 방문해 가입하면 됩니다."

P&G의 '원 페이저$_{\text{one-pager}}$'는 이메일, 메모, 영업이나 마케팅 프레젠테이션의 청사진은 물론이고, 자사 텔레비전 광고의 얼개로 사용될 정도로 P&G 문화에 깊이 뿌리박혀 있다.

■ **2. 제목과 부제목에 충실하자.**

에드워드 터프티의 에세이로 돌아가 보면, 터프티는 "과학자, 엔지니어, 그 외에 모든 사람이 수세기 동안 복잡한 문제에 대해 계층적 글머리 기호로 된 개요 없이 의사소통을 해왔다"고 지적한다.

터프티는 저명한 물리학자 리처드 파인만$_{\text{Richard Feynman}}$이 열역학이나 양자 거동$_{\text{quantum behavior}}$과 같은 복잡한 주제를 다룬 600페이지 분량의 책을 썼을 때, 제목과 부제목이라는 두 가지 수준의 제명만 사용한 사실을 우리에게 상기시킨다.

빌 게이츠는 이렇게 말한다. "리처드 파인만은 대단한 과학자였지만, 그보다 더 중요한 사실은 그가 훌륭한 스승이었다는 겁니다. 그는 누구에게든 재미있고 흥미로운 방식으로 사물을 설명할 수 있었습니다. 파인만은 양자 물리학을 명쾌하게 설명해 낸 유일한 사람이었죠. 대부분 사람이 잘 이해하지 못하는 것이 어떻게 작용하는지 아주 간단한 개념을 사용해 설명하는 사람이 바로 파인만입니다."[7]

파인만은 1986년 우주 왕복선 챌린저호 폭발 사고 조사 위원회에서 활동할 시절 글머리 기호에 개인적으로 시달린 경험이 있었다. 파인만은 이렇게 적었다. "그때 우리는 '글머리 기호'에 대해 배웠다. 사건을 요약한 문구 앞에 작고 검은 점으로 표시된 기호였다. 상황 설명 책자와 슬라이드에 이 골치 아픈 작은 점들이 연이어 등장했다."[8]

파인만은 오늘날 잘 알려져 있는 1986년 우주 왕복선 챌린저호의 폭발 원인을 규명해 냈다. 그는 설득력 있는 주장을 펼치기 위해 슬라이드나 글머리 기호가 필요하지 않았다. 얼음물 한 잔이 파워포인트보다 더 효과적이었다.

노벨상을 수상한 물리학자 파인만은 'O링 얼음물 증명O-ring ice water demonstration'이라고 알려진 실험에서, 발사 당일 밤의 낮은 온도가 고체 로켓 부스터의 고무 패킹인 O링의 탄성을 감소시켰다는 자신의 견해를 증명했다. 그렇게 생긴 O링의 결함으로 챌린저 우주 왕복선은 발사 후 73초 만에 폭발했다.

대중 매체로 가득 찬 청문회에서 물리학자이자 발표자였던 파인만은 고무로 된 O링의 견본품을 가져와 얼음물이 들어 있는 컵에 집어넣었다. 고무가 딱딱해졌고, 더 이상 저온에서 제대로 밀봉할 수 없게 되었다. 마치 발사 당일 아침 O링이 제 역할을 하지 못했던 것처럼 말이다.

파인만은 증언하기 전날 밤에 이 실험을 수행하는 것이 꺼려지기도 했다고 시인했다. 그는 '그래, 그건 무모한 짓이 될 수도 있어'라고 생각했다.[9] 그런

데 그때 파인만은 그가 존경하는 '배짱과 유머 감각'을 갖춘 물리학자들을 떠올렸다. 그의 영웅들은 다른 모든 사람이 정보를 복잡하게 만들려고 할 때 정보를 간단하고 쉽게 전달했다. 챌린저호 사고에 대한 설명을 하기 위해 출석한 다른 발표자들은 차트, 슬라이드, 작은 글머리 기호로 가득 찬 상황 설명 자료를 가져왔다. 그러나 신문의 헤드라인에 따르면, 파인만의 간단한 시연은 "위원회를 깜짝 놀라게 했다"고 한다.

파인만은 아인슈타인, 갈릴레이, 뉴턴과 어깨를 나란히 하는 천재 과학자였다. 그는 복잡한 주제를 쉽고 간단한 언어로 바꿔 '탁월한 설명자'라는 명성을 얻었다. 파인만은 새로운 개념을 배우는 방법을 대중화했다. 그 방법은 바로 다른 사람에게 설명할 때 사용하는 표현으로 그 개념에 대해 적어 보라는 것이었다. 또 글머리 기호가 아닌 명사와 동사를 사용해 완전한 문장으로 설명할 것을 권장했다. 파인만은 "진리는 그것이 지닌 아름다움과 단순함을 통해 인식할 수 있다"고 말하기도 했다.

3. 서두르지 말자.

앞서 유추를 다룬 6장에서 살펴본 바와 같이, 베조스는 글쓰기를 물구나무서기를 배우는 것에 비유한 적이 있다. 물구나무서기는 쉬워 보이지만 몇 주, 심지어 몇 달에 걸친 연습이 필요하다. 내러티브 구조를 가진 메모에도 동일한 팁이 적용된다. 좋은 글을 쓰려면 시간이 걸린다. 하루아침에 전문가가 되기를 기대해서는 안 되니, 가능한 한 충분한 시간을 갖고 여러분이 쓴 글을 다듬어 보자.

명확한 글쓰기는 명확한 사고를 반영하기 때문에, 내러티브는 서둘러 작성해서는 안 된다. 내러티브 작성자가 저지르는 가장 큰 실수는 실제로 글을 쓰는 과정에 충분한 시간을 투자하지 않는 것이다. 베조스는 시간을 투자해 홀

륭한 내러티브를 작성하면 탁월하고 사려 깊은 아이디어를 제시할 수 있고, 그 아이디어는 "천사들의 맑은 노랫소리 같은 명료함"을 갖게 될 것이라고 말했다. 이보다 더 큰 찬사는 없다.

4. 의견을 개진하며 협업하자.

아마존에는 이름을 적지 않은 6페이지짜리 문서를 제출하는 전통이 있다. 이러한 전통은 좋은 글은 팀워크의 결과물이며, 문서 작성에 대한 책임이 작성자 한 사람에게만 있지 않다는 것을 나타낸다.

베조스는 2017년 주주 서한에서 훌륭한 메모와 일반적인 메모의 차이는 '감성'에 있다고 적었다. "훌륭한 메모를 구성하는 세부 요건을 일일이 적기란 매우 어렵습니다. 그렇지만 저는 대부분 경우 독자들이 훌륭한 메모를 읽고 매우 비슷한 반응을 보인다는 사실을 발견했습니다. 독자들은 척 보면 바로 압니다. 그 기준은 분명히 존재하고, 쉽게 설명할 수 없지만 실재합니다."[10]

훌륭한 글쓰기는 설명하기 어렵지만, 팀워크가 문서의 질을 높인다는 사실에는 의심의 여지가 없다고 베조스는 말한다. 세계적 수준의 메모를 작성하려면 매우 숙련된 작성자가 돼야 할까? 베조스는 답한다. "제 생각에는 그렇지 않습니다." 그는 팀과 함께 일할 수만 있으면 된다고 덧붙인다. "미식축구 코치가 꼭 공을 던질 줄 알아야 하고, 영화감독이 꼭 연기할 줄 알아야 하는 건 아닙니다. 하지만 둘 다 거기 요구되는 높은 기준을 인식하고, 그 범위에서 현실적인 기대치를 지도할 수는 있어야 합니다. 6페이지 분량의 메모를 작성할 때에도 팀워크가 필요합니다. 팀원 중 누군가는 글쓰기 능력을 갖추고 있어야 하지만 그 사람이 꼭 여러분일 필요는 없지요." 물론 팀에서 글을 가장 잘 쓰는 사람이 여러분이라면, 여러분은 모두가 같은 팀이길 원하는 사람이 될 것이다.

아마존에서 13년간 근무한 브래드 포터Brad Porter는 "6페이지 분량의 증거 기반 내러티브를 잘 작성하기란 쉽지 않습니다"라고 말한다.**11** 소수의 '뛰어난 엔지니어' 중 한 명인 포터의 업무는 주문 후 한 시간 만에 제품을 고객의 집 앞에 가져다주는 아마존의 초고속 배송 서비스인 프라임 나우Prime Now와 같은 야심 찬 프로젝트의 개발을 앞당기는 것이었다.

포터는 전한다. "정확성이 중요합니다. 복잡한 업무를 6페이지로 요약하기란 쉽지 않기 때문에, 팀원들은 검토에 필요한 문서를 준비하는 데 몇 시간씩 투자합니다. 그러한 준비는 두 가지 역할을 합니다. 첫째, 문서를 작성하는 팀이 자신의 영역을 깊이 이해하고, 데이터를 수집하고, 운영 원칙을 이해하고, 그 모든 것을 명확하게 전달할 수 있도록 합니다. 둘째, 훌륭한 문서는 고위 경영진이 익숙하지 않을 수 있는 완전히 새로운 영역을 30분 안에 읽고 습득할 수 있게 해줍니다."

5. 자습 시간을 갖자.

아마존에서는 모든 사람이 회의실에 입장하면서 인쇄된 문서 사본을 받는다. 그다음 회의 참석자들은 조용히 그 자료를 읽는다. 물론 회의 참석자가 멀리 떨어져 있는 경우에는 컴퓨터로도 문서를 읽을 수 있지만, 같은 공간에서 함께 메모를 읽는 것이 가장 이상적이다. 베조스는 이렇게 조용히 읽는 시간을 '자습 시간study hall'이라 부른다.

아마존의 내러티브 아이디어를 채택한 마이크로소프트에서는 작성한 문서를 읽은 이들이 실시간으로 댓글을 달 수 있는 셰어포인트SharePoint 같은 협업 플랫폼에 업로드한다. 이 방식을 사용하면 모든 사람이 서로의 댓글을 확인할 수 있다. 누군가가 어떤 주제를 지지할 경우, '동의합니다'라는 의미의 '+1'을 적어 표시한다. 곧 여러분은 아마존 내러티브가 마이크로소프트에 도입된 이유와 방법을 알게 될 것이다.

아무튼, 인쇄본이든 온라인 문서든 그 형식에 관계없이 메모를 작성하지 않은 사람들은 그 메모를 미리 읽어서는 안 된다.

수년 동안 아마존에 새로 입사한 직원들은 회의 시작 후 20분간 이어지는 '괴상한 침묵'에 깜짝 놀라곤 했다. 서로 인사를 주고받은 후 회의 참석자 모두 준비된 메모를 읽는 동안 회의실은 고요해진다. 한 페이지를 읽는 데 평균 3분이 걸린다고 하면, 6페이지 분량의 메모를 모두 읽으려면 18~20분 정도가 소요된다. 일반적인 회의 시간을 1시간이라고 가정할 때, 나머지 40분을 토론하는 데 할애할 수 있다.

아마존 직원들은 회의 유형에 따라 메모 분량과 토론 시간을 조정한다. 30분간 진행될 회의에 참석한다고 가정해 보자. 몇 분 동안 동료들과 인사를 나누고 안부를 물은 후 자리에 앉아 조용히 2페이지 분량의 메모를 읽는다. 6분 정도 지나면 참석자 모두가 다 읽은 문서를 내려놓고, 남은 20분간 아이디어에 대해 토론하고, 의견에 이의를 제기하고, 전략에 대한 질문을 던지고, 피드백을 제공하고, 질문을 하고, 다음 단계를 결정한다.

참고로 베조스와 회의 중이라면, 문서를 읽는 데 가장 오래 걸리는 사람은 베조스일 가능성이 높다. 베조스는 다른 회의 참석자들이 전혀 예상치 못한 통찰을 제시하는 신기한 능력을 갖고 있다. 브라이어는 전한다. "베조스는 확신이 들 때까지 각 문장이 틀렸다고 가정합니다. 그는 글을 쓴 작성자의 동기가 아니라 문장의 내용에 이의를 제기하죠."[12]

스트레스가 느껴지는가? 아마존 내러티브를 경험해본 직원들에 따르면, 회의 시간이 부담스러운 건 사실이다. 아마존에서 5년 동안 근무한 개발자 제시 프리먼Jesse Freeman은 내러티브 메모를 준비하는 일이 업무 중 가장 어렵고 힘든 부분이었다고 말한다. "마치 석사 논문을 쓰는 것 같았죠."[13] 하지만 프리먼은 아마존을 떠난 후에도 그 방법을 계속 사용했다. 내러티브를 작성하는 것은 "생각을 정리해 다른 사람들과 공유할 수 있는 가장 강력한 방법 중 하나"이기 때문이다.

> **개인 코칭**
>
> 슬라이드를 만들기 전에 내러티브를 먼저 작성하라. 아마존 고위급 회의에서는 파워포인트 사용이 금지되어 있지만, 아마존 경영진은 고객, 협력사, 외부 청중 앞에서는 파워포인트를 사용한다. 그러나 파워포인트는 스토리텔링 도구가 아니고, 글머리 기호는 이야기가 아니다. 먼저 글로 작성한 내러티브로 시험 삼아 이야기를 만들어 보자. 내러티브 구조는 주제, 제목과 부제목 그리고 명사, 동사, 목적어가 포함된 완전한 형태의 문장을 필요로 한다. 슬라이드를 만들기 전에 전달하고자 하는 이야기를 먼저 작성해 보자. 파워포인트 슬라이드는 이야기를 전달한다기보다 전달하고자 하는 이야기를 보완하는 역할을 한다.

무시하기에는 너무 훌륭한 내러티브

홀 푸드_{Whole Foods} 공동 창업자이자 CEO인 존 매키_{John Mackey}는 아마존의 식스 페이저가 "유익한 대화의 출발점"이라고 말한다. 2017년 아마존은 이 자연식품점 체인을 130억 달러에 인수했다. 매키는 아마존에서 처음 식스 페이저를 접했을 때부터 그 방식에 끌렸으며, 홀 푸드에 도입했다고 내게 밝혔다.

"식스 페이저는 합병이 긍정적인 결과를 낼 수 있었던 이유 중 하나입니다. 홀 푸드에서는 직관에 따라 사업을 이끄는 경향이 있었고, 아마존은 데이터를 기반으로 사업을 이끄는 경향이 있습니다. 그 과정의 엄격함 덕분에 많은 성과를 거둘 수 있었다고 생각합니다. 아마존이 홀 푸드에 다른 문화를 지시했다기보다는, 양질의 자연 식품을 제공하는 저희 사업을 개선하기 위해 아마존의 프로세스 중 일부를 사용함으로써 이득을 볼 수 있었습니다. 그런 측면에서 아주 좋은 합병이었죠."[14]

매키만 그런 생각을 하는 게 아니다. 전직 아마존 직원이나 아마존과 협력 관계를 맺고 있는 리더들도 앞다투어 내러티브 프로세스를 도입했다.

앞서도 살펴봤지만, 아담 셀립스키도 그중 하나다. "제가 아마존에서 대놓고 훔쳐온 것 중 하나가 바로 내러티브였습니다."[15] 셀립스키는 2005년 아마존에 처음 입사해, 11년간 S팀_S-Team_(아마존의 핵심 의사 결정 그룹인 고위 경영진을 말한다_역주) 회의를 위한 식스 페이저들을 준비했다. 그가 참여한 식스 페이저 중 하나는 아마존의 클라우드 사업부인 AWS를 출범시키기도 했다. (2021년 아마존을 떠난 지 5년 만에 셀립스키는 연간 500억 달러에 달하는 매출을 올리고, 클라우드 시장의 47퍼센트를 점유하고 있는 AWS를 다시 운영하기 위해 돌아왔다.) 셀립스키는 내러티브라는 도구가 처음에는 '이상해' 보이기도 했지만, 그 이점이 상당해 무시할 수 없다고 인정했다.

전 아마존 이사 로니 코하비_Ronny Kohavi_는 말한다. "일단 한번 해보세요."

여러분은 코하비를 잘 모르겠지만, 그의 작업물은 여러분을 잘 알고 있다. 그가 아마존, 마이크로소프트, 에어비앤비에 근무하면서 개발한 도구는 사용자 자신보다 사용자의 습관을 더 잘 알고 있을지도 모른다. 코하비는 인공지능과 기계학습 분야에서 가장 영향력 있는 학자 중 한 명이다. 또한 그는 마이크로소프트 직원 14만 명 중 단 40명, 회사의 비공식 '두뇌 집단'으로 알려진 테크니컬 펠로우_Technical Fellow_의 일원이다.

마이크로소프트에 입사하기 이전, 코하비는 아마존에서 데이터 마이닝과 개인화를 이끈 책임자였다. 그의 아이디어는 연간 수억 달러의 매출을 올리는 기능으로 탈바꿈했다. 코하비는 내게 이렇게 설명했다. "데이터 마이닝은 기계학습과 같은 도구를 사용해 데이터에서 새로운 패턴을 발견해 내는 과정입니다. 데이터 마이닝 전문가인 우리는 데이터를 분석함으로써 기업이 더 나은 예측을 하고 각 고객을 위한 경험을 개인화할 수 있도록 지원합니다."[16]

아마존 홈페이지에 방문하면, 여러분은 자기 이름이 담긴 인사를 받고, 무엇을 구매하고 무엇을 시청하고 무엇을 할지에 대한 추천을 받게 된다. 이것이 바로 개인화다. 여러분이 피자가 먹고 싶을 때, 구글이나 빙$_{Bing}$에 위치를 입력하면 해당 위치 근처에 있는 피자 가게들이 표시된다. 이 역시 개인화다. 여러분이 넷플릭스 계정에 로그인하면 여러분이 좋아할 만한 영화를 추천해 준다. 마찬가지로 개인화다. 친구나 가족들이 그들의 프로필로 접속한다고 가정해 보자. 이 경우 넷플릭스는 그들이 과거에 시청한 콘텐츠, 검색한 콘텐츠, 프로그램을 시청한 시간, 그 외에 여러 개별 지표를 기반으로 다양한 추천 목록을 제공한다. 넷플릭스가 여러분에 대해 정말 잘 알고 있다고 느낀다면, 실제로 여러분을 잘 파악하고 있기 때문이다. 그래서 우리는 이 분야를 '일대일$_{one-to-one}$' 개인화라 부른다.

일대일 개인화에 대해 이렇게 생각해 보자. 오프라인 소매점에 들어섰을 때, 매장의 통로는 고객의 선호도와 쇼핑 기록에 따라 정렬돼 있지 않다. 온라인 소매업체의 디지털 문을 통과하면 그 통로가 즉시 재조정된다. 웹 사이트나 모바일 앱은 사용자가 무엇을 찾고 있는지 예측해 전혀 고려하지 않았던 선택지를 알려준다.

이렇게 개인화된 디지털 경험의 배후에는 코하비 같은 전문가가 있다. 그는 이 분야의 최고 전문가 중 한 명일 뿐이다.

코하비는 자신의 워싱턴주 자동차 번호판에 자기 신분을 다른 컴퓨터과학자들에게 알리는 비밀 코드, 'DM P13N'을 새겼다. DM P13N은 숫자를 기반으로 한 단어다. DM은 데이터 마이닝을 의미하고, 숫자 13은 개인화를 뜻하는 P와 N 사이의 철자 수를 나타낸다.
personalization

코하비는 2004년 S팀 회의에서 파워포인트 사용을 금지한다는 이메일을 받은 사람 중 한 명이기도 했다. 기계학습으로 박사 학위를 받은 코하비가 내러티브 프로세스를 접한 것은 그때가 처음이었다. 그가 내러티브의 가치를 문서 작성자가 아이디어를 설명할 때 명확히 생각하게 해주는 '필수 기능'으로 인식하는 데는 오래 걸리지 않았다. 코하비는 내러티브 작성의 이점을 인식하는 데 그치지 않고, 새로운 직장인 마이크로소프트에까지 내러티브 프로세스를 소개하는 전도사가 되었다.

"한번 해보세요. 이게 제 핵심 메시지입니다. 제가 마이크로소프트에 입사했을 때에는 내러티브 문서가 사용되지 않고 있었어요. 그래서 팀원들과 함께 사용하기 시작했죠. 회의에 참석한 다른 그룹의 사람들은 모두가 문서를 읽는 동안 침묵이 흐르는 걸 보고 놀라기도 했지만, 저희가 그 과정을 설명하자 함께 참여했을 뿐 아니라, 자기들이 속한 그룹에도 같은 방식을 도입했습니다."

코하비는 아이디어를 제시하는 방법을 새로 도입하는 것은, 조직에 A/B 테스트_{A/B test}를 도입하는 것과 매우 비슷하다고 말한다. 마이크로소프트에서 그는 데이터 과학자와 개발자 110명으로 구성된 팀을 이끌고 대조_{controlled} 실험(A/B 테스트)을 시작했다. 그들의 연구는 마이크로소프트가 위축된 소프트웨어 기업에서 클라우드 기업으로 전환하는 데 도움이 됐다.[17]

A/B 테스트는 아이디어의 잠재력을 빠르게 테스트하는 데이터 기반의 실험 방법이다. 오늘날 아마존부터 월마트, 마이크로소프트, 링크드인에 이르는 다양한 기업에서 A/B 테스트를 사용해 수익 창출 기능을 가늠하거나 고객 만족도를 개선하고 있다(고객 만족도가 개선되면 결국 기업의 중요한 성공 지표인 '고객 평생 수익_{customer lifetime revenue}'도 증가한다).

베조스는 2013년 주주 서한에서 실험의 가치를 강조했다. "우리는 웹랩Weblab이라는 자체 실험 플랫폼을 통해 웹 사이트와 제품의 개선 사항을 평가하고 있습니다. 2013년에는 2011년의 546차례에서 크게 증가한 1,976차례의 웹랩이 전 세계에서 진행됐습니다. 최근의 성공 사례 중 하나는 '판매자에게 물어보세요Ask an owner'라는 새로운 기능입니다. 고객은 제품 페이지에서 제품과 관련된 모든 질문을 할 수 있지요. 이 제품이 제 TV/스피커/PC와 호환되나요? 조립하기 쉬운가요? 배터리는 얼마나 오래 지속되나요? 질문이 접수되면 우리는 그 질문을 제품 판매자에게 전달합니다. 고객 후기에서 흔히 볼 수 있듯이 고객들은 다른 고객들에게 직접적인 도움을 주기 위해 자신의 지식을 기꺼이 공유합니다."[18]

코하비는 사소해 보이는 변화만으로도 매출이 수천만 달러 증가할 수 있다고 말한다. 그가 마이크로소프트에서 수행한 한 테스트에 따르면, 웹 사이트 로딩 속도를 100밀리초(1밀리초는 1초의 1000분의 1이다_역주)만 개선해도 1,800만 달러의 추가 수익이 발생하는 것으로 나타났다. "예를 들어, 아마존의 실험에서는 신용 카드 신청 기능을 홈페이지 메인에서 장바구니 페이지로 옮기면 연간 수천만 달러의 수익이 증가하는 것으로 밝혀졌습니다. 작은 투자로 큰 수익을 얻을 수 있다는 것을 확실히 알 수 있죠."

코하비는 대부분 기업이 A/B 테스트를 도입하기 전까지는 그런 테스트가 지닌 가치를 알아보지 못했다고 말하면서 이렇게 덧붙인다. "일단 A/B 테스트라는 과학적인 방법을 접하면, 팀원들은 그 방법에 만족하고 다른 업무에도 도입해 활용합니다. 제가 마이크로소프트에 입사했을 당시에는 A/B 테스트가 사용되지 않고 있었죠. 그리고 제가 마이크로소프트를 퇴사할 무렵 저희 팀 플랫폼에서는 매일 100건의 새로운 대조 실험이 진행되고 있었습니다. A/B 테스트를 전혀 수행하지 않던 회사가 매년 2만 건에 달하는 실험을 수행하는 회사로 성장했습니다. A/B 테스트가 인기를 얻었고, 확산된 것이죠."

내러티브 메모도 마찬가지다. 일단 팀원들이 그 가치를 인식하게 되면, 분명 인기를 끌 것이다.

코하비는 모든 직종의 비즈니스 전문가, 특히 기술 분야의 전문가에게 이렇게 조언한다. "스토리텔링은 업무의 한 부분입니다. 글쓰기와 프레젠테이션 기술은 매우 중요해요. 수학을 배우는 것도 중요하지만, 현실 세계에서는 데이터를 통해 패턴을 발견하는 것만이 아니라, 다른 사람들이 그에 맞추어 행동하게끔 설득하는 것도 여러분의 일이죠. 하지만 그 사실을 놓치는 경우가 많습니다. 기술적인 연구 결과를 전문가가 아닌 사람들도 이해할 수 있도록 설득력 있는 이야기로 바꾸는 능력은 엄청나게 중요한 기술입니다."

코하비는 베조스가 뛰어난 번역가라고 생각한다. "베조스는 기술적으로도 뛰어나지만, 한 발 물러서서 바라볼 줄 알고, 근사하고 사려 깊은 글을 쓸 수 있는 사람입니다. 어떤 아이디어를 기억에 남을 만한 것으로 만들어내는 건, 제프가 아주 잘해내는 일 중 하나죠."

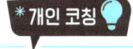

개인 코칭

제프 베조스는 24년에 걸쳐 매년 아마존 주주 서한을 작성했다. 그중 대부분은 잘 조직된 내러티브 형태를 취하고 있다. 각각의 주주 서한에는 주제, 명확하고 논리적인 순서, 주제를 뒷받침하는 이야기와 데이터가 담겨 있다. 어바웃아마존닷컴 AboutAmazon.com 을 방문해 '주주 서한 shareholder letters'을 검색해 보자. 1997년, 2006년, 2013년, 2014년, 2017년, 2020년 주주 서한을 먼저 살펴보면 좋을 것이다. 이 여섯 통의 주주 서한은 그 구조가 잘 잡혀 있고, 핵심 주제가 명확하며, 복잡한 아이디어를 설명하기 위해 은유적 표현을 사용한다.

아마존에서 13년간 근무한 경력을 가진 저명한 엔지니어 브래드 포터는 내러티브가 아마존의 성공을 이끈 중요한 요소라고 말한다. "아마존은 내러티브라는 특별한 혁신 덕분에 더 잘 운영되고, 더 나은 의사 결정을 내리고, 더 크게 확장할 수 있습니다."

그는 내러티브의 효과를 이렇게 이야기했다. "잠깐 상상해 보세요. 여러분이 회의에 참석했는데, 그곳의 모든 사람이 논의할 주제와 관련된 맥락을 깊이 이해하고 있다고요. 그들은 여러분 사업에서 중요한 데이터에 이미 정통하죠. 심지어 회사의 핵심 강령을 이해하고, 여러분이 의사 결정을 내릴 때 그것을 적용하는 방식까지 내면화하고 있네요. 이것이 바로 아마존에서의 회의고, 그 모습은 마법 같죠."[19]

마법은 6페이지에서 끝나지 않는다. 내러티브 메모는 아마존 리더들이 중요한 결정을 내릴 때 사용하는 내러티브 문서의 한 유형일 뿐이다. 다음 장에서는 여러분이 아이디어를 제안하는 방식을 바꾸고, 어느 조직에서든 여러분의 영향력을 높일 수 있는 또 다른 도구에 대해 살펴볼 것이다. 거꾸로 일해 앞으로 나아갈 준비를 해보자.

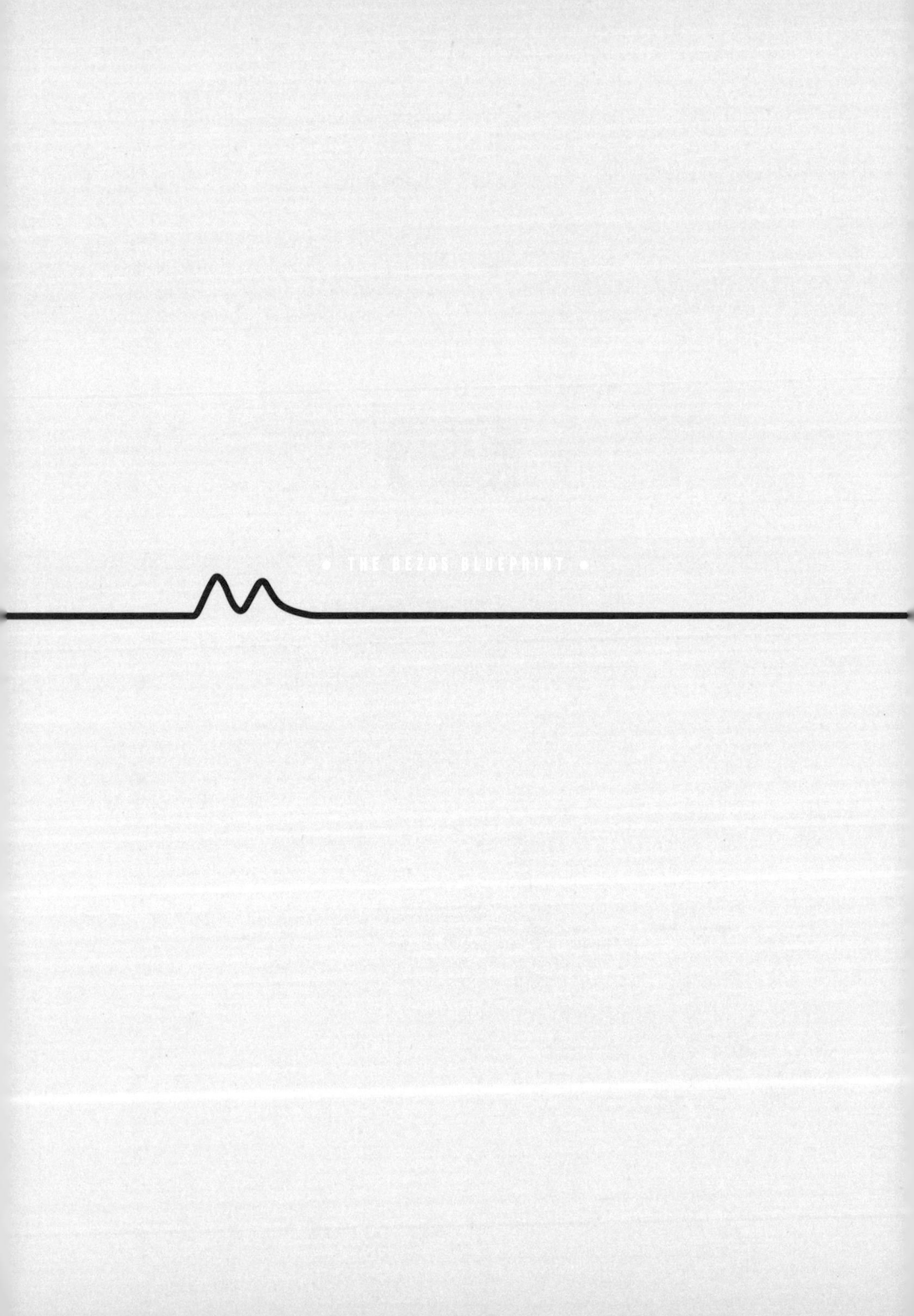

10장

앞으로 나아가기 위해 거꾸로 일하기

우리는 고객부터 시작해 거꾸로 거슬러 올라가며 일하는 전체 업무 프로세스를 갖추고 있습니다.

_제프 베조스

빌 카는 경영대학원 시절부터 갈고닦은 도구들로 무장한 채 베조스와의 회의에 임했다. 카는 스프레드시트 전사로 파워포인트와 엑셀이 그의 주무기였다.

카는 자신이 불과 몇 주 전 강등된 일이 마음에 걸렸다. 4년간 아마존의 경영진으로 승승장구한 그는 아마존 글로벌 매출의 77퍼센트를 차지하고 있는 거대한 미국 시장의 서적, 음악, 비디오 사업부 이사로 근무하고 있었다. 그렇기 때문에 카는 아마존의 가장 작은 벤처 사업인 '디지털 미디어' 신규 사업을 책임져 달라는 베조스의 결정을 이해할 수 없었다. 그러나 카가 그 자리를 받아들이는 데에는 그리 오랜 시간이 걸리지 않았다. 카는 베조스가 자신을 개인적으로 신임한다는 사실을 알게 되자마자 그 요청을 수락했다. 베조스는 카가 만난 기업가 중 가장 비범한 사람으로 앞을 내다볼 줄 아는 선구자였다. 카는 베조스가 관심을 두고 있는 분야라면 어느 분야에서든 도움이 되는 역할을 하고 싶었다.

카는 새로운 직책(부사장)과 새로운 역할을 맡았지만, 비즈니스 케이스(대규모 투자나 이니셔티브를 추진할 경우 회사가 얻게 될 가치나 이점을 설명하는 문서)를 수립할 때 원래 항상 사용하던 도구들, SWOT 분석, 재무 예측, 영업 이익률operating margin과 시장 규모를 계산하기 위한 상세한 스프레드시트를 그대로 사용했다. "저는 MBA 출신입니다. 그게 바로 제가 했던 일이죠." 그는 내게 말했다.[1]

베조스는 테이블에 앉아 카의 예측을 주의 깊게 살펴봤다. 그는 확신이 없어 보였다. 마침내 베조스는 고개를 들고 물었다. "목업mock-up(시제품이나 모형을 말한다_역주)은 어디 있나요?"

아마존의 목업은 페이지 디자인에서부터 고객이 사이트를 탐색하는 방법까지 웹 사이트를 이용하는 고객의 전체 여정을 보여주기 위해 만들어졌다. 목업 제작에는 시간과 자본이 필요했다. 카에게는 베조스에게 보여줄 목업이 없었다. 그는 그저 디지털 미디어 팀을 구성하기 위한 예산 승인을 받고 싶었다.

베조스는 카의 예산 요청을 승인하지 않고 처음부터 다시 준비할 것을 지시했다. 몇 주 후 카는 베조스가 요청한 목업을 갖고 돌아왔다. 베조스는 어려운 질문을 던졌다.

- 음악 서비스는 아이튠즈iTunes와 어떻게 다를까요?
- 전자책 가격은 얼마일까요?
- 독자가 태블릿, 휴대 전화, PC로 전자책을 읽는 것을 선호할까요?
- 정확히 어떤 점에서 아마존의 디지털 서비스가 현재 이용 가능한 다른 서비스보다 고객에게 더 좋은 걸까요?

카의 답변은 베조스를 만족시키지 못했다. "제프가 보기에 불완전한 목업은 설익은 생각을 보여주는 증거나 다름없었습니다." 카는 회상했다.

몇 차례 실망스러운 회의 끝에 베조스는 새로운 접근 방식을 제안했다.

"스프레드시트와 슬라이드는 잊어버립시다." 그는 대신 다음 회의에 경영진 열 명 전원이 내러티브 메모를 작성해 와서, 디지털 미디어 사업에 대한 최고의 아이디어를 설명하도록 했다.

새로운 접근 방식을 적용한 회의는 더 생산적이었으며, 창의적인 아이디어가 쏟아져 나왔다. 한 임원은 새로운 화면 기술을 적용한 전자책 단말기를 제안했다. 다른 임원들은 새로운 버전의 MP3를 제안했다. 베조스는 카운터 위에 올려 두고 음성으로 명령하면 반응하는 기기인 '아마존 퍽$_{Amazon\ Puck}$'이라는 제품에 대한 아이디어를 제안했다. 10년 후, 아마존은 하키 퍽$_{puck}$(아이스하키에서 사용하는 고무공을 말한다_역주) 모양의 스마트 스피커인 에코 닷$_{Echo\ Dot}$을 출시했다. 아이디어를 글로 작성함으로써, "경영진은 엑셀의 정량적 요구와 파워포인트의 시각적 유혹에서 자유로워졌다."[2]

내러티브 방식의 성공을 확인한 베조스는 한 걸음 더 나아갔다. 그는 말했다. "보도 자료를 먼저 작성해 봅시다."

제품이나 서비스를 출시하면, 통상 기업은 새로운 제품을 알리기 위해 보도 자료$_{press\ release,\ PR}$를 배포한다. 대부분 조직에서 이런 보도 자료는 마케팅이나 홍보 부서에 전적으로 위임하는 직무다. 베조스는 이 순서를 뒤집어 경영진에게 고객의 관점에서 거꾸로 일하고, 고객이 해당 제품이나 서비스를 좋아하는 이유가 뭘지 자문해 보라는 예상치 못한 제안을 했다.

보도 자료부터 시작해 아이디어를 제안하면, 고객을 제대로 만족시킬 수 있는 기능과 서비스를 개발하는 데 팀의 관심을 집중시키게 된다. '그래서 뭐지?'라는 물음에 답할 수 있게 되는 것이다. 그건 고객이 제품이나 서비스에 대해 처음 들었을 때 하는 생각이다. '그래서 뭐? 그게 나한테 무슨 의미가 있지?'

아마존이 자사 '메커니즘' 중 하나인 미래의 보도 자료 시스템을 사용하기 시작하자, 얼마 지나지 않아 개발 과정에서 발생하는 내부 도전과 기술적 문제를 해결하기 위한 또 다른 내러티브 프로세스가 필요하다는 점이 분명해졌다. 그 해결책은, 바로 몇 쪽의 '자주 묻는 질문$_{FAQ}$' 문서를 추가하는 것이었다. FAQ는 개발자와 의사 결정권자가 아이디어를 현실화하기 위해 극복해야 할 장애물을 명확하게 파악할 수 있게 해준다.

아마존의 거꾸로 일하기 문서는 **PR/FAQ**로 알려지게 됐다. 그렇지만 프로세스의 일부로 FAQ를 꼭 포함할 필요는 없으므로, 이 장의 나머지 부분에서는 보도 자료를 집중적으로 살펴보도록 하겠다. 보도 자료는 아이디어를 제시하고, 아이디어를 평가하고, 새로운 제품, 서비스, 사업에 대한 공동 비전을 중심으로 팀을 단결시키기 위해 누구나 작성할 수 있는 글이다.

고객에게서 시작해 거꾸로 일하는 방식은 아마존 모델의 핵심으로, 카는 전 아마존 직원인 콜린 브라이어$_{Colin\ Bryar}$와 함께 공동 집필한 책 제목을 《순서 파괴$_{Working\ Backwards}$》라고 지었다. 두 사람은 아마존에서 도합 27년간 쌓은 경험을 바탕으로 직급과 관계없이 모든 사람에게 도움이 될 통찰, 리더십, 경영 전략을 제시한다.

나는 두 사람과의 대화를 통해, **모의 보도 자료**가 회사를 창업하거나 새로운 제품 또는 서비스 개발을 시작하면서 채택할 수 있는 가장 강력한 글쓰기 기술 중 하나라는 확신을 갖게 됐다. 모의 보도 자료는 정말 효과적이다. 여러분과 여러분의 팀이 고객을 대화의 중심에 두게끔 유도하기 때문이다.

PR/FAQ는 아이디어를 다양한 제품, 서비스, 회사로 실현해냈다. 이것들은 여러분의 일상에 밀접한 영향을 주고 있으며, 심지어 여러분이 아마존에서 제품을 구입하지 않는다고 해도 마찬가지다. 다음은 PR/FAQ로 시작된 몇 가지 아이디어 목록이다.

- 아마존 프라임
- 아마존 프라임 비디오
- 아마존 스튜디오
- 아마존 뮤직
- 아마존 스마일
- 아마존 마켓플레이스
- 아마존 에코 Amazon Echo 와 알렉사 Alexa
- 아마존 풀필먼트 Fulfillment by Amazon

이는 오직 아마존의 사례만이고, 그것도 일부에 불과하다. 모든 주요 산업 부문의 스타트업과 기업들이 아마존이 개척한 PR/FAQ 시스템을 채택했다. 나는 새로운 아이디어를 구상하거나 새 프로젝트를 제안하려면 모의 보도자료 시스템을 따라야 한다고 교육받은 많은 스타트업 창업자 및 직업 전문가와 대화를 나눴는데, 그들 중 일부는 그 배후에 베조스가 있다는 사실조차 모르고 있었다. 단지 PR/FAQ 시스템을 시도했을 때, 더 빨리 발견했더라면 좋았으리라는 점만 알게 됐을 뿐이다.

간단히 말해서, 거꾸로 일하기는 미래를 만드는 가장 좋은 방법이다.

오프라가 가장 좋아하고, 또 '좋아하는 것'

PR/FAQ 메커니즘은 좌절에서 탄생했다. 아마존의 경영진은 신설된 디지털 미디어 부문에서 고객이 원하는 제품 유형을 파악하는 데 어려움을 겪었다.

PR/FAQ로 개발이 시작된 한 제품은, 출판업계에 혁명을 일으키고 수백만 독자의 독서 습관을 바꿔 놨다. 다름 아닌 킨들 Kindle 이다.

아마존은 2007년 11월 19일, 킨들이라는 전자책 단말기를 출시했다. 당시에도 초도 물량이 6시간 만에 매진됐다. 그리고 이듬해 북 클럽의 여왕인 오프라 윈프리Oprah Gaile Winfrey가 킨들에 '승인 도장'을 찍어주면서, 판매량은 그야말로 폭발적으로 증가했다. 그녀는 킨들을 이렇게 극찬했다. "이건 틀림없이 제가 세상에서 가장 좋아하고, 또 좋아하는 물건입니다. 전 전자 기기에 별 관심이 없는 사람인데, 이 작은 친구와 사랑에 빠지고 말았어요."[3]

만일 보도 자료가 킨들 개발의 첫 단계가 아니었다면, 킨들을 향한 오프라의 애정은 훨씬 덜했을 것이다. 오프라는 킨들의 주요 기능 중 하나를 매우 좋아했다. 바로 60초 만에 자신이 원하는 책을 구하게 해주는 기능이었다. PR/FAQ에서 시작해 거꾸로 일하던 킨들 개발자들은, 문득 고객이 PC에 연결하거나 별도의 무선 약정 가입 없이 어디서나 책을 다운로드할 수 있다면 정말 기뻐할 것이라고 생각했다. 오프라 역시 그렇다. "저처럼 컴퓨터에 익숙하지 않은 분이라도 킨들을 무서워하지 마세요. 무서울 이유가 없어요. 컴퓨터가 없어도 작동하는 데 문제가 없으니까요. 그게 바로 킨들의 멋진 부분이죠."

오프라는 아마존 PR/FAQ 발전의 조연이 아니다. 그녀는 일등공신이다. 아마존 직원들은 '오프라식 화법Oprah-speak'으로 모의 보도 자료를 작성하는 교육을 받는다. 자신이 오프라 맞은편 소파에 앉아 있다고 상상해 보자. 오프라를 포함해 다양한 분야와 수준의 지식을 가진 시청자 수백만 명에게 제품을 어떻게 설명할 수 있을까? '기술 전문가식 화법Geek-speak'은 동료들과 사내에서 나누는 대화에 적합하다면, 오프라식 화법은 대중을 위한 언어다.

아마존의 보도 자료는 여섯 가지 공식으로 구성된다. '미래형' 보도 자료는 작성, 토론, 수정, 재토론을 거쳐 완성되는 문서라는 것을 명심해야 한다. 첫 번째 초안은 산만하고 불완전하다. 최종 문서는 공통 비전을 중심으로 팀을 단결시키고 명확한 방향성을 제시한다. 킨들의 공식 보도 자료가 팀이 본래 갖고 있던 비전과 매우 유사하므로, 이를 청사진으로 삼아 아마존 보도 자료의 여섯 가지 요소를 설명하겠다.

1. 제목

아마존 킨들을 소개합니다.[4]

제목$_{headline}$은 제품 출시를 알리는 나팔 소리와 같다. 한두 줄만으로 '누가', '무엇'을 발표하는지 명확히 알 수 있다. 필요한 경우 헤더$_{header}$에 제품 이름을 포함하는 경우도 있지만, 제품 출시 발표 시에는 사용하지 않는다. 2021년 2월 2일, 아마존 홍보부에서 "아마존닷컴, CEO 교체 발표"라는 제목의 보도 자료를 발표했다. 제목은 '누가' '무엇'을 발표하는지 알려준다.

2. 부제

혁신적인 휴대용 단말기로 고객은 1분 이내에 무선으로 책을 다운로드하고 신문, 잡지, 블로그를 자동으로 받아볼 수 있습니다. PC가 필요 없고, Wi-Fi 핫 스팟$_{Hot\,Spot}$을 찾을 필요도 없습니다.

부제$_{subheading}$는 제목 아래에 적혀 있는 첫 문장으로, 제품의 가장 매력적인 고객 혜택이나 차별점을 설명한다. 부제는 독자가 관심을 기울여야 할 만한 이유를 제시하는 문구다. 간결하고 일상적인 언어로 작성해야 하며, 고객을 만족시켜줄, 가장 눈길을 끄는 혜택을 강조해야 한다.

부제는 매우 중요하다. 4장에서 살펴본 로그라인 역할을 하기 때문이다. 할리우드 투자 설명회의 전제 조건이 로그라인이라는 것을 기억할 것이다. 로그라인은 "이 영화는 무엇에 관한 영화인가?"라는 근본적인 질문에 답한다. 이상적인 로그라인은 30단어를 넘지 않아야 한다. 킨들의 보도 자료에 담긴 부제 문장은 29단어(영어 원문 기준)다.

3. 요약 단락

2007년 11월 19일 오늘, 시애틀의 아마존닷컴은 책, 블로그, 잡지, 신문을 밝은 햇빛 아래에서도 실제 종이처럼 보고 읽을 수 있는 선명한 고해상도 전자 종이 디스플레이에 무선으로 다운로드하는 혁신적인 휴대용 단말기, 아마존 킨들을 출시했습니다. 현재 뉴욕 타임스 베스트셀러와 신간 112권 중 101권을 포함한 책 9만여 권이 킨들 스토어에서 판매되고 있으며, 가격은 별도의 표시가 없는 한 9.99달러입니다. 킨들은 오늘부터 399달러에 구입할 수 있습니다.

보도 자료 도입부의 첫 단락을 요약 단락이라고 한다. 요약 단락은 날짜와 위치로 시작된다. '미래형' 보도 자료에도 날짜를 추가하는 것이 중요하다. 해당 프로젝트의 실현 가능성에 대해 논의하도록 유도하기 때문이다. 보도 자료의 도입부는 제품과 그 제품의 이점을 간명하게 요약한 정보를 제공한다. 독자 중 80퍼센트는 첫 단락에서 읽기를 멈출 것이므로, 여러분의 창의적인 에너지 중 80퍼센트를 제목, 부제, 요약 단락을 작성하는 데 쏟아야 한다.

4. 문제 단락

"저희는 3년 이상 킨들을 개발해 왔습니다. 우리의 최우선 디자인 목표는 독자가 킨들을 자연스럽게 다루며 아무런 방해 없이 독서에 몰입할 수 있도록 하는 것이었습니다." 아마존닷컴의 설립자이자 CEO인 제프 베조스는 말합니다. "또 저희는 종이책을 뛰어 넘고 싶었습니다. 킨들은 무선이기 때문에 침대에 누워 있든, 기차를 타고 있든 책이 생각나면 60초 안에 읽을 수 있습니다. 컴퓨터가 필요 없고, 기기에서 바로 책을 구매할 수 있습니다. 오늘 킨들을 출시하게 돼 기쁩니다."

두 번째 단락에서는 제품이나 서비스가 해결하고자 하는 문제를 설명한다. 문제 단락에 인용문을 반드시 넣어야 하는 것은 아니지만, 킨들의 보도 자료에서는 베조스가 직접 설명하도록 하는 창의적인 결정을 내렸다. 두 번째 단락에서 꼭 기억해야 할 중요한 점은 여기에서 제품이 해결하고자 하는 문제를 제기해야 한다는 것이다. 그렇지 않으면 해결책을 제시할 이유가 없기 때문이다.

5. 솔루션 및 이점 단락 (세 번째~여섯 번째 단락)

<u>무선 콘텐츠 다운로드</u>, PC 필요 없음, Wi-Fi 핫 스팟 필요 없음

킨들 무선 전송 시스템인 아마존 위스퍼넷$_{\text{Amazon Whispernet}}$은 최신 휴대 전화와 동일한 전국 초고속 데이터 네트워크$_{\text{EVDO}}$를 사용합니다. 킨들 고객은 PC, Wi-Fi 핫 스팟, 동기화 없이도 무선으로 킨들 스토어에서 쇼핑하고, 새 콘텐츠를 다운로드하거나 구독할 수 있습니다.

보도 자료의 세 번째 단락에서는 제품, 서비스, 아이디어의 세부 정보에 대해 더 자세히 설명하기 시작한다. 고객의 문제는 간단하고 유쾌하게 해결된다. 솔루션 단락에는 제품이나 서비스가 어떻게 작동하며, 시작하기가 얼마나 쉽고 간단한지에 대한 설명이 포함된다. 이 단락은 서너 문장을 넘지 않도록 간결하게 작성해야 한다.

킨들 보도 자료에서는 굵은 글씨(여기서는 밑줄로 표기)로 표시한 부제로 제품의 이점을 강조하고, 글머리 기호로 몇 가지 간단한 세부 정보를 설명한다. 예를 들어, '무선 콘텐츠 다운로드'가 가장 큰 이점이다. 그 외에 다른 이점은 다음과 같다.

- 월정액 요금이나 약정 없는 무선 네트워크
- 종이처럼 읽기 쉬움
- 책, 블로그, 잡지, 신문
- 10.3온스(292그램)의 가벼운 기기로 책 수백 권 보유 가능
- 내장 사전과 위키피디아
- 긴 배터리 수명

강조할 이점을 신중하게 선택하라. 보도 자료 전체가 한 페이지 안에 들어가야 한다. 한 페이지 반으로 썼다고? 너무 길다.

6. 파트너십 강조, 경영진 인용문, 고객 후기

킨들 고객은 《뉴욕 타임스》, 《월스트리트 저널》, 《워싱턴 포스트》 같은 유력 신문 뿐 아니라, 《애틀랜틱 먼슬리$_{Atlantic\ Monthly}$》, 《타임》, 《포춘》 같은 인기 잡지와 저널을 선택할 수 있습니다. 또 킨들 스토어는 《르 몽드$_{Le\ Monde}$》, 《프랑크프루터 알게마이네$_{Frankfurter\ Allgemeine}$》, 《아이리시 타임스$_{The\ Irish\ Times}$》 등 프랑스, 독일, 아일랜드의 주요 국제 신문도 보유하고 있습니다.

회사 대변인, 협력사, 고객의 적극적인 인용문이나 증언은 이상적인 보도 자료의 여섯 번째 요소를 구성한다. 킨들의 보도 자료는 앞서 베조스의 인용문을 사용했기 때문에, 이 단락에서는 파트너십을 강조하고 있다. 아직 제작되지 않은 제품에 대한 미래의 보도 자료를 작성하는 경우에도, 기쁨을 표현하는 가상 고객의 인용문을 포함하거나 이상적인 협력사들을 강조하는 연습을 거쳐야 한다. 고객이 여러분의 아이디어를 왜 좋아하게 될지를 정확하게 설명할 수 있는 기회다.

아마존의 CEO 앤디 재시는 말한다. "코드 한 줄을 작성하기 전에, 저희는 보도 자료부터 작성합니다. 보도 자료는 제품의 모든 이점을 설명하게끔 설계되어 있어 고객의 문제를 실제로 잘 해결하고 있는지 확인할 수 있게 해줍니다."[5]

베조스의 '빨간 펜'

2004년 카의 팀이 킨들을 개발하는 동안, 앤디 재시는 컴퓨팅 스토리지 사업에 대한 아이디어를 제안하고자 보도 자료 기법을 시험하고 있었다. 그 아이디어는 훗날 아마존 웹 서비스가 됐다.

카는 회상한다. "다른 기업들의 개발 방식과 대조적으로, 재시와 AWS 팀은 처음 18개월 동안 제프와 함께 PR/FAQ 문서를 작성하고 수정하는 일에만 전념했습니다."[6]

팀의 엔지니어들은 베조스의 기술 고문에게 불만을 토로했다. 그들은 "제프는 우리가 워드 문서가 아니라 코드를 쓰라고 돈을 받는 엔지니어란 걸 모르나요?"라고 물었다. 그러나 베조스와 재시는 과정에 집중했다. 역사상 가장 빨리 100억 달러의 매출을 달성한 사업부가 된 AWS의 코드를 작성하기 전에, 그들은 1년 반을 내러티브 메모와 보도 자료를 작성하며 보냈다. AWS의 성공 비결은 일을 시작하기에 앞서 해야 할 일을 계획하고, 글로 작성하고, 문서화하는 데 1년 반이라는 시간을 온전히 투자했다는 데 있다.

카는 덧붙였다. "제가 경영대학원장이었다면, 명확한 비즈니스 메모나 문서 작성을 위한 정식 교육을 고집했을 겁니다."[7]

2021년 1분기에 아마존은 역대 최대 분기 매출인 1,080억 달러를 기록했다. 아마존은 아마존 프라임을 비롯한 구독 수익이 36퍼센트 증가했고, 매출

상승을 견인했다고 밝혔다. 베조스는 전 세계의 아마존 프라임 회원 수가 2억 명을 돌파했다고 발표했다. 현재 약 60퍼센트에 달하는 미국 가정이 연회비를 내는 대신 무료 배송, 빠른 배송, 그 외 여러 혜택을 제공받는 아마존 프라임의 회원이다.

아마존은 2005년 2월에 프라임 서비스를 출시했다. 고객들은 제프 베조스가 서명한 편지 형태로 새로운 프로그램을 설명하는 이메일을 받았다. 그 편지는 이렇게 시작됐다. "친애하는 고객 여러분, '무한 리필' 특급 배송을 제공하는 최초의 멤버십 프로그램인 아마존 프라임Amazon Prime을 발표하게 돼 정말 기쁩니다."[8]

베조스는 200단어가 조금 넘는 짧은 편지에서 아마존 프라임 서비스와 그 서비스가 제공하는 혜택을 명확하고 알기 쉬운 언어로 설명했다. 심지어 그는 아마존 프라임이라는 프로그램의 단순함까지 강조했다.

그는 이렇게 썼다. "간단합니다. 고정 연회비만 내면 백만 개가 넘는 재고 품목을 이틀 안에 무료 배송으로 무제한 받아볼 수 있습니다." 이 아이디어는 성공을 거뒀고, 현재 아마존에서 직접 구매할 수 있는 품목 수는 1,200만 개 이상으로 폭발적으로 증가했다(제3자 판매자를 통해 판매되는 제품 수억 개는 포함되지 않은 수치다).

이어서 베조스는 "아마존 프라임은 최소 구매 금액이 없고 주문을 통합할 필요가 없어 주문을 수월하게 해줍니다. 2일 배송은 어쩌다 누릴 수 있는 특혜가 아닌 일상적인 경험이 됩니다"라고 안내했다. 편지의 나머지 부분에서는 연회비와 고객이 매력적으로 여길 만한 몇 가지 다른 혜택을 설명했다. 그리고는 콜투액션call to action(고객의 행동을 유도하는 요소), 즉 '원클릭'으로 쉽게 가입할 수 있는 링크로 편지를 마무리했다.

고객들은 베조스가 몇 달 전, 프라임 개발 과정 초기에 이 편지의 초안을 작성했다는 사실을 알지 못했다. 프라임 출시 공식 서한은 앞서 작성된 여러 버전의 출시 발표 서한과 매우 흡사했다. 무제한 배송 서비스를 설명하기 위해 사용한 '무한 리필$_{all-you-can-eat}$' 유추는 공동 작업의 결과였고, 프라임이라는 이름은 순전히 베조스의 아이디어였다.

아마존 프라임은 이제 인터넷에서 가장 성공적인 멤버십 프로그램이 됐고, 아마존의 강력한 반복 매출$_{recurring revenue}$ 엔진이 됐다. 현재 미국 가정 대다수가 프라임 회원이며, 연평균 3,000달러를 아마존에서 쓰고 있다. 회원들에게 인기 있는 48시간 이벤트인 프라임 데이$_{Prime Day}$는, 미국에서 전통적으로 연중 가장 큰 쇼핑이 이뤄지는 블랙 프라이데이 동안 소매업체 전체가 올린 매출을 합산한 것보다 더 많은 매출을 창출한다.

'무한 리필' 유추는 아마존의 고위 경영진이 만장일치로 지지한 것이다. 나중에 베조스는 이런 농담을 했다. "공짜 무한 리필 뷔페를 제공하면 어떻게 될까요? 누가 먼저 나타날까요? 많이 먹는 사람들이겠죠! 무서울 거예요. '정말 새우를 마음껏 먹어도 된다고 말하다니, 내가 제정신인가?' 정신이 번쩍 나겠죠. 하지만 우리는 추세선을 보았고, 어떤 유형의 고객들을 유치하게 될지 알 수 있었습니다."**9**

"베조스는 빨간 펜을 들고, 보도 자료, 제품 설명, 연설문, 주주 서한에서 고객에게 간단하고 긍정적으로 전달되지 않을 법한 내용은 모두 지워버린다. 그는 기능이나 제품이 세상에 어떻게 전달될지, 또 소중한 고객들이 그것에 어떤 반응을 보일지 정확히 알지 못하면 그 누구도 좋은 결정을 내릴 수 없다고 믿었다."**10** 브래드 스톤은 저서 《아마존, 세상의 모든 것을 팝니다》에 이렇게 썼다.

베조스는 내러티브를 작성하는 동안 높은 기준을 고수한다. 스톤에 따르면, 베조스가 메모를 몇 문장 읽다가 곧장 더 강렬한 제목을 제안하거나, "별

써 지루한데요"라고 말하는 경우를 심심치 않게 볼 수 있다고 한다. "그는 사람들이 시간을 갖고 깊이 생각하여, 자신의 생각을 설득력 있게 표현하기를 원했다."

스톤은 거기에서 힌트를 얻었다. 책을 쓰기 위해 베조스와의 만남을 요청을 할 때, 그는 자신의 책이 출판됐을 때 보도 자료에 어떤 내용이 담길지 상상하면서 내러티브 형식의 글로 인터뷰 요청을 했다.

명확하고 정확한 사고를 유도하는 글쓰기

모의 보도 자료 작성은 어려운 일일 수밖에 없다. 슬라이드와 글머리 기호보다 더 정확한 표현으로 아이디어를 명확히 설명해야 하기 때문이다. 즉 다음 질문들에 대한 확실한 답이 필요하다.

- 고객이 제품과 어떻게 상호 작용할 것인가?
- 이 제품은 기존 제품과 어떻게 다른가?
- 고객이 가장 매력적으로 느낄 기능은 무엇인가?
- 고객이 이 제품이나 서비스를 좋아하는 이유는 무엇인가?

이 목록은 2015년 제니퍼 캐스트Jennifer Cast가 언뜻 온라인에서 큰 성과를 낸 회사에는 직관적이지 않아 보이는 새로운 아이디어에 대한 사내 지지를 얻기 위해 PR/FAQ를 작성하면서 염두에 둔 질문이기도 했다. 캐스트는 아마존의 첫 오프라인 매장 진출을 이끌 적임자로 선택됐다.

아마존 북스의 부사장이었던 캐스트는 소비자들이 좋아하는 책을 찾을 수 있는 또 하나의 채널을 제공한다는 사실에 흥분했다. 그녀는 아마존의 스물다섯 번째 직원이었고, 고객에게 집착하라는 원칙을 몸소 실천하고 있었다. 또 다른 오프라인 서점을 만드는 데에는 관심이 없었으며, 고객에게 전혀 다른 경험을 제공하는 일에 집착했다. 캐스트는 연구를 통해 중요한 사실을 발견했다. 세계 최대 규모의 서점을 오픈했던 회사더라도, 매장 내 고객 경험을 재구성하려면 기존의 전통적인 서점보다 더 작은 규모로 생각해야 한다는 사실이었다. 유동 인구가 많은 지역에 맞는 더 작은 매장을 마련하고, 더 적은 수의 책을 소개함으로써 아마존은 고객에게 색다른 경험을 제공할 수 있었다. 캐스트는 자신의 아이디어를 공유하게 돼 기뻤지만, 먼저 글로 정리해야 했다.

"가장 먼저 알아야 할 것은 PR/FAQ를 작성하는 것은 시간과 끈기가 필요한 큰 작업이라는 점입니다. 아마존 북스의 PR/FAQ를 작성하는 6주 동안 최소 120시간을 투자했고, 최소 12번의 수정을 거쳤습니다."[11] 캐스트의 노력은 결실을 맺었다. 90분 동안 지속된 캐스트의 '거꾸로 일하기' 회의는 베조스와 S팀 멤버들이 아마존의 첫 오프라인 매장 개발을 승인하는 것으로 마무리됐다.

표 10은 아마존 북스에 생명을 불어넣은 캐스트의 모의 보도 자료에 담긴 요소를 보여준다.

● 표 10: 아마존 북스의 모의 보도 자료[12]

제목	온라인의 기능과 혜택을 제공하는 아마존 오프라인 서점 오픈
부제	매장에는 아마존의 모든 기기 제품이 구비돼 있으며, 아마존닷컴과 마찬가지로 저렴한 가격에 구매할 수 있다.
첫 번째 단락	이 단락에서 캐스트는 아마존이 최초의 오프라인 매장을 열었다고 발표했다. 또 몇 가지 고객 혜택과 함께 매장 위치를 명시했다.
두 번째 단락	이 문단에서 캐스트는 창의적인 선택을 했다. 그녀는 기존 오프라인 서점에는 별다른 문제가 없었기 때문에 '문제$_{problem}$'라는 표현은 쓰지 않기로 했다. 대신 베조스의 가상 인용문을 작성해 고객에게 더 나은 경험을 제공하게 될 아마존 북스의 몇 가지 차별점을 강조했다.
세 번째~여섯 번째 단락	캐스트는 디자이너가 매장에서의 경험을 디자인할 때 참고할 수 있는 세부 정보를 제공했다.

경영진 인용문/ 고객 후기	캐스트는 다시 한번 가상 인용문을 사용했다. 고객들은 책을 펼쳐서 보고, 아마존 평점과 후기를 읽고, 아마존 태블릿을 비교하고, 파이어 TV 스틱Fire TV Stick과 같은 새로운 아이템을 발견하고, 모바일 앱을 사용해 주문하거나 자세한 정보를 찾는 데 열의를 보였다. 캐스트는 고객 후기는 의사 결정권자가 아이디어의 강점을 평가하는 것을 돕기 때문에, 보도 자료 작성 과정에서 매우 중요한 부분을 차지한다고 말한다. 고객 후기가 설득력이 없을 경우, 해당 아이디어가 가치 있는 프로젝트가 되기에 충분한 규모의 고객층에 실질적인 가치를 제공하지 못할 가능성이 높다.

아마존은 2015년 11월 3일 시애틀의 유니버시티 빌리지University Village에 최초의 오프라인 서점을 오픈했다. 캐스트는 명확한 방향을 제시하고 팀이 고객 경험에 집중할 수 있게 해준 PR/FAQ를 높이 평가한다. 그녀는 아마존의 첫 번째 리더십 원칙은 고객 '서비스'나 고객 '집중'이 아니라고 강조한다. 아마존의 첫 번째 리더십 원칙은 "고객에게 집착하라. 리더는 고객에게서 시작해 거꾸로 거슬러 올라가는 방식으로 일한다"이다. 캐스트가 작성한 보도 자료는 팀원 모두가 고객을 경험의 중심에 두게끔 유도한다.

개인 코칭

다음 표를 사용해 스타트업, 제품, 서비스, 회사, 계획 등 여러분의 아이디어에 대한 모의 보도 자료의 초안을 작성해 보자.

주제	제품, 이니셔티브, 서비스, 회사
제목	제목은 '누가' '무엇'을 발표하는지 말해 준다.
부제	부제는 독자가 관심을 기울여야 할 만한 이유를 제시하는 문구다. 간결해야 한다. 30단어 미만으로 작성한다.
첫 번째 (요약) 단락	첫 번째 단락은 제품, 이니셔티브, 서비스, 회사에 대한 간결한 요약과 그 이점을 소개하는 도입부다.
두 번째 (문제) 단락	두 번째 단락은 여러분의 제품, 이니셔티브, 서비스, 회사가 해결하고자 하는 문제를 설명한다.

세 번째~ 여섯 번째 단락	세 번째부터 여섯 번째 단락까지는 제품, 이니셔티브, 서비스, 회사의 세부 정보와 문제 해결 방법을 자세히 설명한다.
경영진 인용문/ 고객 후기	가상의 회사 대변인, 협력사, 고객의 설득력 있는 인용문을 사용해 보자.

거꾸로 일하면 경력이 빠르게 발전한다

누구나 보도 자료 템플릿을 사용해 제품 개발을 이끌고, 팀을 조율하고, 제안을 명확히 설명하고, 새로운 사업, 제품, 서비스에 대한 아이디어를 제시할 수 있다.

국제 의료 기기 회사의 부서장인 존$_{John}$은 내게 아마존 보도 자료를 사용한 경험담을 들려줬다. 그는 아마존과의 잠재적 파트너십을 논의하기 위해 팀원 몇 명과 함께 시애틀을 방문한 적이 있었다. 존이 아마존의 보도 자료 작성 과제를 접한 것은 그때가 처음이었다.

존은 아마존이 PR/FAQ에 쏟는 노력은 높이 평가했지만, 이 작업이 자기 회사에 얼마나 도움이 될지에는 의구심이 들었다. 그는 오직 아마존이 그의 팀을 친절하게 초대했기 때문에 아이디어 회의에 참석하게 됐음을 인정했다. "맞아요, 저희는 회의적이었죠. 아마존의 프로세스를 존중하기는 했지만, 솔직히 시간 낭비라고 생각했습니다." 하지만 그 과정을 거치면서 존은 아마존의 PR/FAQ가 누구나 그 가치를 즉시 알아볼 수 있을 만큼 명확하고 간단한 방식으로 아이디어를 설명하도록 강제한다는 사실을 알게 됐다. "회의를 마치고 나왔을 때 저희는 이미 설득당한 상태였습니다. 정말 마음에 들었죠. 저희는 보도 자료의 전도사가 됐습니다. 과장이 아닙니다. 보도 자료가 저희 팀이 일하는 세상을 바꿔 놨어요."

맞다. 과장이 아니다. 출장에서 돌아오자마자 존과 그의 팀은 회사 CEO를 위한 사업 설명 프레젠테이션을 준비하기 시작했다. 그들은 CEO에게 아마존과의 파트너십 승인과 프로젝트 완수를 위한 자금 지원을 요청하고자 했다. 그들에게 주어진 시간은 60분이었다. 그 회사는 150개국에 지사를 두고 있어, CEO의 시간이 매우 귀하다. 그들은 한 시간이라는 프레젠테이션 시간을 얻게 된 것에 감사했다.

존은 과감한 결정을 내렸다. 그는 팀원들을 설득해 20분짜리 프레젠테이션을 만들고 CEO에게 40분이라는 시간을 돌려주기로 했다. 만일 CEO가 더 많은 질문을 던진다면 팀원들은 그에 대한 답변으로 응할 생각이었다. 그러나 전체 시간과 상관없이 본 피칭만큼은 20분을 넘기지 않도록 했다. 커뮤니케이션을 연구해온 존은 긴 프레젠테이션은 복잡하고, 산만하며, 부담스럽고 지루한 경우가 많다는 것을 알고 있었다. 거의 항상 짧은 프레젠테이션이 긴 프레젠테이션보다 더 설득력이 있다.

팀은 일을 시작했다. 그들은 아마존과 가진 회의에서 논의한 내용을 요약하고, 잠재적인 파트너십을 명확히 설명하고, 이 아이디어가 환자들에게 어떤 혜택을 가져다줄지 묘사하고, CEO가 상당한 규모의 예산 요청을 승인하도록 설득할 20분 분량의 프레젠테이션을 만들었다.

존은 아마존에서 배운 미래형 보도 자료 모델을 잊지 않고 있었다. 그러나 그는 메모를 작성하는 대신 개념을 한 단계 더 발전시켰다. 존은 이렇게 제안했다. "환자의 관점에서 거꾸로 일하기 위해, 제품 출시 후 방영될 TV 광고부터 시작해 봅시다. 광고에서는 환자가 집에서 편하게 치료법을 선택하고 사용하는 것이 얼마나 쉬운지 보여주려고 합니다. 또 그 영상은 우리가 아마존 클라우드 기술과 협력해 검사 결과를 환자 주치의에게 빠르고 쉽게 전송하는 방법도 보여줄 겁니다."

존의 팀은 미래의 환자 역할을 맡은 배우들이 출연하는 2분짜리 영상을 제작했다. 그리고 프레젠테이션에 그 영상을 삽입했다. 회의장에서 존은 영상이 재생되는 동안 CEO를 지켜봤다. "CEO의 눈이 빛나고 있었어요." 그는 회상했다.

영상이 끝나자 존은 다시 슬라이드로 돌아왔다. "방금 앞으로의 비전에 대해 살펴보셨으니, 이제 저희가 어떻게 그 비전을 실현할지 보여드리겠습니다. 저희는 인력, 인재, 자원에 대한 투자가 필요합니다."

원래 한 시간으로 예정돼 있던 회의는 약 30분간 진행됐다. CEO는 존의 예산 요청을 기꺼이 승인했다. 이 치료법은 2022년 임상 시험에 들어가, 2023년에는 규제 당국에 승인을 신청할 것으로 예상된다. 최첨단 의료 기술과 아마존의 클라우드 컴퓨팅 파워를 활용해 특정 유형의 암을 조기에 발견함으로써 수백만 명에 달하는 암 사망자 수를 줄일 수 있을 것으로 기대되고 있다.

보도 자료에서 시작해 거꾸로 일하는 방식은 존의 삶을 실제로 바꿔 놨다. 존은 이 획기적인 프로젝트를 이끌면서 승진도 이뤄냈다. 그는 10만 명 이상이 근무하는 글로벌 기업에서 단 20명에 불과한 부사장 직급에 임명됐다. 존은 말했다. "커뮤니케이션 기술이 없었다면 이 자리에 오르지 못했을 겁니다. 설득력 있는 아이디어를 명확하고 간결하게 전달하는 능력은 매우 중요한 기술입니다. 대기업 내에서 성장하고 싶거나, 스타트업의 자금을 조달하려면 상사, CEO, 투자자를 설득할 수 있어야 합니다. 제가 바로 프레젠테이션 기술로 어떻게 경력을 쌓아갈 수 있는지 보여주는 예라 할 수 있죠."

모두를 일치시키기

'일치$_{alignment}$'는 내가 거꾸로 일하는 시스템을 채택한 비즈니스 전문가들과 대화할 때 자주 등장하는 주제다.

하이테크 기업의 야심 찬 프로덕트 매니저인 제인$_{Zane}$은 자신의 회사가 전략적 이니셔티브에 대한 이해관계자들의 의견을 일치시키기 위해 PR/FAQ를 사용한다고 내게 말했다. 제인의 회사 경영진은 보도 자료의 분량을 한 페이지로 엄격하게 제한하고 있으며, 그는 새로운 아이디어를 제안하기 위해 적어도 분기당 한 번은 보도 자료를 작성한다.

"여러분의 아이디어로 해결될 문제를 한두 문장으로 설명할 수 없다면, 여러분은 문제를 충분히 이해하지 못한 것일 수 있습니다. 고객이 얻을 혜택을 몇 문장으로 설명할 수 없고, 고객이 해당 제품을 좋아할 수밖에 없는 이유를 인용문을 통해 보여줄 수 없다면, 역시 고객을 충분히 파악하지 못하고 있는 겁니다. 또 제품이 경쟁업체 제품과 어떻게 다른지, 그 제품이 고객의 삶을 어떻게 더 편리하게 만들어줄 수 있는지 한두 문장으로 설명할 수 없다면, 내부적으로 필요한 지지를 얻기란 거의 불가능합니다."

제인은 서른한 살의 중간 관리자로, 언젠가 대기업 CEO가 된다는 큰 꿈을 갖고 있다. 코로나19 팬데믹 기간 동안 제인의 회사는 모든 직원이 원격 근무를 할 수 있도록 했다. 다른 여러 기업과 마찬가지로 제인의 회사 역시 '분산된 인력$_{distributed\ workforce}$'을 관리하는 일이 가능할 뿐 아니라, 많은 직원에게 선호된다는 사실을 알게 됐다.

제인은 이렇게 말한다. "이제 팀원 모두가 원격으로 서로 다른 시간대에 근무하고 있기 때문에, 글쓰기가 그 어느 때보다 더 중요해졌습니다. 모든 사람이 이해할 수 있는 간결한 형식으로 제 생각을 정리해야 합니다. 재무, 영업, 기술, 고객 성공$_{customer\ success}$ 등 다양한 분야의 이해관계자가 모두 동의할 수 있도록 해야 하죠."

프로덕트 매니저는 여러 부서를 넘나드는 역할을 하기 때문에 '미니$_{mini}$ CEO'라 불리기도 한다. 제인도 그렇다. "저는 네다섯 부류의 다른 독자층을 상대하고 있습니다. 제품 개발을 하는 개발자들에게는 기술 언어로 이야기해야 합니다. 최고 재무 관리자$_{CFO}$와는 숫자로 말하고, 우리 제품이 회사의 최종 결산에 미치는 영향을 명확하게 설명해야 하죠. 한편 영업 사원들에게는 고객이 우리 제품을 좋아하고 더 많이 구입할 것이라고 설득해야 합니다. 제가 전달하는 모든 내용은 그들에게 구체적이어야 합니다. 각기 다른 독자에게 맞는 메시지를 작성하지 못한다면, 저는 무능하고 실패한 사람이 될 겁니다."

거꾸로 일하기는 새로운 아이디어를 제안하고자 하는 모든 사람에게 꼭 필요한 방식이다. 로켓 과학자 오잔 바롤$_{Ozan\ Varol}$은 나사$_{NASA}$에서도 아마존의 보도 자료와 비슷한 사고방식인 '백캐스팅$_{backcasting}$'을 자체적으로 사용한다고 말한다. 바롤과 화성 탐사팀의 과학자들은 프로젝트를 추진하기 위해 미래의 보도 자료를 작성했다. "백캐스팅은 자원이 비전을 주도하게 놔두지 않고, 비전이 자원을 주도하도록 합니다."[13]

바롤에 따르면, 백캐스팅은 야심차고 혁신적인 사고를 촉발시켜 나사가 불가능한 일을 해내도록 한다. 예를 들어, 1960년대 초에는 인간을 달에 보냈다가 다시 지구로 안전하게 귀환시키는 데 필요한 로켓 기술이 존재하지 않았다. "나사는 인간의 달 착륙이라는 결과에서 시작해, 거꾸로 일해서 달에 착륙하는 데 필요한 단계를 밝혀냈습니다. 순서는 이렇습니다. 먼저 로켓을 발사하고, 한 사람을 지구 궤도에 올려놓습니다. 그리고 우주 유영을 해서, 지구 궤도에 있는 목표 우주선과 만나 도킹을 합니다. 다음으로 그 유인 우주선을 달에 보내 달 주위를 돌고 돌아오는 것이죠. 이러한 로드맵의 점진적인 단계가 전부 완료된 이후에, 비로소 달 착륙이 시도됐던 겁니다."[14]

바롤은 내게 이렇게 말했다. "말이나 글을 통한 커뮤니케이션은 과학자나 전문가가 개발할 수 있는 가장 중요한 기술 중 하나입니다. 특히 복잡한 주제에 관한 자신의 연구 내용을 잘 순화하여 누구나 이해할 수 있는 언어로 표현해 내는 능력은 흔치 않고, 또 귀한 기술입니다. 그 기술을 마스터한 사람들은 정말 한눈에 알아보기가 쉽죠."[15]

좋은 글을 작성하는 사람들은 눈에 띄기 마련이다.

2부의 마지막 장인 11장에서는 훌륭한 연사들이 자신의 아이디어를 설명하는 창의적인 방식을 찾아내는 방법과, 그들의 이야기가 마르지 않는 샘 같은 이유를 살펴볼 것이다. 아마존의 성장에서 과소평가된 측면이 하나 더 있다. 글쓰기에 중점을 두는 회사는, 더 나은 글쓴이가 되는 데 필요한 독서의 힘에도 가치를 둔다는 사실이다.

THE BEZOS BLUEPRINT

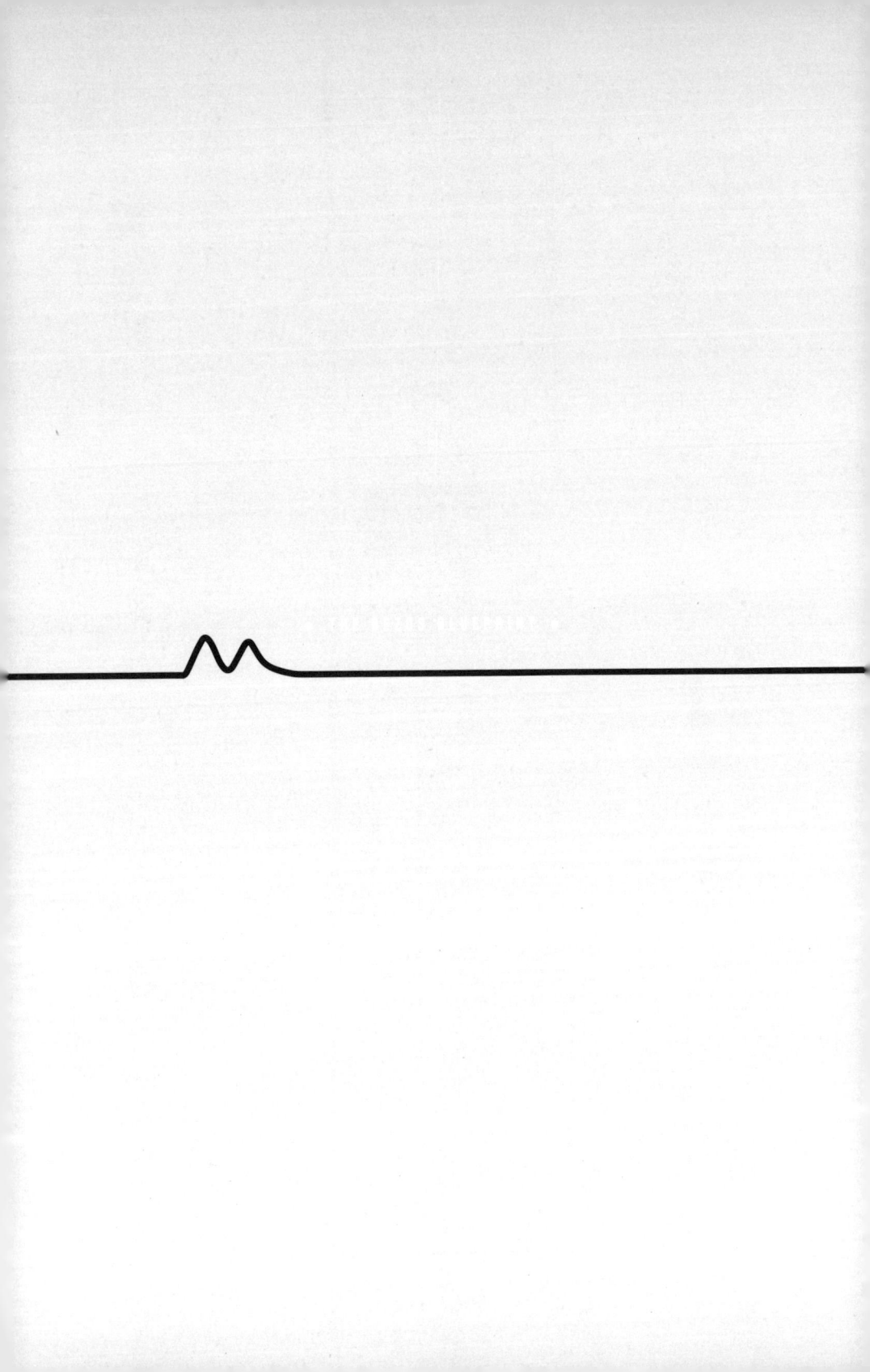

11장
이끄는 자는 읽는 자다

훌륭한 리더는 훌륭한 커뮤니케이터여야 하며, 글쓰기라는 고된 작업은 독서라는 숫돌을 통해 가장 잘 연마된다.

_ 제임스 스타브리디스 제독 Admiral James Stavridis, **미국 해군** (퇴역)

THE BEZOS BLUEPRINT

    지구상에서 가장 큰 서점을 시작하기 30년 전, 제프 베조스는 큰 꿈을 꾸도록 영감을 준 작은 소설집을 발견했다.

    베조스는 네 살부터 열여섯 살까지, 여름마다 텍사스주 코툴라_{Cotulla}에 있는 할아버지의 소 목장에서 지내며 일을 거들었다. 서부 텍사스에서 땅을 경작하는 목장주들은 자랑스럽게 코툴라를 고향이라 부른다. 비록 코툴라가 어디 있는지 설명하기는 어려워할지언정 말이다. 물론 베조스는 가능하다. "코툴라는 샌안토니오_{San Antonio}와 라레도_{Laredo} 중간쯤에 있습니다."

    한 지역 독지가가 마을 도서관에 공상과학 책들을 기증했을 때, 베조스의 안에 성간_{interstellar} 여행을 향한 열정이 피어올랐고, 그 열정은 평생 그를 떠나지 않을 비전이 됐다. 조숙했던 베조스는 쥘 베른_{Jules Verne}, 아이작 아시모프_{Isaac Asimov}, 로버트 하인라인_{Robert Heinlein}의 작품에 푹 빠져들었다. 6학년이 되어 베조스는 J. R. R. 톨킨_{J. R. R. Tolkien}의 《호빗_{The Hobbit}》에서 배운 가치를 분명히 표현할 수 있게 됐다. 평범한 상황에서도 비범한 영웅이 등장할 수 있다는 이 책의 주제는 미래의 모험가를 꿈꾸는 베조스에게 큰 감동을 줬다.

    책은 어린 베조스에게 경쟁심을 불러일으켰다. 열두 살 때 그는 독서 관련

인증을 취득하기 위해 다양한 책을 읽었다. 일찍부터 승부 본능을 드러낸 그는 다른 학생들에게 뒤처지지 않겠다고 결심했다. 심지어 베조스는 자기가 일주일에 책 열두 권을 읽는다며 터무니없는 주장을 하는 다른 동급생과 스스로를 비교하기도 했다.

베조스는 책에 둘러싸여 산다. 시애틀 호숫가에 위치한 베조스의 집에는 그가 주주 서한에서 인용한 미래학자 아서 C. 클라크$_{Arthur\ C.\ Clarke}$의 작품을 포함해 책 수백 권이 진열되어 있다. 전기 작가 브래드 스톤에 따르면, "다른 사람들은 이러한 고전을 읽으며 다른 현실을 꿈꿨지만, 베조스는 그 책들을 흥미진진한 미래를 위한 청사진으로 여겼던 것 같다."[1]

쥘 베른$_{Jules\ Verne}$의 고전 《지구에서 달까지$_{From\ the\ Earth\ to\ the\ Moon}$》는 베조스에게 깊은 울림을 줬다. 베조스의 친구 대니 힐리스$_{Danny\ Hillis}$는 이렇게 말하기도 했다. "제프는 자신과 블루 오리진을 더 큰 이야기의 일부로 보고 있습니다. 그건 쥘 베른이 쓴 것과 아폴로 미션이 성취한 것의 다음 단계예요."[2]

시애틀에서 남쪽으로 약 27킬로미터 떨어져 있는 블루 오리진 본사의 안뜰에서 방문객들은 쥘 베른의 고전 소설에서 영감을 받아 만든 이층 모형 로켓을 발견할 수 있다. 스톤은 이렇게 묘사했다. "쥘 베른 소설에 등장했을 법한 빅토리아 시대 우주선의 실물 크기 스팀펑크$_{steampunk}$ 모형으로, 조종석, 황동 조종간, 19세기 물품이 갖춰져 있다. 방문객들은 내부로 들어가 벨벳으로 덮인 좌석에 앉아서, 네모 선장$_{Captain\ Nemo}$과 필리어스 포그$_{Phileas\ Fogg}$와 동시대에서 활약하는 용감한 탐험가가 된 자신을 상상해볼 수 있다."[3]

아마존은 베조스가 꿈꿨던 최초의 기업가적 모험이 아니었다. 팔메토 시니어 고등학교$_{Palmetto\ Senior\ High\ School}$에 재학 중이던 베조스는 중학생을 위한 여름 캠프인 '드림 인스티튜트$_{DREAM\ Institute}$'에 대한 아이디어를 떠올렸다. 여름 캠프에 참가한 학생들은 《데이비드 코퍼필드》, 《낯선 땅 이방인》, 《걸리버 여행기》,《블랙 뷰티》,《과거와 미래의 왕》,《반지의 제왕》,《보물섬》,《워터십 다운》 등 베조스가 직접 선정한 책을 읽어야 했다.

그 모험은 실행되지 못했지만, 베조스는 자신의 활동 범위에 있는 사람들과 책을 나누고자 하는 열정은 잃지 않았다.

베조스는 책을 통해 얻은 지식을 공유하는 것이 리더의 역할 중 하나라고 믿는다. 2013년 여름, 베조스는 고위 경영진을 대상으로 하루 종일 진행되는 북 클럽을 세 차례 개최했다. 베조스는 CNBC 기자에게 이렇게 말했다. "저희는 경제경영 책들을 함께 읽고 전략, 비전, 맥락에 대해 이야기를 나눴습니다. 그 책들은 저희가 사업에 대해 이야기하면서 사용할 수 있는 프레임워크가 됐습니다. 또 서로를 더 잘 이해할 수 있는 기회도 되어줬습니다."[4]

독서를 최우선 순위로 삼는 억만장자는 베조스뿐 아니다. 리처드 브랜슨Richard Branson, 워런 버핏, 사라 블레이클리Sara Blakely, 오프라 윈프리, 레이 달리오Ray Dalio, 일론 머스크와 같은 억만장자들은 평균보다 훨씬 더 많은 책을 읽는다.

미국인의 독서 습관에 대한 한 종합 설문조사에 따르면, 미국 성인 중 4분의 1이 넘는 약 27퍼센트는 책을 전혀 읽지 않는 것으로 나타났다. 조사 대상자 5명 중 1명만이 1년에 12권 이상의 책을 읽는다고 응답했다.[5] 그렇게 보면, 매달 책 한 권을 다 읽고 또 다른 책의 절반만 읽어도, 열성적인 독서가이자 큰 업적을 이룬 엘리트 그룹에 합류할 수 있다.

퇴역한 미 해군 제독 제임스 스타브리디스James Stavridis는 진정한 독서광이다. 그는 1년에 최소 100권의 책을 읽으며, 이는 미국 성인 연평균 독서량의 10배에 달하는 양이다. 스타브리디스는 내게 이렇게 말했다. "나는 경험을 통해 해군 대장이나 제독으로 4성 장군에 오른 사람들이 책을 매우 열심히 읽는 독서가라는 사실을 알고 있습니다."[6]

스타브리디스는 다른 리더들이 일주일에 책 두세 권을 꼭 읽어야 한다거나, 4,000권에 달하는 자신의 장서만큼 책을 갖고 있어야 한다고는 생각하지 않는다. 그러나 그는 어느 분야에 몸담고 있든 리더가 되기를 꿈꾸는 사람이라면, 소설과 논픽션을 구분하지 않고 해당 분야의 다른 사람들보다 훨씬 더 많은 책을 읽어야 한다고 강조한다.

지금보다 더 많은 책을 읽어야 하는 4가지 이유

- **1. 책은 마음의 시뮬레이터다.**

"독서는 우리가 무의식적으로, 보통은 속수무책으로 다른 사람의 피부, 다른 사람의 목소리, 다른 사람의 영혼 속으로 빠져들어 가게 하는 유일한 수단이다."[7] 소설가 조이스 캐롤 오츠Joyce Carol Oates의 말이다.

독자를 다른 사람의 영혼 속으로 들어가게 함으로써, 책은 마음의 시뮬레이터 역할을 한다. 신경과학자들에 따르면, 인간의 뇌는 경험담을 읽는 것과 실제 사건을 경험하는 것을 분간하지 못한다고 한다. 책에 나오는 등장인물들이 처한 상황 속에 자신을 놓아둔 채, '나라면 그 상황에서 어떻게 했을까?'라는 질문을 스스로에게 던져볼 수 있다.

20여 년 전, 스타브리디스는 패트릭 오브라이언Patrick O'Brian의 해양 모험 소설인 《마스터 앤드 커맨더Master And Commander》를 읽으면서 해군 구축함을 지휘할 준비를 했다. 또 그는 테르모필레 전투Battle of Thermopylae에서 죽음을 무릅쓰고 싸우는 스파르타의 이야기를 다룬 스티븐 프레스필드Steven Pressfield의 대하소설 《불의 문Gates of Fire》에서도 영감을 얻었다. "그 책을 읽으면서 그들의 입장에서 그들의 동기를 이해하고, '내가 그러한 임무를 수행해 낼 수 있는 용기, 열정, 신의를 가졌는지' 자문해볼 수 있습니다."[8]

2. 책은 관점을 제시한다.

스타브리디스는 말한다. "책은 집이나 학교를 벗어나지 않고도 엄청나게 다양한 삶을 경험할 수 있게 해줍니다. 1915년 남극에서 목조선 인듀어런스Endurance가 유빙에 갇혀 파괴된 후, 어니스트 섀클턴Ernest Shackleton이 어떻게 승무원 전체를 구할 수 있었는지를 젊은 리더 지망생이 책 말고 달리 어디서 배울 수 있을까요? 평생 독서를 해온 제 삶을 되돌아볼 때, 제가 가장 존경하는 인물 중 상당수는 그들이 쓴 책이나 그들에 관한 책을 통해 알게 된 이들입니다."[9]

기업가들은 종종 자신의 비전을 현실로 만들기 위해 역경을 극복한 사람들의 일인칭 이야기를 읽으며 영감을 얻는다. 예를 들어, 2009년 《뉴스위크》와의 인터뷰에서 베조스는 이렇게 말했다. "제가 가장 좋아하는 책 중 하나인 《남아 있는 나날The Remains of the Day》을 읽고 나면, '단 열 시간 만에 다른 삶을 살면서 인생과 후회에 관해 뭔가를 배웠구나'라는 생각이 들 겁니다. 블로그 게시물로는 그러한 경험을 할 수 없습니다."[10]

3. 책은 응축된 형태의 소중한 지식이다.

핫한 차세대 스타트업 투자에 혈안이 된 투자자들도 훌륭한 경제경영서가 제공하는 투자 수익률은 따라가지 못한다.

이 책은 7만 단어가 조금 안 된다. 평균 속도로 읽었을 때 네 시간 정도면 다 읽을 수 있다. 네 시간을 투자한 대가로 세계에서 가장 부유한 사람 중 한 명이자, 한 가지 아이디어를 1조 7,000억 달러의 거액으로 바꾼 기업가의 23년에 걸친 통찰을 얻을 수 있다. 또 베조스의 청사진을 모델로 삼아 회사를 창업한 전 아마존 임원들과 성공적인 비즈니스 리더들의 커뮤니케이션 전략도 배울 수 있다.

책은 리더십 기술을 향상시켜줄 가장 가치 있는 도구다.

4. 독서가가 훌륭한 연사가 된다.

스타브리디스 제독은 읽음으로써 말과 글을 향상시킬 수 있다고 믿는다. "리더십의 정수는 소통하고 영감을 주는 능력에 있습니다. 그러한 능력을 갖추려면 좋은 연사이자 좋은 작가가 돼야 합니다. 소설을 포함한 훌륭한 문학과 논픽션을 두루 읽으면 글쓰기와 말하기 실력을 향상시킬 수 있습니다."

내 경험에 비춰볼 때, 나를 연사로 초청한 CEO 중 대다수는 내 책을 한 권 이상 읽은 이들이었다. 또 나는 1년에 최소 50권의 책을 읽지만, 내가 만난 CEO와 기업가들은 거의 항상 내가 아직 읽지 않은 책에 대해 들려주곤 한다. 그들 중 대부분은 평균 이상의 커뮤니케이션 능력을 갖추고 있으며, 팀원들이 말하기와 글쓰기 능력을 향상시키기를 원한다. 글쓰기를 중시하는 리더는 더 나은 글을 쓰는 데 도움이 되는 독서 역시 중요하게 생각한다.

간단히 말해서, 열렬한 독서가가 더 나은 연사가 된다. 소설과 논픽션을 오가며 구색을 갖춰 책을 읽는 사람들은 폭넓고 흥미로운 이야기를 다양하게 끌어낼 수 있다. 그들은 자신의 화살통에 일화, 통찰, 사례, 지혜의 화살들을 더 많이 채워 넣게 된다. 그들은 신선하고, 놀라우며, 독특한 시각으로 세상을 바라보고, 자신들이 본 것을 설명한다. 새로운 것을 배우길 좋아하는 타고난 탐험가인 우리 인간은, 그러므로 정보를 제공하고, 계몽시키고, 영감을 주며, 문화를 지켜 나가는 독서가들에게 매력을 느낀다. 베조스는 책, 영화, 메모 등이 설득력 있는 콘텐츠가 되려면 흥미로워야만 한다고 말한 적이 있다. 즉, 우리는 '매혹적'이어야 한다.

오늘날 스포츠 분야에서 가장 흥미로운 인물 중 한 명은 골프 채널Golf

Channel 해설자인 브랜들 챔블리Brandel Chamblee다. 나는 챔블리를 '스포츠 해설계의 다빈치'라고 부른다. 그가 수학, 과학, 물리학, 예술, 문학 등 다양한 분야에서 통찰을 끌어오기 때문이다. 나는 2021년 US 오픈이 열리던 주에 챔블리와 대화를 나눴다. 우리는 프리드리히 니체부터 닐 디그래스 타이슨Neil deGrasse Tyson, 아리스토텔레스, 아론 소킨Aaron Sorkin, 윌리엄 셰익스피어, 노라 에프론Nora Ephron까지, 다양한 작가와 이야기꾼들에 관해 이야기를 나눴다.

챔블리는 골프 선수권 대회를 중계하기 위해 출장을 자주 떠나는데, 그때마다 책을 챙겨 간다고 한다. 그는 15년간 PGA 투어에서 활동하면서 독서 습관을 들였고, 하루의 라운드를 마무리하면서 독서를 즐겼다. 챔블리는 한 유명한 골프 작가에게 어떻게 항상 새롭고 참신한 비유와 유추를 찾아내 독자들의 관심을 끌 수 있는지 물어본 적이 있다. "당신은 다른 골프 작가들과 달라요."[11] 챔블리가 감탄하자, 그 골프 칼럼니스트는 "다른 골프 작가들의 글을 읽지 않기 때문이죠"라고 답했다고 한다.

"만약 자기 분야의 게임이나 스포츠와 관련된 주제만 읽는다면, 다른 사람들과 똑같이 말하게 될 겁니다. 가능한 한 폭넓게 읽어야 합니다." 챔블리는 조언한다.

모든 독서가가 매혹적인 것은 아니지만, 매혹적인 리더는 모두 독서가다.

목적을 갖고 읽는 3가지 방법

▪ 1. 관련 범주에 있는 리더를 팔로우하자.

우리는 독서의 황금기에 살고 있다. 양장본에서 페이퍼백, 오디오북, 전자책에 이르기까지, 수백만 권의 책이 다양한 형식으로 제공된다. 이제 우리는 손가락 하나로 압축된 지식에 바로 접근할 수 있다. 하지만 알다시피, 선택지가 너무 많아지면 선택 불가 상태에 빠지게 된다. 아마존은 매 5분마다 사이트에 새로운 책 한 권을 추가한다는 놀라운 통계가 있다. 현재 아마존에서는 3,000만 권이 넘는 책을 배송받고, 다운로드하고, 청취할 수 있다. 다음에 읽을 책은 어떻게 선택하면 좋을까?

여러분이 읽은 책을 최대한 활용하고 있다면, 곧 가장 많은 것을 얻을 수 있는 책을 읽고 있는 셈이다. 예를 들어 여러분이 평생 교육을 받는 사람이고, 스물세 살에 대학을 졸업한 후부터 아흔 살까지 매달 한 권의 책을 읽기로 결심했다고 가정해 보자. 여러분이 평생 읽을 수 있는 책은 총 804권이다. 얼핏 엄청 많은 것처럼 들릴 수 있지만, 이 숫자는 현재 판매되고 있는 책의 0.002퍼센트에 불과하다.

이렇듯 성공한 리더들은 자신이 세상의 모든 책을 읽을 수 없다는 사실을 잘 알기 때문에, 다른 성공한 리더들이 읽은 책 위주로 읽으려고 노력한다.

억만장자 자선가인 데이비드 루벤스타인David Rubenstein에 따르면, "1년에 의미 있는 책 100권을 읽으려면 시스템을 갖춰야 한다."[12] 루벤스타인은 2,300억 달러를 운용하는 세계 최대 규모의 사모 펀드 중 하나인 칼라일 그룹Carlyle Group을 공동으로 설립했다. 그는 세계 최고의 비즈니스 리더와 정치 지도자들을 인터뷰하는 텔레비전 쇼도 진행한다. 루벤스타인은 주로 자신이 인터뷰하는 리더들이 쓴 책을 읽으며, 그들의 서평이나 추천사에 의존하기도 한다. 성공한 사람들에게 어떤 책이 특히 가치 있다고 생각하는지 물어보는 습관을 들이면 좋다.

루벤스타인은 미국인의 평균 독서량보다 훨씬 더 많은 책을 읽지만, 무작위로 우연히 발견한 책을 읽는 것은 효율적이지 못하다는 사실을 알고 있다. 물론 그도 서점을 방문할 때에는 뜻하지 않게 좋은 책을 발견할 수 있는 여지를 남겨 둔다. 그러나 루벤스타인은 자선, 비즈니스, 정치, 리더십, 역사 등 관련 범주에 주로 집중하는 편이다. (그는 기념물과 유적지를 보존하기 위해 수억 달러를 기부하고, 800년 된 마그나 카르타(Magna Carta, 영국 헌법의 기초가 된 최초의 문서를 말한다_역주)의 원본 네 권 중 한 권을 구입하기 위해 2,400만 달러를 지불했다.)

"리더는 매일 지식을 확장하고, 자신의 가장 훌륭한 근육인 두뇌를 단련해야 한다. 그렇게 하지 못하면, 빠르게 변화하는 세상을 따라잡기가 어렵다. 나는 다소 강박적인 독서를 통해 계속 배우려고 노력했다. 잘 쓰인 책만큼 정신을 집중시키는 것도 없다."[13]

루벤스타인은 이미 40억 달러가 넘는 순자산을 축적했지만, 우리 사회에서 중요한 역할을 하고 있는 커뮤니케이션을 뒷받침하는 글쓰기와 말하기 능력을 계속해서 향상시키고 있다. 그는 썼다. "아무도 따르지 않는 사람은 리더가 될 수 없다. 리더는 '독자에게 영감을 주는 글', '청자에게 동기를 부여하는 말', '다른 사람들이 따를 본보기가 될 만한 행동'이란 세 가지 기본 커뮤니케이션 수단 중 하나를 통해 사람들이 자신을 따르도록 설득해야 한다."[14]

루벤스타인은 훌륭한 리더들은 뛰어난 커뮤니케이션 기술뿐 아니라 비슷한 자질도 공유한다고 말한다. 그들이 쓴 책은 풍부한 지식과 성공의 지름길을 제공해 준다. 1단계는 자신의 경력, 비즈니스, 관심사와 가장 관련이 깊은 범주를 파악하는 것이다. 2단계는 존경하는 리더와 기업가를 파악하는 것이다. 3단계는 그들의 책, 블로그, 인터뷰, 기사를 읽는 것이다. 훌륭한 리더들은 책을 통해 새로운 세상을 발견했을 가능성이 크고, 자신들이 의미 있게 읽은 추천 도서 목록을 기꺼이 공유할 것이다. 그러니 그들이 추천한 책을 읽어보자.

2. 메모를 하자.

적극적인 독서가가 되자. 킨들이나 모바일 기기를 사용하면 책에 나오는 구절에 쉽게 밑줄을 긋거나 메모해 둘 수 있다. 양장본을 읽고 있다면, 책의 여백은 책을 들고 있는 동안 엄지손가락으로 잡을 공간을 확보하기 위해 마련된 것이다. 지역 도서관에서 대출한 책이 아니라면 그런 바깥 여백을 메모 공간으로 활용할 수 있다. (빌린 책이라면 접착 메모지를 사용하면 좋을 것이다.)

메모를 통해 우리 뇌는 정보를 부호화할 수 있는 더 많은 경로를 확보하게 된다. 즉 여러분이 읽은 내용을 더 많이 기억할 수 있다.

3. 좋아하는 책에 대해 공유하고 이야기하자.

스타브리디스는 내게 말했다. "내가 30대 중반에 처음으로 지휘관 임관을 준비할 때는, 선장에 관한 책을 읽는 데 많은 시간을 보냈습니다. 그 책들을 읽는 것도 도움이 됐지만, 정말 큰 도움이 된 것은 이미 지휘관으로서의 시련을 겪은 선배 장교들과 토론하는 것이었습니다."

2003년, 제프 베조스는 기술 고문인 콜린 브라이어에게 아마존의 경영진을 위한 추천 도서 선정을 맡겼다. 브라이어는 전한다. "그들은 똑똑한 비즈니스맨이었지만 확장 가능하고 강력한 소프트웨어를 구축하는 방법에 관한 더 많은 전문 지식이 필요했습니다. 아마존의 리더십 원칙 중 하나는 '학습하고 호기심을 가져라'입니다. 그래서 저희 S팀은 매우 고된 업무에도 불구하고 북 클럽이라는 아이디어를 받아들였습니다. 제프가 책 한 권을 지정하면 다 같이 그 책을 읽었습니다. 그런 다음 함께 모여 토론을 했습니다. 4~6주마다 그렇게 했습니다."[15]

브라이어와 베조스는 아마존의 유명한 전략인 '피자 두 판 팀'에 영감을 준 프레더릭 브룩스의 《맨먼스 미신 The Mythical Man-Month》을 선정했다. S팀은 또 아마존의 성장을 이끈 플라이휠 전략에 영감을 준 《좋은 기업을 넘어 위대한 기업으로 Good to Great》를 읽었다. 《성공하는 기업들의 8가지 습관 Built to Last》

과《창조Creation》는 아마존 웹 서비스에 영감을 줬고,《성공기업의 딜레마The Innovator's Dilemma》는 킨들에 영감을 줬으며, 샘 월튼Sam Walton의《메이드 인 아메리카Made in America》는 아마존의 16가지 리더십 원칙에 영감을 줬다.

또 다른 책,《징거맨 사람들은 마음을 팝니다Zingerman's Guide to Giving Great Service》는 고객을 놀라게 하고 기쁘게 하는 방법에 대한 아이디어를 제공했으며,《더 골The Goal》은 빠르게 성장하는 전자 상거래 산업에서 병목 현상, 물류, 그 외 다른 운영상의 문제를 관리하는 방법을 아마존 경영진에게 가르쳐줬다. 베조스는 20년 넘게 주주 서한을 쓸 때마다 1997년의 첫 주주 서한을 함께 첨부해 보내는 아이디어를 어디서 얻었을까? 바로 앨런 그린버그Alan Greenberg의《회장님의 메모Memos from the Chairman》라는 책에서였다.

브라이어는 말한다. "전 세계의 지식 대부분은 책에 부호화돼 있기 때문에, 여러분이 열렬한 독서가가 아니라면 분명 기회를 놓치고 있는 것입니다. 베조스는 매우 다재다능한 사람입니다. 그는 다양한 주제에 대해 알고 있었고, 조직에 적용할 수 있는 지식을 찾아냈습니다."[16]

S팀 독서 클럽에 대한 소문이 퍼지자 직원들은 브라이어에게 이메일을 보내 매달 임원들이 어떤 책을 읽고 있는지 알아내기 시작했다. 베조스는 자신이 읽고 있는 책을 공유하고 서평을 쓰기 시작해, 말 그대로 모든 사람이 하나될 수 있는 계기를 만들었다.

유능한 리더는 조직 내 다른 사람들보다 더 많은 책을 읽고, 새로 알게 된 지식을 모든 사람과 공유한다. 퓰리처상을 수상한 역사학자 바바라 터크먼Barbara Tuchman은 이렇게 말했다. "책은 문명의 매개체입니다. 책이 없으면 역사는 침묵하고, 문학은 벙어리가 되고, 과학은 불구가 되며, 사고와 사색은 멈추고 맙니다. 책이 없었다면 문명의 발전은 불가능했을 것입니다. 시인의 말처럼, 책은 변화의 원동력이고, 세상을 바라보는 창문이며, 시간의 바다에 세워진 등대입니다. 책은 동반자, 스승, 마법사, 마음의 보물을 보관하는 은행가입니다. 책은 종이에 인쇄된 인류인 셈이죠."[17]

리더십을 배우는 가장 좋은 방법은 바로 독서의 힘을 빌리는 것이다. 지금은 가장 좋은 시절이다. 인쇄물 역사를 통틀어, 우리가 살고 있는 세상을 만들어낸 위인들의 축적된 지혜에 일반인이 이렇게 쉽게 접근할 수 있었던 적은 없었다. 인생의 여정에 그 저자들을 초대해 보자. 분명 훌륭한 동반자가 되어주리라.

THE BEZOS BLUEPRINT

3부

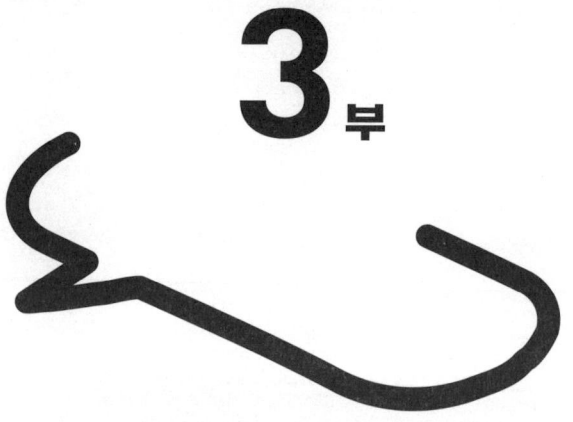

함께 계획을 이행하라

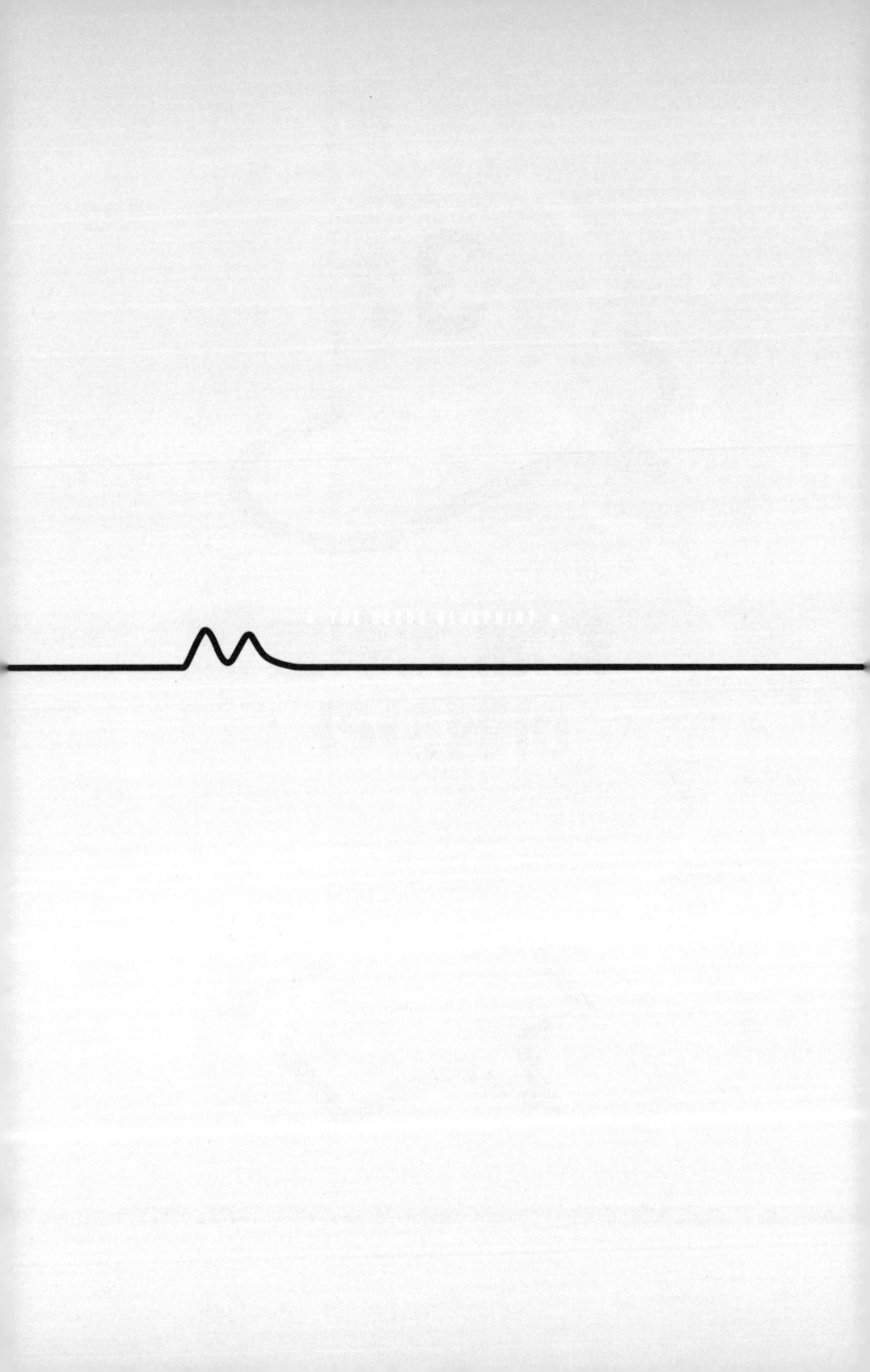

12장

활력 있는 프레젠테이션, 청중에게 영감을

THE BEZOS BLUEPRINT Legal Pad - **100 pages**　　F7902

여러분의 시간과 에너지를 어디에 쓸지 정하는 것은 인생에서 가장 중요한 결정 중 하나다.

_제프 베조스

THE BEZOS BLUEPRINT

내 딸은 거미를 극도로 무서워했다. 문 바깥에 거미가 있다는 생각이 들면 절대 밖에 나가지 않으려고 했다. 시간이 흘러 딸은 우리 부부에게 현명한 방법을 알려준 치료사 덕분에 자신의 불안을 다스릴 수 있게 됐다. 우리는 집 안 곳곳에 거미 사진을 여러 장 붙였다. 그리고 한 주가 지날 때마다 사진들을 바꿔 가며 다른 위치에 붙여 놨다. 점점 딸은 다리가 여덟 개인 거미에 둔감해졌다.

치료사는 사람들이 두려움에 직면하여 일상생활을 건강하게 해나갈 수 있도록 돕는 '노출 치료exposure therapy'라는 도구를 우리에게 제공했다. 두려움을 피하면, 그 순간에는 즉각적인 안도감과 편안함을 느낄 수 있다. 하지만 계속해서 두려운 것을 피하기만 한다면 불안을 유발하는 사물, 장소, 사건 등에 더 큰 힘이 실린다. 결국 여러분이 두려움을 통제하는 것이 아니라, 두려움이 여러분을 통제하게 되고 만다.

아마 여러분도 알겠지만, 많은 사람 앞에서 말하는 것은 사람들이 가장 두려워하는 경험 중 하나로 손꼽힌다. 미국국립보건원National Institute of Mental Health에 따르면, 대중 연설에 대한 공포(일명 말하기공포증glossophobia)가 미국 인구 중

73퍼센트에게 영향을 미치는 것으로 밝혀졌다. 대중 연설에 대한 불안은 우리 뇌에 오래전부터 존재했던 관계로, 어디서나 쉽게 찾아볼 수 있다. 우리는 타인의 인정을 갈망하고, 타인의 평가나 판단을 너무 크게 의식하는 경향이 있다.

안타깝게도 커리어를 쌓고자 하는 비즈니스 전문가에게 있어 대중 연설은 선택이 아닌 필수다. 인재 영입 소프트웨어 회사인 iCIMS가 실시한 설문조사 결과에 따르면, 채용 담당자와 인사 관리자 중 65퍼센트가 지원자의 대학 전공보다 글쓰기와 말하기 능력에 더 큰 비중을 둔다고 응답했다.[1] 클라우드 기반 프레젠테이션 플랫폼인 프레지$_{Prezi}$가 의뢰해 수행한 또 다른 설문조사에서는 응답자 중 70퍼센트가 프레젠테이션이 그들의 경력을 성공적으로 쌓는 데 매우 중요하다고 답했지만, 여성 응답자 중 12퍼센트와 남성 응답자 중 7퍼센트는 프레젠테이션을 피하기 위해 아픈 척을 한 경험이 있다고 인정했다.[2]

억만장자 워런 버핏은 대중 연설이 직장 내 여러분의 가치를 50퍼센트까지 올려줄 수 있다고 말하기도 했다. 유감스럽게도 상당히 많은 직장인이 프레젠테이션을 떠올리기만 해도 불안을 느끼거나 공황 발작을 경험하기 때문에 그러한 가치를 잘 활용하지 못하고 있다.

좋은 소식이 있다. 탁월한 발표자는 타고나는 것이 아니라 만들어지는 것이다.

불안하고 어색한 발표자도 얼마든지 회장을 휘어잡는 발표자로 변신할 수 있다. 우리는 이러한 일이 반복해 일어나는 것을 확인해 왔다. 내 비즈니스 파트너인 바네사 갤로는 심리학을 전공했다. 그녀는 CEO와 고위 임원을 비롯한 우리 고객들의 신체 언어, 언어 전달력, 메시지 기술, 경영진의 존재감$_{executive\ presence}$(자신감과 신뢰를 주는 능력)에 대해 연구한다. 바네사와 나는 평범한 발표자를 훌륭한 발표자로 만들기 위한 시스템을 개발했다. 갤로

AMP$_{Gallo\ AMP}$ 모델은 스피치 능력의 모든 측면을 강화하는 세 가지 변수를 기반으로 한다.

발표에 활력을 불어넣어라

고객이 스피치 능력을 향상시키기 위해 우리를 찾아오면, 우리는 고객이 프레젠테이션을 '강화'할 수 있도록 하는 모델을 활용한다. 'AMP'는 '흥분시키고 활력을 불어넣다'라는 뜻을 가진 타동사다. 우리는 이 AMP라는 단어를, 고객을 청중을 흥분시키고 활력을 주는 역동적인 발표자로 변화시킬 세 가지 변수를 설명하는 약어로 사용한다.

먼저 표 12.1을 살펴보자. 표 12.1은 모든 발표자가 개선해야 할 세 가지 변수인 **재능**$_{Ability}$, **메시지**$_{Message}$, **연습**$_{Practice}$을 보여준다. 다음으로, 여러분이 늘 상상해 왔던 발표자가 되기 위해 이 세 가지 변수를 평가하는 방법을 살펴보겠다.

스피치 기술을 연마하기 위한 첫 번째 단계는 자신의 **재능**을 이해하는 것이다. 더 많은 강점과 능력을 타고난 사람도 청중에게 전달할 훌륭한 **메시지**를 만들어야 하고, 그 메시지를 세련된 방식으로 전달하기 위해서는 충분한 **연습** 시간을 투자해야 한다. 대중 연설을 하면서 발휘할 수 있는 타고난 강점과 능력이 적은 사람 역시 훌륭한 **메시지**를 작성하는 방법을 배워야 한다. 이 경우, 강점과 능력이 많은 사람들보다 더 많은 연습 시간을 투자해야 하지만, 연습을 하면 충분히 발전할 수 있다.

일단 자신이 타고난 재능을 파악하고 나면, 메시지를 작성하고, 그 메시지를 효과적으로 전달하는 데 얼마나 많은 시간을 할애할지 결정할 수 있다. 그림 12에서 서로 다른 방식으로 기술을 향상시켜 똑같이 훌륭한 발표자로

● 표 12.1: AMP: 재능, 메시지, 연습

변수	설명
A 재능 (상수) 타고난 재능은 대체로 불변한다. 타고난 재능은 여러분이 이미 갖고 있는 개인적인 강점과 능력이다. 여러분의 강점과 재능은 프레젠테이션 능력 계발의 모든 단계에서 중요한 역할을 하며, 여러분이 의지할 수 있는 기본 능력이다.	타고난 재능은 다음과 같다. • 다른 사람들 앞에서 편안하게 말하는 능력 • 깊이 있는 내용지식 content knowledge • 언어적·시각적·은유적·예술적 창의성 • 힘차고 울림이 있는 목소리 톤 • 자연스러운 유머 감각 • 스포츠나 공연 예술 경험을 통해 다져진 바른 자세
M 메시지 (변수) 프레젠테이션의 내용: 주제, 명확성, 단어 선택, 이야기, 슬라이드, 시각 자료	메시지는 여러분이 바꾸고 발전시킬 수 있는 변수다. 강력한 메시지는 다음과 같은 요소를 포함하고 있다. • 감성을 자극하는 콘텐츠 (이야기, 이미지, 동영상) • 간결하고 명확하게 표현한 주제 • 주제를 뒷받침하는 세 가지 예시 • 능동태로 작성한 간결한 문장 • 시각적으로 매력적인 슬라이드 • 마음을 사로잡는 이야기 • 간단하고 이해하기 쉬운 전개
P 연습 (변수) 연습을 통해 내용을 숙달하는 데 할애하는 시간은 여러분이 통제할 수 있는 두 번째 변수다. 신중한 연습에 더 많은 시간을 투자할수록, 발표 당일에 더 큰 자신감을 가질 수 있다.	이 변수에 할애할 시간을 조정할 수 있다. 다음과 같은 수준이 될 때까지 연습해 보자. • 각 슬라이드의 핵심 메시지를 숙지해 노트를 보지 않고도 유창하게 메시지를 전달할 수 있다. • 친구와 저녁 식사를 하는 것처럼 대화하듯 프레젠테이션을 수행할 수 있다. • 데모$_{demo}$가 어떻게 작동하고, 그 데모를 완료하는 데 얼마나 걸리는지 알고 있어 편안하다. • 전달할 이야기를 간결하게 다듬었으며, 이야기가 간명하고, 관련성이 높고, 생기 있다.

거듭난 두 사람의 예를 확인할 수 있다. 왼쪽 발표자는 타고난 강점과 능력이 더 많기 때문에, 연습량이 적어도 발표 시 편안함을 느낄 수 있다. 하지만 여전히 준비 시간의 30퍼센트는 잘 다듬어진 메시지를 작성하는 데 투자해야 한다. 오른쪽 발표자는 타고난 강점이나 능력이 적어 발표 시 불편함을 느낄

● 그림 12: 서로 다른 두 사람이 훌륭한 발표자로 성장하는 방법

수 있다. 그 역시 준비 시간 중 30퍼센트를 메시지를 작성하는 데 할애해야 할 뿐 아니라, 자연스럽고 편안하게 발표하기 위해 (왼쪽 발표자보다) 더욱 많은 연습 시간을 확보해야 한다. 요점은 두 발표자 모두 훌륭하지만 정상에 오르기 위해 서로 다른 길을 걸으며 AMP 변수를 조정했다는 데 있다.

갤로 AMP 모델과 함께라면 누구나 자신의 타고난 강점을 이해하고, 그 강점을 바탕으로 다른 변수에 투자하여 훌륭한 발표자가 될 수 있다. 사람마다 그 '레시피'는 다르겠지만, 최종 결과를 지켜보는 재미가 있을 것이다.

탁월한 커뮤니케이터로 변신한 베조스

베조스는 이렇게 말한 바 있다. "우리는 우리가 내린 선택과 다름없습니다. 여러분 스스로 멋진 이야기를 만들어 보세요." 그리고 그는 자신의 삶에서 그 말을 그대로 실천했다. 베조스는 아마존 창업 초기부터 대중 연설 기술을 연마하기로 결심했다. 그 사실을 내가 어떻게 알게 됐을까? 오늘날 연사 베조

스는 25년 전의 연사 베조스와 완전히 다르다. 그는 자신의 기술을 연마하기 위해 노력했고, 그 노력의 결실이 빛을 보고 있다.

이 절에서는 20년간 대중 연설을 해온 베조스의 연설과 프레젠테이션 중 세 가지 사례를 살펴볼 것이다. 먼저, 베조스가 아마존 출범 직후에 한 1998년 레이크 포레스트 칼리지$_{\text{Lake Forest College}}$ 연설이다. 우리가 고객의 연설 모습을 담은 비디오를 검토할 때마다 거치는 첫 번째 단계는, 고객의 스피치 능력을 계발할 때 우리가 활용할 수 있는 타고난 능력이나 강점을 파악하는 것이다. 베조스의 1998년 연설 영상을 살펴보면, 그는 창의성, 유머 감각, 상당한 주제 지식과 같은 강점을 갖고 있다. 표 12.2는 베조스의 타고난 재능이 분명히 드러나는 레이크 포레스트 연설을 정리한 것이다. 거듭 말하지만, 발표자는 경력을 쌓아가는 동안 자신의 타고난 능력이나 강점을 더 발전시켜 나갈 수 있다.

● 표 12.2: 제프 베조스의 프레젠테이션 강점: 1998년 레이크 포레스트 칼리지[3]

강점	인용문	참고
창의성	"아마존닷컴 카탈로그를 인쇄하면 뉴욕시 전화번호부 40권을 합친 것보다 더 많은 분량이 될 것입니다."	맥락에 맞는 통계를 제시하고 사람들 머릿속에 생생한 이미지를 심어주려면 창의적인 사고가 필요하다.
	"소방 호스에서 나오는 물을 한 모금 마시는 것과 같겠죠."	베조스는 야후!$_{\text{Yahoo!}}$가 인기 사이트 목록에 아마존을 추가해 소개하면 주문이 급증할 것이라는 사실을 묘사하기 위해 이 은유를 사용했다. 앞서 논의한 바와 같이 은유는 개념을 단순하고 기억하기 쉽게 만드는 창의적인 도구다. 베조스는 앞으로도 경력 내내 많은 은유를 사용할 것이다.
	"집주인은 차고 중앙에 배가 불룩한 커다란 난로를 설치했습니다."	베조스는 이야기에 생기를 불어넣는 작고 세밀한 세부 정보를 묘사함으로써 일찍부터 스토리텔링적인 감각을 발휘하고 있다.

강점	인용문	참고
유머 감각	"인간의 뇌는 다른 사람의 글을 읽을 때 그 글을 시작하는 다섯 단어만 보고도 그 사람이 똑똑한지 정신이 나갔는지 바로 알 수 있습니다."	베조스는 유머 감각이 있다. 그는 아마존이 긍정적인 후기와 부정적인 후기를 모두 허용하는 이유와 고객들이 어떤 후기를 고려해야 하는지 본능적으로 알고 있는 이유를 설명한다.
	"그들은 우리 짐을 포장했고, 어디로 가져가면 될지 알고 싶어 했습니다. 그래서 저는 서쪽으로 가서 내일 전화를 주시면 알려드리겠다고 말씀드렸죠."	베조스는 전처 매켄지와 함께 회사를 창업하기 위해 텍사스에서 차를 몰고 서부로 향하던 날의 재미있는 일화를 들려준다. 앞서 언급했듯이, 영웅의 여정에 빗대어 설명하자면 이는 평범한 세계에서 모험의 세계로 '문턱을 넘어가는 것'을 보여주는 예가 될 수 있다.
	"저희는 '와, 이 포장 작업 테이블 정말 멋진데'라고 생각했죠."	아마존 초창기, 베조스와 직원들은 바닥에 불편하게 앉아 소포 수백 개를 포장했다. 그는 제시간에 발송하는 일에만 집중한 나머지, 포장 작업 테이블이 도움이 되리란 것을 떠올리지 못했다. 누군가가 아이디어를 제안했을 때 베조스는 정말 간단한 해결책에 기뻐했다. 그는 연설 내내 이런 재미있는 일화를 덧붙였고, 이 연설 이후로도 20년간 같은 전략을 사용했다.
주제 지식	"1994년 봄, 웹 사용량은 연간 2,300퍼센트씩 성장하고 있습니다. (…) 페트리 접시petri dish(세균을 배양하는 데 쓰이는 접시를 말한다.역주) 밖에서 이렇게 빠르게 성장하는 경우를 찾아보기는 어렵죠."	베조스는 수학적 재능을 타고났다. 그는 맥락에 어울리는 통계를 제시해 기억에 남을 만한 데이터로 만든다.
	"아마존강은 수량으로 따지면 미시시피강의 10배에 달합니다."	베조스는 아마존이라는 회사명 뒤에 숨겨진 은유를 설명한다. 또 그는 자신의 메시지를 강화하기 위해 일화와 메시지를 뒷받침할 연구 결과를 사용한다.
	"사용 용이성, (…) 편의성, (…) 가격 등 고객 선택의 기반을 이루는 중요한 요소들이 있습니다."	여기서 베조스는 고객들이 무엇을 기대하고 있는지와 회사가 어떻게 그들의 욕구를 충족시킬 수 있는지에 대한 깊은 이해를 보여준다.

이제 레이크 포레스트 연설을 좀더 자세히 살펴보도록 하자. 베조스는 타

고난 강점들을 갖고 있었지만, 메시지와 연습이라는 변수는 개선할 여지가 있었다. 그는 이야기를 다듬고 잘 전달하는 연습을 하는 데 더 많은 시간을 할애할 수 있었다. 베조스는 프레젠테이션 중 많은 부분을 긴 호흡으로 설명하거나 노트를 보고 읽었으며, 전달하려는 내용이 생각나지 않아 당황하거나 주저하는 경우가 많았다. 몇 가지 예를 들면 다음과 같다.

"자 한번 볼까요. [노트를 내려다본다] 좀더 흥미로운 일화를 골라 보려고 노력했습니다." [이야기를 찾기 위해 노트를 훑어본다]

"그래서, 저희는, 기본적으로 그러한 방식으로 5월, 아마도 1996년이죠, 거기서부터 웹사이트를 시작하는 데 1년 정도가 걸렸습니다."

"제인 오스틴Jane Austen과 동시대 인물인, 그, 누구였죠, 음, 오스틴을 질투했던 사람이 누구였죠? 갑자기 생각이 안 나네요. ["브론테Brontë!" 매켄지가 소리친다] 아, 브론테죠. 객석에 있는 제 아내가, 아무튼 또 한 번 저를 구해줬네요."

"결국, 그것은, 그의 승리였는데요, 그가 누구였죠, 기억이 안 나네요." [베조스는 메모를 보면서 자신이 이미 언급한 사례를 기억하려고 애쓰고 있음을 청중에게 보여준다]

여러분도 느끼겠지만, 아주 매끄러운 연설은 아니었다. 하지만 베조스는 청중을 웃게 하는 유머 감각으로 연설을 이끌어 갔고, 주제에 대한 풍부한 지식을 보여줬다. 베조스는 1998년의 그날 유익한 연설을 했지만, 그의 전달력, 스타일, 메시지는 그 이후로도 몇 년 동안 계속 개선될 여지가 있었다.

연사의 타고난 강점은 중요하다. 그들의 강점은 바네사와 내가 기초로 삼는 기준을 만드는 데 도움이 된다. 베조스가 그의 메시지를 다듬고 연설 연습을 했다면, 레이크 포레스트 연설은 훨씬 큰 영향력을 발휘했을 것이다. 우리는 연설이나 프레젠테이션을 10회 이상 연습하면 청중을 장악하는 데 필요한 자신감을 얻을 수 있다는 것을 알아냈다.

두 번째 사례로 넘어가서, 베조스가 레이크 포레스트 연설을 하고 5년이 지난 2003년, TED 토크에서 한 강연을 살펴보도록 하자. 2003년 TED 토크에서도 여전히 그의 강점인 창의성, 유머, 주제 지식을 찾아볼 수 있다(표 12.3 참조).

● 표 12.3: 제프 베조스의 프레젠테이션 강점: 2003년 TED 토크[4]

강점	인용문	참고
창의성	"우리가 얼마 전 겪은 버블과 닷컴 붕괴를 잘 표현해 주는 유추로 인터넷 골드러시가 있습니다."	베조스는 유추의 힘과 골드러시를 더 정확한 비유 대상으로 대체해야 하는 이유를 설명한다.
	"이 광고는 2000년에 열린 슈퍼볼Super Bowl에서 방영된 광고입니다(OurBeginning.com)."	베조스는 자신의 사례 중 하나를 설명하기 위해, 프레젠테이션에 동영상을 창의적으로 포함시킨다.
	"인터넷과 전기 산업 사이에는 비슷한 점이 많습니다."	베조스는 골드러시 은유에서 벗어나 인터넷이 골드러시보다 전기의 역사와 더 많은 공통점을 갖고 있다는 창의적인 분석으로 이어간다.
유머 감각	"1852년경에 사람들은 '지금 당장 캘리포니아로 가지 않으면 나만 바보 되는 거 아냐?'라고 생각했죠."	베조스는 강연 전반에 걸쳐 자기 의견을 가볍게 제시한다. 여기에서 그는 캘리포니아의 부자들 이야기를 듣고, 일확천금을 얻기 위해 가진 모든 것을 버리고 떠났던 1850년대의 동부 사람들을 풍자한다.
	"이것은 전기 넥타이 다리미인데, 전혀 관심을 끌지 못했죠. 제 생각에는 사람들이 넥타이를 주름 하나 안 지게 아주 애지중지했나 봅니다."	베조스는 과거 발명품에 대한 유머러스한 해석으로 청중을 여러 차례 웃게 만든다.
주제 지식	"왼쪽에 있는 의사 리처드 베벌리 콜Richard Beverley Cole은 필라델피아에 살고 있었고, 파나마 항로를 이용했습니다."	베조스는 이야기꾼으로 성장하고 있다. 그는 안정적인 삶을 포기하고 금을 찾아 떠난 사람들의 실제 이야기를 들려준다.
	"상황이 최고조에 달했을 때 샌프란시스코 항구는 배 600여 척으로 꽉 막혀 있었고, 선원들은 배를 버리고 금을 찾아 떠났죠."	구체적인 배의 숫자가 이야기에 신빙성을 부여해 더 큰 영향력을 발휘한다.
	"에디슨 제너럴 일렉트릭Edison General Electric이라는 이름을 거쳐 지금은 제너럴 일렉트릭General Electric이 된 에디슨 전기 회사Edison Electric Company가 땅을 파는 데 드는 모든 비용을 지불했습니다."	몇 가지 세부 정보가 이야기에 신빙성을 더하고 사건을 생생하게 재현한다.

2003년 베조스가 한 TED 토크를 분석해 보면, 그 전에 그가 보여줬던 타고난 강점이 여전히 발휘되고 있음을 알 수 있다. 오히려 그 강점이 더 선명하게 드러났다. 바뀐 게 있다면 그의 전달 방식이었다. 베조스는 레이크 포레스트 연설을 시작하고 첫 60초 동안 '어'나 '음'이라는 추임새를 일곱 번이나 사용했다. 5년 후 TED 토크에서는 강연을 시작하고 60초 동안 '어'라는 추임새를 딱 한 번 사용했다. 또 노트를 보는 시간이 줄었고, 추임새 사용 횟수도 줄었으며, 더 간결하고 짧은 문장으로 말했다.

마지막으로 베조스가 우주 탐사와 그의 회사 블루 오리진에 대해 기조연설을 했던 2019년으로 시간을 돌려 보자. 베조스가 미래의 인터넷을 은유하기 위해 '전기'를 택했던 TED 강연 이후 16년이 지난 지금, 우리는 그가 여전히 자신의 창의적인 강점을 활용해 멋진 멀티미디어 프레젠테이션을 만들어 내는 것을 확인할 수 있다.

2019년, 베조스는 크게 향상된 전달 능력을 보였다. 그의 문장은 날카롭고, 정확하며, 간결하다. 그는 편안하고 여유 있어 보인다. 핵심 개념을 설명한 후 잠시 멈추고, 그 개념이 충분히 이해될 수 있도록 한다. 베조스는 다음과 같이 잘 다듬은 대사를 연습했다.

"태양계에서 가장 좋은 행성은 어디일까요? 저희는 태양계에 있는 모든 행성에 로봇 탐사선을 보냈습니다. 지구는 최고의 행성입니다. 다른 것과는 비교도 안 되죠. 이 행성은 아주 훌륭합니다. 금성은 말도 꺼내지 마세요."[5]

"여러분이 열정을 선택하는 게 아닙니다. 여러분의 열정이 여러분을 선택하는 겁니다."

"지구를 보세요. 지구는 정말 놀랍습니다."

"살기 좋은 곳이 될 겁니다. 방문하기에도 좋고요. 학교를 가기에도 좋은 곳이 될 거예요."

"이제 달로 돌아갈 시간입니다. 이번에는 달에 머물러야죠."

"오늘 제가 여기서 제시한 것은 분명 여러 세대에 걸쳐 있는 비전입니다. 한 세대만으로 이뤄질 수 있는 일이 아닙니다. 우리가 해야 할 일 중 하나는 미래 세대에 영감을 불어넣는 겁니다."
- "저희는 우주로 가는 길을 만들 것이고, 그러면 놀라운 상황이 펼쳐질 겁니다."
- "저는 미래의 우주 기업가들에게 영감을 주고 싶습니다. 일단 자유로워지면, 사람들은 정말 창의적으로 바뀝니다."
- "이 비전은 아주 거창하게 들리고, 실제로도 그렇습니다. 이 중에 쉬운 건 아무것도 없습니다. 전부 다 어렵죠. 하지만 저는 여러분에게 영감을 주고 싶습니다. 그러니 이 말에 대해 생각해 보세요. '큰일은 작은 것에서부터 시작된다.'"

베조스가 작성한 문장은 명확하고 간결하며 잘 조직돼 있다. 그의 전달력과 시각적으로 매력적인 슬라이드가 결합된 2019년의 프레젠테이션은 1998년의 장황하고, 산만하며, 끊기기 일쑤던 연설보다 훨씬 더 인상적이다.

진정한 영감은 여러분이 스스로의 강점을 살리고, 가능한 한 최고의 메시지를 만들고, 무대를 장악할 수 있는 자신감이 생길 때까지 메시지 전달 연습을 할 때, 그 모든 일에 충분히 에너지를 쏟을 때 생겨난다.

직위를 막론하고 전문직에 종사하는 모든 커뮤니케이터는 개선될 여지가 있지만, 이를 실현하기 위해 적극적으로 노력하는 발표자나 연사는 소수에 불과하다. 두각을 나타내는 그 소수 중 한 명이 되자.

✻ 개인 코칭

동영상은 자신의 타고난 강점과 개선점을 평가하는 데 도움이 되는 간단하고 유용한 도구다. 스마트폰을 들고 프레젠테이션, 상품 설명, 취업 면접 등을 연습하는 자신의 모습을 녹화해 보자. 녹화한 동영상을 여러분이 직접 보고 평가해도 좋고, 믿을 만한 친구나 동료에게 피드백을 요청할 수도 있다. 이때 주목해 살펴봐야 할 사항은 다음과 같다.

- 어떤 타고난 강점을 발견할 수 있는가?(예: 창의적인 언어, 설득력 있는 글, 훌륭하게 디자인된 슬라이드, 올바른 자세, 힘찬 목소리 톤이나 목소리 변화, 메시지를 강화하는

창의적인 이야기). 자신의 강점을 파악해 최대한 활용해 보자.

- 요점을 전달하는 데 너무 많은 단어를 사용하고 있지는 않은가? 다음 연습을 할 때 어떤 문장을 없앨 수 있을까?
- 슬라이드에 텍스트가 너무 많지는 않은가? 글꼴이 너무 작지는 않은가? 여러분이 텍스트를 제대로 읽을 수 없다면, 청중도 읽을 수 없다.
- '어', '음', '아' 같은 추임새를 사용하는가? '아시죠?'나 '그렇죠?' 같이 성가시고 불필요한 문구로 문장을 끝내지 않는가? 우리 모두 일상 대화에서 추임새를 사용하지만, 추임새를 너무 많이 사용하면 산만해질 수 있다. 연습할 때마다 추임새를 줄여 나가다 보면 실전에서는 세련되고 자신감 있게 말할 수 있을 것이다.
- 주제, 즉 로그라인이 명확한가? 주제를 말할 때마다 일관성 있게 전달하는가?

동영상은 대중 앞에서 말하는 기술을 손쉽게 향상시킬 수 있는 최고의 도구다. 여러분 스스로 파악할 수 있는 문제가 무엇이고, 한 동영상에서 다음 동영상으로 넘어갈 때 얼마나 많이 개선될 수 있는지를 알게 되면 놀랄 것이다.

스티브 잡스를 '타고난' 연사로 만든 노력

연습은 실력이 부족해서 하는 것이 아니라, 실력이 좋기 때문에 하는 것이다. 훌륭한 커뮤니케이터는 연습이 중요하다는 것을 본능적으로 알고 있어 항상 시간을 내 연습한다.

스티브 잡스Steve Jobs는 이 시대 최고의 비즈니스 스토리텔러 중 한 명이었다. 스티브 잡스의 유명한 프레젠테이션은 공동의 노력으로 이뤄낸 결과물이었다. 잡스는 그가 신뢰하는 팀원들과 함께 메시지 개발, 슬라이드 제작, 대규모 리허설에 공을 들였다. 베조스와 마찬가지로 잡스도 그의 경력 초기부터 타고난 능력을 드러내 보였지만, 전설적인 기조연설을 남긴 카리스마 넘치는 연사가 되기까지는 여러 해가 걸렸다. 잡스는 대중 연설 기술을 갈고닦으며 열심히 노력했다. 그는 수년에 걸쳐 신중하게 연습한 끝에 역동적인 화법을 개발해 낼 수 있었다.

1978년 첫 TV 인터뷰를 준비하는 젊은 스티브 잡스의 비디오를 살펴보도록 하자. 영상에는 스튜디오 제작진이 잡스의 위성 인터뷰를 준비하는 모습이 담겨 있다. 1분 36초의 짧은 영상에서 잡스가 얼마나 긴장했는지를 엿볼 수 있다. 그의 행동에서는 극도의 불안감이 드러난다. 영상에서 잡스는 다음과 같은 행동을 보인다.

- 바닥, 천장, 주변으로 자꾸 시선을 돌린다.
- 숨을 내쉬고 '맙소사$_{god}$'라는 말을 네 번 내뱉는다.
- 손가락으로 머리를 쓸어 넘긴다.
- 어색하게 웃으면서 이를 악물고, 조명 아래에서 눈을 가늘게 뜬 채 위를 바라본다.
- 의자에서 좌우로 몸을 빙글빙글 돌린다.
- 마지막으로 몸이 안 좋다며 화장실 위치를 물어본다.

잡스는 보는 사람이 영상을 지켜보기 어려울 정도로 불편해했다. 그러나 TV 인터뷰에 대한 잡스의 불안감이 분명하게 드러나는 한편으로, 숙련된 커뮤니케이션 코치라면 그의 행동에서 몇 가지 타고난 강점을 찾아낼 수 있을 것이다.

내가 만약 스티브 잡스를 돕기 위해 그 자리에 있었다면, 그 첫 번째 단계로 잡스가 스스로 의지할 수 있는 자기만의 강점을 볼 수 있도록 도왔을 것이다. 실제로 잡스의 강점은 그를 훌륭한 이야기꾼으로 만들었다. 예컨대 잡스는 긴장한 상태에서도 단호한 표현을 사용하고, 또렷하고 명확한 문장을 구사했다. 말을 장황하게 늘어놓는 대신 단도직입적으로 말했다. 그는 긴장되는 상황에서도 유머 감각을 발휘했고, 강한 목소리 톤으로 말했다. 표 12.4에서 잡스의 초기 인터뷰 중 하나에서 드러난 그의 강점을 살펴볼 수 있다.

● 표 12.4: 스티브 잡스의 초기 프레젠테이션 강점[6]

강점	인용문	참고
단호한 표현	"그게 뭐죠? [질문을 기다린다] 아니요, 아닙니다." "제가요? 정말이에요?" "물 좀 가져다주세요."	잡스는 촬영을 시작할 카메라 앞에서는 안절부절못하는 모습을 보이지만, 카메라 밖에서는 스태프들과 소통하는 모습을 보여준다. 그는 사람들에게 직접 질문을 던지고 대화를 나눌 때, 애매한 단어를 피하고 구체적이고 간단한 표현으로 말하거나 설명한다.
유머 감각	"저것 좀 봐요! 봐요, 제가 텔레비전에 나왔어요!" 잡스가 장난스럽게 웃으며 말한다. "화장실이 어딘지도 알려주세요. 너무 아파서 금방이라도 토할 것 같거든요. 진짭니다!" 잡스가 살짝 웃으며 말한다.	스트레스가 많은 상황에서도 유머 감각을 발휘할 수 있다면 대중 연설 능력을 키웠을 때 뛰어난 유머 감각을 갖게 될 것이다. 잡스는 훗날 유머, 열정, 개성이 넘치는 프레젠테이션으로 유명해졌다.
역동적인 발성 능력	"This is **not** the real thing, right?" ("이거 진짜 **아니죠**, 네?") "Well, I'm not gonna have to sit here until you're ready, **right**?" ("그럼, 준비될 때까지 여기 앉아 있을 필요 없겠죠? **그렇죠?**") "I'm **not** joking!" ("농담하는 거 **아니에요!**")	굵게 표기된 단어는 영상에서 잡스가 목소리 음조와 크기를 높인 부분이다. 여기서 우리는 핵심을 강조하거나 감정을 표현하기 위해 다양한 목소리를 내는 그의 능력을 확인할 수 있다.
간결한 표현	"저것 좀 봐요!" "봐요, 제가 텔레비전에 나왔어요!" "정말이에요?" "농담하는 거 아니에요!"	잡스가 간결한 문장을 사용해 질문하거나 말하기 때문에, 이 영상에 담긴 잡스의 말은 쉽게 인용할 수 있다. 한 문장이 끝나고 다른 문장이 시작되는 지점이 분명하다. 우리는 잡스가 무대 공포증의 징후를 보이지만, 단순하고 간결한 문장을 계속 사용하는 연사로 성장하리라는 것을 미리 짐작해 볼 수 있다.

수년간 프레젠테이션을 맡아 진행하고 각 프레젠테이션을 위해 끊임없이 연습한 끝에, 잡스는 전 세계 무대에서 널리 존경받는 대중 연설가로 변신했다. 그의 경력 후반(1998~2007년)에 녹화된 애플의 기조연설을 보면, 잡스가 한때 카메라 앞에서 서는 것을 두려워했던 사람과 동일 인물이라는 사실을 믿기 어려울 정도다. 그는 안절부절못하거나, 머리카락을 쓸어 넘기거나, 초조하게 몸을 움직이거나, 시선을 회피하지 않았다. 하지만 잡스는 그의 초기 프레젠테이션 비디오에서 눈에 띄었던 단호함, 유머, 다양한 발성, 간결함 등 타고난 강점을 그대로 유지하고 있었다.

스티브 잡스는 2007년에 아이폰을 공개하면서 역사상 가장 매력적이고 기억에 남을 만한 비즈니스 프레젠테이션을 선보였다. 잡스와 그의 프레젠테이션 디자인팀은 청중에게 정보를 제공하고, 청중의 마음을 사로잡고, 청중을 즐겁게 하는 기조연설을 만들었다. 이 프레젠테이션 영상은 유튜브에서 8,000만 회가 넘는 조회수를 기록했다. 표 12.5에서는 잡스가 어떻게 자신의 타고난 강점을 최고의 프레젠테이션으로 바꿔 냈는지 확인할 수 있다.

● 표 12.5: 스티브 잡스의 프레젠테이션 강점: 2007년 아이폰 프레젠테이션[7]

강점	인용문	참고
단호한 표현	"우리는 단순히 애플만 바꾼 게 아닙니다. 우리는 컴퓨터 산업 전체를 바꿨습니다." "문제는 별로 훌륭하지도 않으면서, 사용하기도 쉽지 않다는 거죠." "우리는 이 중 그 어떤 것도 하고 싶지 않습니다." "이 모든 버튼을 없애고 커다란 화면을 만들 겁니다."	잡스는 단호한 표현과 주어, 동사, 목적어가 있는 능동태를 사용한다. 그는 수동태 문장을 거의 사용하지 않으며, 자리만 차지하고 이야기를 전개시키지 못하는 추임새와 애매모호한 표현은 삭제한다.
유머 감각	"여기 있군요." [구식 전화 다이얼이 달린 스마트폰 이미지를 보여주고, 청중은 웃는다]	잡스는 쉽고 직관적인 유머 감각을 발휘해 청중을 웃게 만든다.

강점	인용문	참고
유머 감각	"스타일러스$_{stylus}$를 사용하겠죠. [잠시 멈춤] 아닙니다! [신랄한 어조로] 정말 스타일러스를 쓰고 싶어 할까요? 그걸 갖고 다녀야 하고, (…) 잃어버릴 수도 있잖아요. 윽!" "우리는 멀티 터치라는 새로운 기술을 발명했고 (…) 그리고 물론, 특허도 받았습니다!" [청중이 웃는다]	잡스는 전통적인 농담은 하지 않지만, 재미있는 경험담과 일화를 통해 청중을 즐겁게 한다.
역동적인 목소리 전달력	"오늘 [잠시 멈춤] 저희는 세 가지 혁신적인 제품을 소개하고자 합니다. **첫 번째**는 터치로 작동하는 와이드 스크린 아이팟입니다. **두 번째**는 혁신적인 휴대 전화입니다. 그리고 **세 번째**는 획기적인 인터넷 통신 기기입니다." "세 가지는, [잠시 멈춤] 터치로 작동하는 와이드 스크린 아이팟, 혁신적인 휴대 전화, 획기적인 인터넷 통신 기기입니다. [잠시 멈춤] 아이팟, 휴대 전화, 인터넷 통신입니다." [말하는 속도가 빨라지면서] "아이팟, 휴대 전화, 인터넷 통신기, 이제 감이 오시나요? 이 세 기기는 별개의 기기가 아닙니다. [잠시 멈춤] 이건 하나의 기기죠. [잠시 멈춤] 그리고 우리는 이 기기를 아이폰이라 부릅니다."	이 대목에서 잡스의 목소리 전달력은 가히 천재적이다. 그는 프레젠테이션을 앞두고 수주에 걸쳐 연습했기 때문에 언제 멈추고, 속도를 높이고, 대사를 반복해야 하는지 정확히 알고 있다. 그 결과 긴장감 넘치는 완벽한 마법이 펼쳐진다. 잡스는 청중을 사로잡는다.
간결한 표현	"오늘 애플이 휴대 전화를 재발명할 겁니다." "이게 바로 아이폰입니다." "버튼과 컨트롤을 바꿀 수 없기 때문에 작동하지 않습니다." "휴대 전화의 소프트웨어는 어린이용 소프트웨어 같죠. 별로 강력하지 않아요."	대본의 거의 모든 대사가 명확하고 간결하다. 문장 대부분이 한두 음절의 간단한 표현으로 구성돼 있다.

2007년 아이폰 프레젠테이션은 잡스가 매우 불안하고 초조해하는 모습을 보였던 1978년 텔레비전 인터뷰 이후 거의 30년 만에 이뤄진 것이었다. 잡스

는 상상할 수 없던 변화를 이뤄냈다. 그에게는 타고난 능력도 있었지만, 메시지 작성과 발표 연습에 끊임없이 집중하고 노력한 끝에 비로소 세계에서 가장 놀라운 비즈니스 스토리텔러로 성장할 수 있었다.

진정성과 카리스마를 가진 연사가 되기 위한 핵심은, 자기 본연의 모습을 바꾸지 않고 살려내는 데 있다. 여러분 고유의 개성을 포용하고, 여러분의 강점과 재능을 세상에 알리면 된다. 우리 모두 강점과 재능을 갖고 있고, 그것들은 변치 않는 자질이다. 그 불변의 강점과 재능을 기반으로 삼아라. 그리고 여러분이 갈고닦을 수 있는 두 가지 자질, 메시지 작성과 발표 연습에 집중하자. 그렇게 기술을 연마한다면 여러분은 놀라운 커뮤니케이터가 될 것이다. 훌륭한 커뮤니케이터는 연습에 시간을 투자한다. 시간이 커뮤니케이터를 위대하게 만들기 때문이다. AMP 모델로 여러분의 프레젠테이션에 활력을 불어넣는다면, 그 결과에 감탄하게 될 것이다.

사명을 주문mantra으로 삼아라

13장

**전도사들은 그들의 제품을 사랑하고
그들의 고객을 사랑합니다.**

_제프 베조스

한 사람의 말과 글을 보면 그 사람의 원동력이 무엇인지 알 수 있다. 한 단어가 지난 30년간 제프 베조스를 이끌어 왔고, 그 단어는 그의 주주 서한에 500번이나 등장한다. 그 단어는 이제 아마존 DNA에 암호화돼 있다.

'**고객**customer'

제프 베조스는 자신이 가장 중요하게 생각하는 것이 무엇인지 세상에 알리는 데 시간을 낭비하지 않았다. 1997년 아마존 주주들에게 보낸 첫 번째 편지에서, 그는 '고객'이라는 단어를 25번이나 언급하며 아마존의 성공 비결이 될 발판을 마련했다. "아마존닷컴은 고객을 위한 진정한 가치를 창출하기 위해 인터넷을 활용하고, 그럼으로써 기존 대형 시장에서도 오래 지속될 프랜차이즈를 만들어 나갈 수 있기를 희망합니다."[1]

베조스에 따르면, **고객 집착**customer obsession은 단순히 좋은 전략이 아니라, 미국인 대다수가 인터넷을 통한 제품 구매는 고사하고 온라인에 접속조차 해 본 적 없었던 1997년에는 없어서는 안 될 요건이었다. 그는 모뎀 사용법부터 웹 사이트 탐색에 이르는 모든 것을 '극도로 상세하게' 설명해야 했다고 말했다. 고객 경험을 쉽게 만드는 것이 곧 아마존의 급속 성장을 이끄는 원동력이었다.

고객에 대한 집착은 당시나 지금이나 아마존의 사업 결정을 주도하는 **사명**mission으로 진화했다. 그런데 사명은 회사가 성장한다고 해서 저절로 자리 잡고 확장되는 것이 아니다. 사명은 모두가 큰 그림에 집중할 수 있도록 계속 반복해 알려주는 책임자를 필요로 한다. 1998년 베조스는 회사의 사명을 명확히 했다. "아마존은 세상에서 가장 뛰어난 고객 중심 기업이 되고자 합니다." 그 후 23년 동안 베조스는 아마존의 사명을 알리는 수석 전도사가 되어, 모든 사람이 암송할 수 있는 **주문**mantra으로 만들었다.

10배 더 많이 전달하기

하버드 경영학 교수인 존 코터John Kotter는 리더 대부분이 자신의 비전을 10배나 더 적게 전달under-communicate한다는 사실을 발견했다.

코터는 《하버드 비즈니스 리뷰》에 기고한 기사에 이렇게 적었다. "수백 또는 수천 명의 사람들이 단기적인 희생을 감수해 가며 기꺼이 도와주지 않으면 변화는 불가능하다. 또 신뢰할 수 있는 소통을 충분히 하지 못하면, 그들의 마음과 정신은 결코 사로잡을 수 없다."[2]

제프 베조스는 사명은 아무리 강조해도 지나치지 않다고 믿는 리더다. 1998년 베조스는 그의 첫 대중 연설로 알려진 연설에서 '고객'에 대해 62번이나 이야기했다. 그것은 시작에 불과했다. 베조스는 이후 20년 동안 고객을 성장의 중심에 뒀다. 그림 13은 24년간 베조스가 보낸 주주 서한 전체에 가장 많이 등장하는 단어를 보여준다. 확실히 '고객customer'이 지배하고 있음이 보인다.

● 그림 13: 베조스가 24년간 보낸 편지의 워드 클라우드word cloud

앞서 언급했듯이, 고객에 대한 집착은 1998년에 회사의 공식 사명으로 구체화되기 시작했다. 베조스는 그해 주주들에게 보낸 편지에서 사명이 회사의 전 영역과 위계에서 의사 결정을 어떻게 이끌어야 하는지 설명했다. "저는 직원들에게 끊임없이 상기시킵니다. 두려워하라고. 매일 아침 경쟁업체가 아니라 우리의 고객을 두려워하며 정신을 차려야 한다고요."[3]

베조스는 이듬해에도 계속해서 아마존의 사명을 명확히 했다. 그는 고객 집착은 아마존 임직원들이 고객의 말에 귀 기울이고, 고객을 대신해 발명하고, 각 고객을 위해 서비스를 개인화해야 한다는 것을 의미한다고 설명했다. 나중에 베조스는 아마존이 돈을 위해 일하는 용병이 아니라, 전도사missionary로 둘러싸인 회사가 되기를 바란다고 말하기도 했다. 전도사들은 사명에 관심이 있다. '목적 중심purpose-driven 기업'이 비즈니스 용어집에 포함되기 몇 년 전부터, 베조스는 고위 경영진에게 아마존의 목적을 최우선으로 삼고 아마존의 사명을 믿는 사람들을 고용하라고 지시했다. 사람들은 삶의 의미를 갈망하고, 자신이 동경하는 사명을 가진 조직에서 일하고 싶어 한다.

13장 ● 사명을 주문(mantra)으로 삼아라

고객 중심 사명은 기업 문화를 정의하는 요소로 작용하며, 소속 팀이나 직위를 막론하고 아마존 직원들을 하나로 묶어준다. 직원들은 마케팅, 엔지니어링, 운영, 창고, 사업 기획, 인사, 제품 관리, 소프트웨어 개발 등 34개 직군에서 근무한다. 사람들이 어떤 직무에 지원하든, 아마존은 회사가 세계에서 가장 존경받는 브랜드가 될 수 있는 이유 중 하나가 바로 고객에 대한 집착임을 그들에게 상기시킨다. '고객 집착'은 모든 입사 지원자와 아마존 직원이 알아야 할 첫 번째 리더십 원칙이자 잊기 어려운 사명이다. 이 원칙의 정의는 초창기 베조스의 주주 서한에서 영감을 받았다. '고객 집착'의 정의는 다음과 같다. "리더는 고객에게서 출발해 거꾸로 거슬러 올라가는 방식으로 일한다. 리더는 고객의 신뢰를 얻고 유지하기 위해 최선을 다해 일한다. 리더는 경쟁 상대에 주의를 기울이고, 고객에게는 집착한다."

사명은 매우 중요한 의미를 지니며, 따라서 베조스는 누구도 이 사명을 잊게 놔두지 않았다.

DNA가 우리가 인간이도록 하는 지침을 담은 생명의 청사진인 것처럼, 회사의 사명은 스타트업이 대기업으로 성장하는 과정에 필요한 청사진이다. 모두가 공유하고 있는 사명은 그들이 무엇을 하든, 어디에 살든 공동의 목적에 발맞춰 함께 나아갈 수 있게 한다.

사명을 기억하는 방법으로 사명을 주문$_{mantra}$으로 바꾸는 것보다 더 좋은 방법이 있을까? 주문, 만트라는 반복할수록 그 힘이 강해지는 문장 또는 슬로건이다. 계속 반복되는 소통은 사명의 영향력을 강화한다.

인지 심리학자들에 따르면, '단순 노출 효과$_{mere\text{-}exposure\ effect}$'란 무엇인가에 노출되는 횟수가 많아질수록 그것을 더 좋아하게 되는 현상이다. 마찬가지로 회사의 사명도 자주 들을수록 더 좋아하게 된다. 그 메시지를 좋아하고 내면화하게 되면, 그 메시지에 따라 행동할 가능성이 높아진다. 주문은 사명을 강조해 보여주는 정신적 형광펜 역할을 한다. 결코 잊을 수가 없다.

제프 베조스는 자신의 사명을 결코 10배 더 적게 전달하지 않는다. 그는 사명을 10배 더 많이 전달해 '증폭'시킨다. 베조스는 거의 모든 면담, 메모, 연설, 주주 서한, 언론 인터뷰에서 고객 집착이라는 원칙을 끊임없이 반복해 전달했다. 그렇게 매일, 매년, 매 10년마다 변함없이 반복했다.

1999년 CNBC와의 인터뷰에서 베조스는 회사의 사명을 21번이나 언급했다. 당시 인터뷰 시간이 7분에 불과했으니, 그는 24초마다 고객에 대해 이야기한 셈이다. 아마존의 시가총액이 처음으로 300억 달러를 넘어섰지만, 베조스는 어떤 인터넷 기업이 정상에 오를지 예측하기에는 아직 이르다고 주의를 줬다. 그에게 미래를 예측할 수 있는 수정 구슬은 없었지만, 사명에 대한 그의 확고한 믿음은 아마존의 미래에 대한 신념을 강화해 줬다.

"장담하기는 어렵지만 저는 여러분이 고객 경험(선택의 폭, 사용 편의성, 저렴한 가격, 더 많은 정보 등)과 함께 훌륭한 고객 서비스에 충분히 집중할 수만 있다면, 좋은 기회를 얻을 것이라고 믿습니다."[4]

"아마존은 순수 인터넷 기업인가요?" CNBC 기자가 물었다.

"인터넷이든 슈민터넷$_{Schminternet}$(인터넷의 본 이름)이든, 그런 건 중요하지 않습니다. 고객 경험에 집착하는 회사에 투자하셔야 합니다."

그리고 나서 베조스는 자신의 핵심 메시지를 강화하기 위해 강력한 수사적 장치를 사용했다. 그는 메시지를 차별화했다. 그리고 다음과 같이 마무리 발언을 시작했다.

"아마존에 대해 **한 가지 알아야 할 것**$_{One\ thing\ to\ know}$이 있다면, 아마존은 '고객의 일거수일투족에 관심을 기울인다'는 것입니다."

> **✱개인 코칭** 💡
>
> "한 가지 알아야 할 것이 있다면, 바로 ~입니다"라는 문장으로 시작하면, 청중은 그 다음에 나올 내용이 무엇이든 그 내용을 기억할 것이다. 그들은 그 메시지를 받아 적어 다른 사람들과 공유할 것이다. 그러한 문장이 여러분이 전달하고자 하는 요점을 강조하는 정신적 형광펜 역할을 하기 때문이다. 다음과 같은 문구를 사용해 핵심 메시지를 강조할 수 있다.
>
> - "여러분이 알아야 할 가장 중요한 것은 ~입니다."
> - "이 프레젠테이션을 통해 배울 수 있는 한 가지가 있다면, 바로 ~입니다."
> - "제가 말씀드릴 수 있는 것은 바로 ~입니다."
>
> 청중은 로드맵을 찾고 있다. 청중을 여러분이 원하는 방향으로 안내해 보자.

회사의 사명을 적극적으로 전달하지 않는 대부분의 리더와 달리 베조스는 모두가 그 사명을 내면화할 때까지 자신의 원칙을 계속해서 반복했다. 그의 목적 지향적인 관점은 사명에 대한 열정을 공유하는 다른 사람들과 협력 관계를 맺는 데 영감을 줬다. 그 파트너 중 한 명은 모든 고객에게 행복을 전한다는 비전으로 유명해진 기업 자포스$_{Zappos}$의 창업자였다.

고객에 대한 강박적 집착

"전 고객에게 집착하는 회사를 보면 마음이 약해집니다." 베조스가 아마존이 12억 달러에 인수한 온라인 신발 소매업체인 자포스에 대해 한 말이다.[5]

자포스의 CEO이자 문화 전도사인 토니 셰이$_{Tony\ Hsieh}$는 몇 해 전 이미 베조스의 제안을 거절한 바 있었다. 셰이는 온라인과 오프라인에서 탁월한 고객 서비스를 정의하는 전설적인 문화를 구축했다. 셰이는 자포스에서 자신이 맡았던 역할을 일이 아닌 소명으로 생각했다.

2009년 4월, 셰이는 베조스와 한 시간 동안 회의를 하기 위해 시애틀로 날아갔다. 셰이는 이렇게 회상한다. "저는 베조스 앞에서 자포스에 관한 기본적인 프레젠테이션을 했습니다. 주로 저희 문화에 대한 내용이었죠. 프레젠테이션 말미에 저는 행복학에 대해 이야기하기 시작했고, 행복학을 통해 고객과 직원들에게 더 나은 혜택을 제공하기 위해 어떤 노력을 기울이는지 설명했습니다."[6]

베조스가 중간에 끼어들어, "사람들이 무엇이 자신을 행복하게 만들지 예측하는 데 매우 서투르다는 사실을 알고 계셨나요?"라고 물었다.

셰이는 베조스의 의견에 동의하면서 이렇게 덧붙였다. "그런데 다음 파워포인트 슬라이드에 뭐가 나올지 예측하는 데 아주 능숙하시군요."

베조스의 관점은 셰이가 설명할 다음 슬라이드에 적힌 단어와 정확히 일치했다.

셰이는 이야기한다. "그 순간부터 모든 게 편안해졌습니다. 아마존이 저희 회사의 영업 실적뿐 아니라, 문화의 가치를 인정하는 게 분명해 보였으니까요."

베조스는 자포스 인수를 발표하기 위해 내부 영상을 녹화했다. 그 영상에서 베조스는 파워포인트나 화려한 그래픽을 사용하지 않았다. 대신에 그는 간단한 플립 차트를 가리키며 말했다.

"우리는 실수를 저지르기도 했지만 몇 가지를 배웠습니다. 제가 알고 있는 것은 분명합니다. 고객에게 집착해야 한다는 것입니다. 우리는 맨 처음부터 그렇게 해왔습니다. 그렇기 때문에 오늘날 아마존닷컴이 어떤 형태로든 존재하는 것이지요. 경쟁업체에 집착할지, 아니면 고객에게 집착할지 선택의 기로에 놓였을 때, 우리는 항상 고객에게 집착하는 쪽을 택합니다. 우리는 고객에게서 시작해 거꾸로 일하는 것을 좋아합니다."[7]

셰이는 3만 6,000달러라는 삭감된 연봉을 받고 자포스의 CEO로 계속 근무했다. 그는 11년 동안 그 자리를 지켰다. 일을 그만두기는 쉬웠지만 소명을 버리기는 쉽지 않았다.

2020년 11월, 셰이는 집에 발생한 화재로 안타깝게 사망했다.

"세상은 너무 일찍 당신을 잃었습니다." 제프 베조스는 셰이의 사망 소식을 듣고 이렇게 애도했다. "당신의 호기심, 비전, 고객에 대한 끊임없는 관심은 지워지지 않을 흔적을 남겼습니다."

베조스는 2018년 블룸버그 텔레비전Bloomberg Television과의 인터뷰에서 데이비드 루벤스타인에게 이렇게 말했다. "저희가 지금까지 성공적일 수 있었던 가장 큰 요인은 경쟁업체에 집착하지 않고 고객에게 강박적으로 집착하며 집중한 데 있습니다. 경쟁사 대신 고객에게 집중할 수만 있다면 어떤 회사든 큰 이점을 얻게 될 겁니다."[8]

시애틀의 한 차고에서 11명으로 창업한 회사는 오늘날 전 세계에 160만 명이 넘는 직원을 두고 있으며, 미국 경제와 아주 밀접하게 연결된 기업이 됐다. 1994년 창업 이래 많은 변화가 있었지만, 창업자와 후계자가 추진하는 한 가지 중요한 사명에 계속 집중한다는 원칙만큼은 창업 첫날부터 지금까지 변함없이 이어져 왔다.

전 AWS의 CEO 앤디 재시가 아마존 역사상 두 번째 CEO로 임명됐다는 소식이 전해졌을 때, 기자들은 초기 투자자인 존 도어에게 의견을 물었다. "아마존이 곧 경쟁력을 잃게 될까요?" 도어는 새로 임명된 CEO가 회사의 사명과 원칙을 내면화하고 있기 때문에, 자기는 아마존이 계속해서 번영해 나갈 것이라 생각한다고 대답했다. 그는 아마존의 미래를 여전히 확신하고 있었는데, 그 근거는 '고객 집착'이 아마존 문화에 매우 깊이 뿌리내리고 있다는 것이었다. 아마존은 창업 첫날부터 그렇게 해왔다.

사명은 중요하다. 비즈니스 리더는 종종 공동의 목표를 중심으로 모든 사람을 합심시켜야 하는 어려운 과제에 직면하게 된다. 원격 근무로 인해 모든 사람이 계속 같은 목표를 향해 나아가도록 하는 일은 더 어려워질 수 있다. 사람이나 부서 사이를 여러 차례 오가면서, 여러분의 메시지가 희석되거나 묵살될 수 있다. 해결책은 사명을 명확히 하고, 스스로 지겨울 정도로 그 사명을 자주 반복해 외우는 것이다. 그러다 팀원들이 여러분의 말을 그대로 사용하고 그 메시지에 따라 행동할 때, 여러분은 그들이 사명을 내면화했다는 것을 확인할 수 있다. 그러면 여러분은 여러분을 위해 벽도 뚫고 나갈 전도사를 만들어낸 것이다.

다음 절에서는 비즈니스에서는 결정을, 삶에서는 선택을 이끌어 가야 하는 여러분의 진정한 사명을 발견하는 방법에 대해 살펴볼 것이다. 또 그 사명을 모두가 한마음으로 하나의 크고, 환상적이며, 거부할 수 없는 목표를 향해 나아가게끔 하는 주문으로 바꾸는 구체적인 팁과 방법도 알려줄 것이다.

애플의 핵심

아마존은 맹렬하게, 초고속으로 성장해 1997년 기업 공개(IPO)를 위한 유리한 위치를 점했다. 한편 같은 시기에 시애틀에서 남쪽으로 800마일(약 1,288km) 떨어진 곳에서는 한 선구적인 기업가가 이끄는 또 다른 회사가 파산 위기에 처해 있었다.

자신이 창업한 회사를 12년간 떠나 있던 스티브 잡스~Steve Jobs~는, 당시 재정난에 시달리는 애플로 다시 돌아왔다. 잡스는 애플의 경영진이 회사에 심각한 손상을 입혀 '재정 출혈'이 일어나고 있다는 사실을 발견했다. 아마존이 일자리를 늘리고 있는 동안 애플은 일자리를 감축하고 있었다. 애플 인력의 3분의 1이 넘는 직원 4,000명이 해고됐다.

잡스는 문제를 분석했다. 그는 애플이 고객을 만족시킬 수 있는 아름다운 디자인의 컴퓨팅 제품을 만들겠다는 핵심 사명을 저버렸음을 알아냈다. 애플 제품 중 30퍼센트는 정말 훌륭한 '보석'이었지만, 나머지 70퍼센트는 형편없었고 품질 좋은 소수 제품의 자원을 축내고 있었다.

1997년 10월 2일 CNBC와의 인터뷰에서 잡스는 이렇게 밝혔다. "윗선에서 올바른 일을 하면 아랫선은 따라오기 마련입니다."[9] 잡스는 회사가 올바른 전략, 올바른 인재, 올바른 문화를 갖추면 매출은 알아서 해결된다고 믿었다. 잡스는 리더로서 '제품'과 '커뮤니케이션 전략'에 집중할 것이라면서, 애플 직원들이 공동의 사명을 중심으로 재결집해 그 가치에 다시 몰두해야 한다고 말했다. 잡스의 일은 직원과 고객들이 그 길을 볼 수 있도록 "잡목과 수풀"을 제거하는 것이었다.

애플 직원들에게는 단순한 격려의 말 이상의 것이 필요했다. 직원들은 자신의 일이 자기 자신보다 더 큰 의미를 지녔으며, 일상적인 업무가 그 사명을 뒷받침하고 있다는 사실을 알아야 했다. 그들은 의미를 갈망했다.

잡스는 CNBC에 출연하기 며칠 전인 9월 23일에 열린 비공개 내부 회의에서 직원들에게 이 이야기를 전했다. 잡스는 애플에 돌아온 지 단 8주 만에 자신이 해야 할 일을 정확히 알고 있었다. 그는 사명과 원칙을 통해 팀원들에게 영감을 불어넣어야 했다.

잡스가 운을 뗐다. "우리는 훌륭한 제품과 훌륭한 마케팅을 통해 기본으로 돌아갈 것입니다."

우선 잡스는 직원들에게 애플의 브랜드 가치를 상기시켰다. "나이키, 디즈니, 코카콜라, 소니와 어깨를 나란히 할 겁니다."[10] 하지만 아무리 훌륭한 브랜드라도 "브랜드 연관성$_{Relevance}$과 생명력을 유지하고자 한다면" 투자와 관심이 필요하다.

잡스는 애플을 다시 위대한 브랜드로 되살리려면 "절삭속도와 이송속도$_{speeds\ and\ feeds}$(절삭 기계의 성능을 나타내는 단위로, '숙련된 기술자만이 알 수 있는 세부 사항'의 은유로도 쓰임), 밉스$_{MIPS}$(1초당 100만 개 단위의 명령어 연산을 하는 컴퓨터 프로세서의 처리 속도)와 메가헤르츠$_{megahertz}$(CPU가 1초당 발생시킬 수 있는 클릭 수)"에 대한 이야기를 그만해야 한다고 했다. 고객들은 그런 것들에는 관심이 없었다. 고객들은 자신들의 목표, 희망, 꿈에 관심이 있었다.

그런 다음 잡스는 일련의 수사적 질문을 던졌다. 애플은 누굽니까? 우리는 무엇을 상징하나요? 우리는 어떤 세상에 어울릴까요? 고객이 우리에 대해 무엇을 알기를 바랍니까?

잡스는 말했다. "애플은 업무 처리를 하는 사람들을 위한 상자 제작 사업을 하는 게 아닙니다. 우리의 핵심 가치는 열정을 가진 사람들이 세상을 더 나은 곳으로 바꿀 수 있다는 믿음에 있으며, 우리는 그런 사람들을 위한 도구를 만들고 있는 겁니다."

잡스가 연설할 당시만 해도 성공은 보장된 것이 아니었다. 그해 초여름, 잡스는 10년 전 인수한 애니메이션 스튜디오 픽사의 경영진에게 자신의 불안감을 표출했다. 그는 자신이 애플을 구할 수 있을지 모르겠지만 노력은 해봐야 한다고 말했다. 잡스는 세상이 애플을 통해 더 나은 곳이 될 것이라고 진심으로 믿었다. 애플의 사명은 브랜드를 되살리고자 하는 잡스의 열망을 자극했고, 만일 그가 모든 사람을 그 사명 아래 결집시킬 수 있다면 애플이 살아

남을 가능성은 더 높아질 것이었다.

아마존이 기업 역사상 가장 위대한 성공 사례 중 하나라면, 애플은 기업 역사상 가장 위대한 '재기' 사례라 할 수 있다. 잡스가 직원들 앞에서 연설한 지 23년 후, 애플은 미국 기업 최초로 시장가치 2조 달러를 돌파했다. 사명은 중요하다.

스티브 잡스가 190포인트 글씨를 사용한 이유

가이 가와사키Guy Kawasaki의 전 상사인 스티브 잡스는 그에게 메시지 단순화에 관해 많은 것을 가르쳐줬다. 가와사키는 매력적인 사명은 몇 마디만으로 표현될 수 있어야 한다고 배웠다. 사명은 얼마나 간단해야 할까? 190포인트로 작성했을 때 한 슬라이드 안에 들어갈 수 있을 정도다.

'190포인트 규칙'은 스티브 잡스가 가와사키에게 가르쳐준 비법에서 나왔다. 대부분 사람은 전하고 싶은 내용을 작은 글씨로 슬라이드에 꽉 채워 넣는다. 가와사키를 비롯한 프레젠테이션 디자인 전문가들은 슬라이드에 30포인트보다 작은 글자를 포함해서는 안 된다고 말한다. 스티브 잡스는 그보다도 훨씬 더 크게 작성했다. 아주 크게 작성했다. 왜 그랬을까? 가와사키는 답한다. "글씨가 클수록 읽기 쉬우니까요!"[11]

맞다, 글씨가 크면 클수록 읽기가 더 쉽다. 사람들이 여러분의 사명을 제대로 읽을 수 없다면 아무리 잘 만든 사명도 소용이 없다. 스티브 잡스가 더 큰 글씨를 사용한 데에는 전략적인 이유도 있었다. 더 큰 글씨를 사용함으로써, 발표자는 더 적은 단어만으로 요점을 전달해야 하게 된다. 3장에서 살펴본 것처럼, 불필요한 단어를 제거하면 남은 글에 더 큰 힘이 생긴다.

1997년, 스티브 잡스는 직원들에게 회사의 핵심 목표를 밝히면서 덧붙였다. "세상을 바꿀 수 있을 만큼 미쳐 있는 사람들이 세상을 바꿉니다." 잡스의 슬라이드에는 이렇게 적혀 있었다. "미친 이들에게 축배를_Here's to the Crazy Ones·"

목적의 옹호자들

"효과적인 대중 연설과 커뮤니케이션 기술은 리더가 갖춰야 할 중요한 자질입니다."[12] 홀 푸드 공동 창업자 존 매키는 말한다. "목적이 그 기본이죠. 사람들을 목적과 연결하는 것은 의식 있는 리더가 가장 먼저 하는 중요한 일입니다."

한 조직의 목적_purpose_은 단순한 슬로건 이상의 의미를 지니며 그 조직의 원칙이 되는 경우가 많다. "아직 목적이 확실하지 않을 경우, 조직의 진정한 목적을 발견하는 열쇠는 그 가치 제안의 핵심에 있는 내재적 선_intrinsic good_을 식별하는 것입니다." 매키는 썼다.

다시 말해서, 목적이 꼭 여러분이 판매하는 제품이나 서비스일 필요는 없다. 목적은 여러분이 하는 일이 어떻게 세상을 더 나은 곳으로 만들고, 고객의 삶을 향상시켜 나가는지를 나타낸다.

1980년 매키가 홀 푸드를 공동 설립한 날부터 홀 푸드_Whole Foods_의 목적은 "사람들과 지구에 온전한 영양을 공급하는 것"이었다. 이러한 사명은 2017년 아마존이 137억 달러에 홀 푸드를 인수한 후에도, 브랜드 메시지와 매키의 인터뷰에 계속 스며들어 있었다.

매키는 기업 합병이 결혼과 같다고 말한다. 홀 푸드와 아마존은 첫눈에 반했고, 이후 불꽃 튀는 사랑을 이어갔다. 합병 후 3년이 지난 시점에 내가 매키를 만났을 때, 두 기업의 결혼 생활은 여전히 굳건했다.

매키는 제프 베조스를 만난 첫날부터 그를 존경했다고 말한다. 사명을 중심으로 브랜드를 구축하는 것을 포함해 두 기업가는 공통점이 많았다.

배우자 아마존과 마찬가지로, 홀 푸드 역시 창업 첫날부터 목적 중심 기업이었다. 홀 푸드의 사명은 사람들이 건강한 자연 식품을 섭취하도록 유도함으로써 세상을 더 나은 곳으로 만드는 것이었다.

매키는 44년 동안 키워온 회사에서 은퇴한다고 발표했지만, 여전히 스스로를 홀 푸드의 '목적 옹호자purpose champion'라고 부르고 있다. 그는 모든 리더가 목적 옹호자가 되어야 한다고 믿는다. "모든 회사가 회사의 숭고한 목적을 실현해 나가는 이들을 필요로 합니다. (…) 기업의 필수 업무 자체에 내재된 숭고한 목적을 발견하는 것만큼, 사람들에게 동기를 부여하고 조직을 변화시키는 것도 달리 없습니다."[13]

매키의 조언을 뒷받침하는 데이터도 있다.

딜로이트 컨설팅Deloitte Consulting 보고서에 따르면, "목적 지향적인 기업은 생산성과 성장률이 더 높다. 또 목적 지향적인 조직은 경쟁사보다 혁신 수준이 30퍼센트 더 높고 직원 유지율이 40퍼센트 더 높다."[14] 또 보고서는 고객, 직원, 파트너, 투자자에게 회사의 목적을 명확히 전달하지 못하는 리더와 조직은 "뒤처지거나 완전히 실패할 위험이 있다"면서, "이러한 추세는 이전 세대보다 더 큰 목적의식을 갖고 자란 젊은 소비자들이 자신의 가치를 공유하는 브랜드를 찾아 나서면서 더욱 강화될 것으로 보인다"고 밝혔다.

 **개인 코칭**

성공적인 전략은 명확하고, 설득력 있고, 반복 가능한 사명으로 시작된다. 말이 중요하다. 말은 행동을 정의하고, 행동은 결과를 정의한다. 정확한 단어들과 편안하게 반복할 수 있는 구어체를 사용하도록 하자. 5초 안에 말할 수 있을 정도로 사명을 간략하게 작성해야 한다(12단어 이하). 아마존은 "세상에서 가장 뛰어난 고객 중심 기업Earth's most customer-centric company"이라는 네 단어(원문 기준)로 사명을

표현한 미국 최대 기업이다.

세계에서 가장 성공적인 브랜드 중 다수는 회사의 핵심 목적을 명확히 하고 일관된 표현으로 자주 분명하게 언급하는 리더들이 이끌고 있다. 예를 들면 다음과 같다.

- **나이키**: 세상의 모든 운동선수에게 영감과 혁신을 제공하기 위해
- **유니레버**: 지속 가능한 삶을 일상화하기 위해
- **테슬라**: 지속 가능한 교통수단으로의 전 세계적 전환을 가속화하기 위해
- **TED 토크**: 아이디어를 전파하기 위해
- **트윌리오**: 커뮤니케이션의 미래를 촉진하기 위해 (트윌리오의 설립자 제프 로슨은 아마존 웹 서비스의 임원으로 재직하면서 사명의 힘을 배웠다.)

사명을 짧게 만들고, 모든 단어를 중요하게 여기면서, 지겨워질 때까지 그 사명을 반복하고 또 반복해야 한다.

코로나19 팬데믹이 우리에게 일깨워줬듯, 우리가 미래에 대해 확신할 수 있는 것은 미래는 불확실하다는 사실뿐이다. 리더는 전에 경험하지 못한 직장 환경의 변화에 대처하면서 회사의 목적을 명확히 표현하고, 그것을 가능한 한 자주, 설득력 있게 전달할 수 있어야 한다. 매키는 우리에게 상기시킨다. "숭고한 목적은 살아 있는 생명체와 같아서, 잘 양육되어야만 합니다. 그 여정의 모든 단계에서 목적을 추구하고, 다듬고, 옹호해 나가는 것이 리더의 역할이지요."[15]

위베르 졸리Hubert Joly는 기업의 '숭고한 목적'이 고객을 만족시키고, 직원의 참여를 유도하며, 주주에게 이익을 가져다준다는 매키의 의견에 동의한다. 그러나 목적을 달성하려면 그 목적을 옹호할 지지자가 필요하다. 졸리는 아마존과 예상치 못한 파트너십을 체결해 비즈니스계를 놀라게 했다. 미국의

대형 전자 제품 유통업체인 베스트 바이Best Buy의 CEO였던 졸리는, 아마존이 소비자들의 습관을 변화시켜 대형 전자 제품 매장의 필요성을 사실상 종식시킬 것이라는 이야기를 들었다. 하지만 그는 아마존을 위협적인 존재로 여기기보다는, 아마존과 상호 이익이 되는 관계를 구축하기 위해 아마존의 제품을 선보이기로 결정했다.

졸리는 저서 《하트 오브 비즈니스The Heart of Business》를 통해 베스트 바이의 기업 회생 이야기를 자세히 들려준다. "기술을 통해 삶을 풍요롭게 한다는 베스트 바이의 숭고한 목적이 엄청난 혁신과 성장을 이루어냈다."[16] 또 그에 따르면, 오직 최고의 이야기꾼이자 목적의 옹호자인 리더가 있을 때 비로소 직원들은 숭고한 목적을 중심으로 결집하고, 고객은 이에 깊이 공감하게 된다. 졸리는 썼다. "우리 뇌는 스토리텔링을 통해 연결되도록 구조화돼 있다. 직원, 고객, 지역 사회와 그들이 서로의 삶에 미치는 영향 같은 일상적인 이야기를 들려주면, 우리가 일하는 곳이나 함께 일하는 사람들에 대한 목적의식과 유대감을 촉진할 수 있다."

직원들은 자신이 왜 중요한지, 자신의 업무가 왜 중요한지 알고 싶어 한다. 여러분이 수행하고, 쓰고, 말하는 모든 것에서 목적을 모범적으로 보여주어야만 한다. 직원들이 사명의 목적을 이해하고 신뢰하게 되면, 그 사명을 몸소 실천할 수 있는 영감을 얻게 될 것이기 때문이다.

정전, 1,500억짜리 아이디어의 도화선이 되다

1957년 10월 31일. 그해 핼러윈은 아주 이르게 시작됐다. 오전 9시, 변압기가 파손되면서 미네소타와 위스콘신 일부 지역에 정전이 발생했다. 하루가 끝날 무렵이 되자 대부분 가정에 전기가 다시 공급됐다. 해질 무렵 현관등이

켜졌고, 아이들은 매해 핼러윈에 늘 그랬던 것처럼 사탕을 받기 위해 집을 나섰다. 그러나 누군가는 그리 운이 좋지 못했다.

병원에서 개심술$_{\text{open-heart surgery}}$을 받고 회복 중이던 일부 환자는 심장 박동을 조절해 주는 심장박동기$_{\text{pacemaker}}$에 연결돼 있었다. 당시 심장박동기는 전기 콘센트에 꽂아 사용하는 큰 상자 모양의 장치였다. 그 시기 신문 기사를 보면 환자들이 전기 코드가 닿을 수 있는 거리까지만 침대에서 걸어 나오는 모습을 볼 수 있다.

오늘날에는 심장박동기를 심장에 직접 이식한다. 그러나 1957년에는 전기가 끊겼을 때 심장 박동을 조절할 방법이 전혀 없었다. 그 하루 동안 안타깝게도 심장 수술 환자 중 일부가 사망하고 말았다. 사망자 중에는 어린이 한 명도 포함돼 있었다.

이 사건은 미니애폴리스 차고에서 일하던 한 의료 기기 수리공에게 정신적 충격을 줬다. 수리공, 얼 바켄$_{\text{Earl Bakken}}$은 자신의 작업 공간에서 두문불출하며 4주 동안 일에만 몰두했다. 그는 최초의 배터리 구동 심장박동기를 만들고 난 다음에야 차고에서 나왔다. 그는 선언했다. "정전으로 또 다른 아이를 잃는 일은 없을 겁니다."[17]

바켄과 그의 회사 메드트로닉$_{\text{Medtronic}}$은 1년 후 최초의 이식형 심장박동기를 발명했다. 오늘날 메드트로닉 제품은 매초마다 환자 두 명의 삶에 영향을 미치고 있다.

바켄은 어떻게 창업 첫 달 수익이 8달러에 불과했던 1인 수리점을, 1,500억 달러 규모의 의료 기기 회사로 성장시켰을까?

바켄이 직접 밝혔듯이 모든 일은 강력한 사명에서 시작된다. "저희의 사명은 일상 업무의 길잡이 역할을 해주며, 저희가 매년 수백만 명의 삶을 변화시키고 있다는 사실을 명심하게 해줍니다."[18]

십 대 시절, 바켄은 과학을 활용해 사람들을 돕는 것을 자기 인생의 사명으로 삼겠다고 결심했다. 막연했지만 열망에 찬 꿈이었고, 바켄이 발명가로서 호기심을 키워나갈 수 있게 해줬다. 그에게 사명이 꼭 필요한 시기에 그는 이미 사명의 신봉자였다.

1960년 바켄의 회사는 재정적 어려움에 직면했다. 회사 수익으로 의료 장비를 만드는 데 필요한 인력을 감당하기 어려운 상황이었다. 바켄은 은행에 대출 신청을 했지만, 은행 대부분이 그의 대출 신청을 거절했다.

그런데 한 은행에서 회사 재무를 감독할 수 있는 사람을 이사회 멤버로 선임하는 조건으로 대출을 승인했다. 그 이사회 멤버는 바켄에게 자리에 앉아 직접 펜을 들고, 종이 위에 회사가 지향하는 바를 작성해줄 것을 권했다.

이사회는 바켄이 작성한 메드트로닉의 사명 선언문 초안을 거부했다. 그 후 2년 동안 그는 이사회 의견을 반영해 사명 선언문을 계속 수정했다. 이윽고 1962년, 바켄과 이사회 멤버들은 오늘날까지 메드트로닉의 의사 결정 지침이 된 사명 선언문에 동의했다.

메드트로닉의 사명 전문은 다음과 같다.

> 통증을 완화하고, 건강을 회복시키고, 생명을 연장하는 의료 기기나 기구를 연구, 설계, 제조, 판매하는 데 생명 공학을 적용함으로써 인류 복지에 기여한다.

메드트로닉 직원이라면 누구나 다 외우고 있는 간결한 버전의 사명은 다음과 같다.

> 통증을 완화하고, 건강을 회복시키고, 생명을 연장한다.

바켄은 아흔네 살을 일기로 세상을 떠나기 직전, 직원들을 위한 동영상을 녹화했다. 그는 회사 사명을 낭독하며 한 가지 부탁을 했다. "매일 이 사명을 실천해 주십시오."[19]

오늘날 메드트로닉은 세계 최대의 의료 기기 제조업체로 성장했다. 9만 명이 넘는 직원이 70가지 이상의 질환을 치료하기 위한 제품과 치료법을 개발하고 있다. 150개 국가에 걸쳐 지리적으로 멀리 떨어져 있지만, 모두가 하나의 사명을 통해 한마음으로 일하고 있다.

바켄에 따르면, 직원들은 자신의 업무가 환자 수백만 명의 실질적인 혜택으로 직결되는 것을 볼 수 있을 때 "자신의 노력에 긍지를 느끼게 된다"고 한다.

언론의 찬사가 이를 증명한다. 《월스트리트 저널》은 세계에서 가장 잘 운영되는 기업 중 하나로, 《포춘》은 가장 존경받는 기업 중 하나로, 《포브스》는 신입 사원이 일하기 가장 좋은 기업 중 하나로 메드트로닉을 선정했다.

메드트로닉 직원들에게 회사의 사명은 기억하기 쉬운 것이다. 메달 형태의 사명 선언문을 건네받기 때문이다. 메드트로닉은 1974년부터 매년 전 세계 지사에서 '메달 수여식'을 개최하고 있다. 이 행사는 목적을 기념하는 행사다. 새로 입사한 직원들은 회사의 목적이 새겨진 메달을 수여받고, 그 메달은 그들의 업무가 그만큼 중요하다는 것을 지속적으로 상기시켜준다. 메달은 추상적인 사명을, 공동 목적을 달성하도록 직원들을 단결시키는 물리적인 상징으로 바꾼다. (다음 장에서 상징에 관해 자세히 살펴보고, 회사의 사명을 생생하게 상기시키는 데 상징을 어떻게 활용할 수 있는지도 알아볼 것이다.)

집착이 여러분을 찾을 것이다

마이클 모리츠Michael Moritz는 차고에서 애플을 탄생시킨 두 남자의 아이디어와 같이, 다른 사람들이 못보고 지나치는 기발한 아이디어에 투자한다. 또 모리츠는 자신의 유명 벤처캐피털 회사인 세쿼이아 캐피털$_\text{Sequoia Capital}$을 통해 구글, 에어비앤비, 페이팔, 왓츠앱에 투자하기도 했다.

모리츠는 《포브스》와의 인터뷰에서 이렇게 말한 적이 있다. "놀라운 일을 해내는 사람들은 자신이 하는 일에 집착하는 경향이 있습니다."[20] 모리츠는 '집착$_\text{obsession}$'을 "어떤 아이디어에 완전히 매료돼 그것을 추구할 수밖에 없는 상태"라고 정의했다. 집착은 밤에는 여러분을 집요하게 따라다니고, 낮에는 여러분 곁을 맴도는 아이디어다. 그것은 여러분을 놔주지 않는다. 제프 베조스는 집착이란 우리가 열정적으로 믿는 아이디어라고 말한 바 있다. 그는 덧붙였다. 우리가 열정을 좇는 게 아니라, 열정이 우리를 찾아온다고.

이제 우리는 베조스를 찾아온 그 집착이 무엇인지 알게 됐다. 우리는 애플, 홀 푸드, 메드트로닉을 만든 창립자들이 어떻게 아이디어만으로 시작해, 제품보다 더 큰 목적에 힘입어 세상에 대변혁을 일으켰는지도 살펴보았다.

여러분의 사명은 그들의 사명과 다를 것이다. 그것은 분명하고 독특하게 여러분만의 것이리라. 일단 사명을 찾아냈다면 그 사명을 공유해야만 한다. 또렷하게 말하고, 큰 소리로 외쳐라. 세상에 널리 알리고, 소셜 미디어에 게시하라. 선언하고 실천하라. 무엇보다, 여러분이 만나는 모든 사람의 마음과 머릿속에 여러분의 사명이 살아 숨 쉬도록 하라. 그러면 사람들에게 여러분이 추구하는 목적에 동참하도록 영감을 줄 수도 있다. 가치 있는 일은 혼자서 이뤄낼 수 없기에, 최고의 인재들을 끌어들일 수 있어야 한다. 여러분의 길을 거부할 수 없는 여정, 모두가 기꺼이 동참할 모험으로 만들어 보자.

THE BEZOS BLUEPRINT

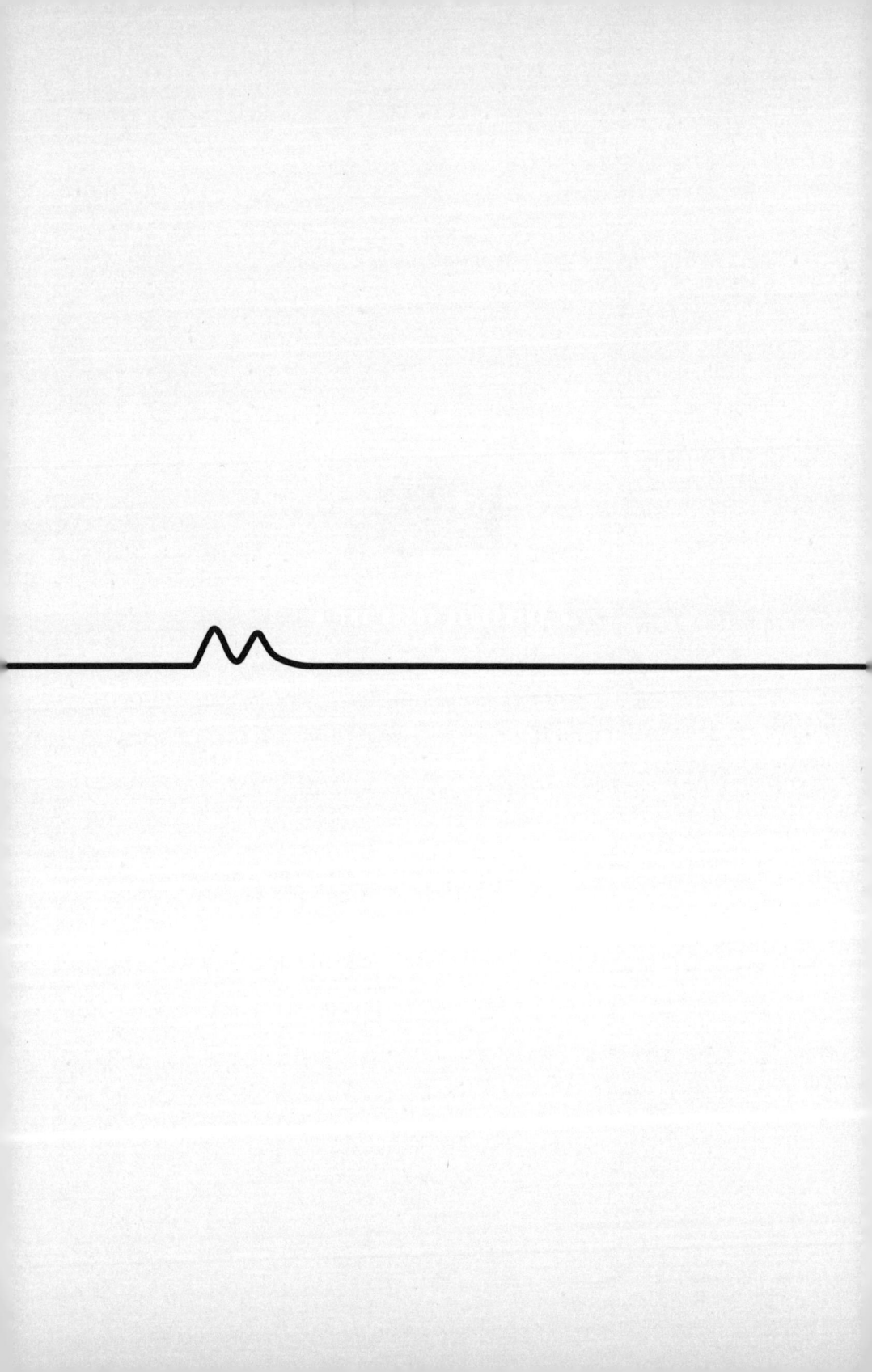

14장

큰 아이디어를 전하는 상징

상징은 매우 강력한 힘을 발휘할 수 있다.

_제프 베조스

THE BEZOS BLUEPRINT

제프 베조스는 우리가 아마존에서 구매할 수 없는 시계를 만들고 있다. 높이가 500피트(152.4미터)에 달하는 이 시계는 텍사스 서부의 한 산속에 세워질 예정이다. 이 시계에는 현재 4,000만 달러가 넘는 비용이 투입되었으며, 완성된 후에는 1만 년 동안 멈추지 않고 작동하며 시간을 알려줄 것이다. 엔지니어들은 엄청나게 복잡한 이 기계식 시계가 1년에 한 번 째깍거리고, 천 년에 한 번 종을 울리도록 설계하는 중이다.

이 프로젝트를 하워드 휴스Howard Hughes*식의 별난 발상으로 치부하기 전에, 베조스가 이 '만년 시계ten-thousand-year clock'에 대해 언급한 내용을 먼저 살펴보도록 하자.

이 시계는 장기적 사고의 상징입니다. 이 상징이 중요한 몇 가지 이유가 있습니다. 첫째, 우리가 장기적으로 사고하면 근시안적 사고로는 이룰 수 없는 것들을 성취할 수 있습니다. 제가 만약 여러분에게 전 세계 기아를 해결해 달라고 한다면 여러분은 당연히 그 도전을 마다할 것입니다. 그런데 제가 100년

---

* 미국의 억만장자로 사업가, 비행사, 공학자, 영화 제작가, 감독, 자선가 등으로 활동했다. 생전 진취적인 도전들과 특이한 행적으로 유명했다. _편집주

안에 전 세계 기아를 해결해 달라고 하면 이야기가 달라지겠죠. 여러분은 먼저 그러한 변화가 일어날 수 있는 환경을 만들어야 할 것입니다. 우리는 도전 과제를 바꾸지 않았습니다. 우리는 시간 지평$_{\text{time horizon}}$을 바꾼 겁니다. 시간 지평이 중요합니다. 정말 중요합니다. 또 한 가지 강조하고 싶은 것은 우리 인간은 기술적으로 매우 정교해지고 있으며 우리 스스로에게 매우 큰 위협을 가할 수 있는 충분한 잠재력을 갖고 있다는 것입니다. 인류의 구성원으로서 우리는 더 장기적으로 사고하기 시작해야 한다는 생각이 듭니다. 이 시계가 바로 그 상징입니다. 상징은 매우 강력한 힘을 발휘할 수 있습니다.[1]

베조스는 '만년 시계'의 진행 상황을 대중에게 알리기 위한 사이트를 만들었지만, 시계를 보기 위해 직접 방문하려면 상당한 노력이 필요하다. 시계가 세워진 현장에서 가장 가까운 공항은 차로 몇 시간은 달려야 하는 거리에 있고, 계곡 바닥에서 2,000피트(약 610m) 높이의 험준한 산길을 올라가야 도착할 수 있다. 만년 시계를 곧 볼 수 있다고 너무 흥분해서는 안 된다. 베조스에 따르면 이 만년 시계를 완성하는 데 앞으로 오랜 세월이 걸릴 것이라고 한다.[2]

베조스는 경쟁사보다 더 오랜 기간에 걸쳐 생각하는 것이 아마존의 혁신 엔진을 이끄는 동력 중 하나라고 말한다. 만년 시계라는 기념비적인 시계는 그러한 철학을 나타내는 상징이자 물리적 아이콘이다.

오래된 뇌에 내장된 상징주의

《순서 파괴》를 공동 집필한 전 아마존 임원 빌 카에 따르면, 아마존 문화를 조성한 비밀 소스는 고객 집착, 장기적 사고, 발명에 대한 열의, 운영 우수성에 대한 자부심이라는 네 가지 재료로 만들어진다. 카는 말한다. "아마존은 이 네 가지 핵심 원칙에 대한 약속을 한 번도 깬 적이 없습니다. 그 덕분에

2015년 아마존은 전 세계에서 가장 빨리 연매출 1,000억 달러를 달성한 회사가 됐습니다."[3]

카에 따르면 1억 명이 넘는 시청자를 보유한 아마존 프라임 비디오는 10년에 걸친 연구, 개발, 콘텐츠 확보의 결과물이다. "크고 오래 지속되는 뭔가를 구축하려면, 긴 투자 시간을 확보하는 것이 중요합니다. 많은 기업이 한 분기나 1년 안에 수익이 나지 않으면 아이디어를 포기할 거예요. 반면 아마존은 5년, 6년, 7년 동안 초기 사업 계획이 추진력을 얻고 수용될 때까지 투자를 관리하고, 끊임없이 학습하고 개선하면서 계획을 고수할 겁니다."

앞서 살펴본 대로, 베조스는 아마존의 CEO로 재직하는 동안 직원들에게 말과 글을 통해 아마존의 핵심 가치를 지속적으로 상기시켰다. 동시에 그는 세 번째로 중요한 커뮤니케이션 전략인 '상징$_{symbol}$'도 함께 사용했다.

제프 베조스는 만년 시계와 같이 큰 상징을 좋아한다. 한편으로는 큰 영향력을 발휘하는 작은 상징도 중요하게 여긴다. 예를 들어, 숙련된 커뮤니케이터의 손을 거치면 빈 의자 하나도 의미로 가득 차게 된다.

전 아마존 임원 존 로스만$_{John\ Rossman}$이 전하는 일화다. "아마존 초창기 시절, 제프 베조스는 회의실 테이블 주변에 의자 한 개를 비워 뒀습니다. 그 '빈 의자'는 모든 회의 참석자에게 회의실에서 가장 중요한 사람, 즉 고객이 그 자리를 차지하고 있다는 것을 상기시켜줬지요."[4] 로스만은 베조스와 긴밀히 협력하며 일했고, 현재 아마존에서 판매되는 제품의 50퍼센트를 담당하고 있는 아마존 마켓플레이스 런칭에 중요한 역할을 수행했다. 회의실의 빈 의자는 로스만에게 깊은 울림을 남겼으며, 그는 그 상징과 메시지를 결코 잊지 않았다.

그 의자는 "고객에게 무엇이 최선인가?"라는 질문에 모든 논의의 초점을 맞추도록 하는 역할을 했다. 로스만에 따르면, 빈 의자는 아마존의 리더십 원칙을 강화하기 위해 핵심 메시지를 반복 전달하는 역할을 수행하는, 고도로 계획된 여러 제스처 가운데 하나였다. 이 경우, 모든 결정을 하기 앞서 고객의 관점을 어떤 식으로든 고려에 넣어야 했다.

영감을 주는 리더들은 열정, 목적, 비전으로 소통한다. 그들은 은유, 유추, 이야기, 일화를 통해 자신의 아이디어를 전달한다. 상징은 강력한 감각 경험을 불러일으키기에 수사적 도구이기도 하다. 시각은 청각에 영향을 미치고, 후각은 미각에 영향을 미치는 등, 우리의 감각은 함께 작동하도록 진화했으므로, 우리는 여러 감각이 동시에 자극될 때 가장 잘 학습한다.

상징은 아이디어를 나타내는 무엇(이미지, 사물, 장소)이다. 시계는 장기적 사고를 상징하고, 빈 의자는 고객의 목소리를 상징한다. 상징은 언어보다 먼저 생겨났기 때문에, 오래된 뇌에는 상징이 내장되어 있다. 아주 평범한 것도 심오한 아이디어를 표현할 수 있다. 예를 들어, 문이 문이 아닐 때는 언제일까? 바로 문이 책상으로 바뀔 때다.

1998년 여름, 리드 헤이스팅스와 마크 랜돌프는 넷플릭스를 창립한 지 두 달 만에 시애틀에 초대받아 베조스를 만났다. 당시 아마존은 엄밀히 말해 도서 사업만 하고 있었지만, 베조스는 '만물 상점Everything Store'을 구축하겠다는 비전을 갖고 있었다. 음악과 비디오 판매는 당연한 수순이었다.

랜돌프는 비좁은 작업 공간을 보고 놀랐다고 회상한다. 신생 스타트업이었지만 아마존은 이미 직원 600명 규모의 회사로 성장한 상태였다. 하지만 직원들은 고급스러운 회사 사무실에서 볼 수 있을 법한 사무용 책상이 아닌, 재활용 문으로 만든 책상에서 일하고 있었다. 문손잡이가 있던 구멍은 나무로 만든 원형 마개로 메워져 있었다.

랜돌프가 웃으며 물었다. "오 제프, 이 문들은 다 뭔가요?"[5]

베조스는 그에게 설명했다. "의도적인 메시지입니다. 회사 사람들 모두가 문으로 만든 책상을 쓰고 있습니다. 그건 우리가 고객에게 영향을 미치는 것에 돈을 쓰지, 그렇지 않은 것에 돈을 쓰는 게 아니라는 걸 말해 주죠."

당시 베조스는 넷플릭스에 1,500만 달러를 제안했다. 연쇄 창업가였던 랜돌프는 그 제안이 꽤 괜찮다고 생각했다. 하지만 현재 넷플릭스 CEO인 헤이스팅스(리드 헤이스팅스는 2023년 1월 넷플릭스 CEO 자리에서 물러났다_역주)는 그 제안을 거절하라며 그를 설득했다. 그들은 아직 자신들의 신생 스타트업 열쇠를 넘겨줄 준비가 돼 있지 않았다. 두 사람은 아마존의 제안을 "부드럽고, 정중하게" 거절하기로 결정했다.

랜돌프와 헤이스팅스는 회사를 넘길 준비가 돼 있지 않았지만, 베조스는 그들에게 깊은 인상을 남겼다. 랜돌프는 베조스가 충성심을 고무시키는 비전을 갖고 있었다고 회상한다. 베조스는 자신의 말과 글 그리고 그 말과 글에 생명을 불어넣는 상징을 통해 비전을 전달했다.

강력한 상징은 다양한 형태로 나타난다.

상징은 강력한 수사적 도구다

시각적 상징은 사람들이 보고 만질 수 있는 이미지나 물체다. 예를 들어, 동전과 깃발은 시각적 상징이고, 빈 의자와 문으로 만든 책상도 마찬가지다.

청각적 상징은 듣는 것이다. 감동적인 음악이나 단체 응원이 청각적 상징에 속한다. 아마존 초창기, 종소리는 주문을 의미했다. 초반에 하루 주문량이 여섯 건일 때에는 동기 부여가 됐다. 하지만 매출이 급증하면서 종소리는 영감을 주는 것에서 성가신 것으로 바뀌고 말았다. 종소리라는 청각적 상징은 수명이 짧았다.

공간적 상징은 특별한 의미를 담고 있는 장소와 공간이다. 건물과 공간에는 이야기가 있다. 아마존 재직 중 베조스는 '데이 원$_{Day 1}$,'이라는 이름의 건물에서 근무했다. 그는 건물을 옮길 때 그 이름도 함께 가져갔다. 이 간단한 문구는 스타트업의 정서적 활력을 담고 있으며, 조직이 아무리 크게 성장하더라도 초심자의 마음을 계속 가져야만 함을 상기시켜준다.

소통은 다양한 언어로 이뤄지며, 상징은 중요한 언어 중 하나다. 맞다, 돈은 동기를 부여한다. 그러나 연구자들에 따르면, 의미 역시 강력한 동기를 부여해 준다. 홀 푸드의 공동 설립자 존 매키는 저서 《리더는 목적을 먹고 산다 Conscious Leadership》에서 "조직을 이끌고 동기를 부여하기 위해 숭고한 목적을 성공적으로 사용하기 위해서는 그 목적이 사람들 의식의 최전선에 있어야 한다. 이에 대한 좋은 예로 아마존의 성장 초기에 고객을 대신할 빈 의자를 회의실에 두고, '세상에서 가장 뛰어난 고객 중심 기업'이 되겠다는 회사의 공식 목표를 전달한 제프 베조스를 들 수 있다. 이 같은 물리적 상징은 모든 사람의 의사 결정에 회사의 사명을 불어넣는 강력한 신호가 된다."[6]

불가능한 일을 가능케 하기 위해 집단에 동기를 부여하는 것은 가능하지만, 그렇게 하려면 커뮤니케이션 도구란 도구는 모조리 동원해야 한다. 그러니 언제든 사용할 수 있도록, 상징은 계속 책상 위에 두어라. 책상이 진짜 문이더라도 말이다.

THE BEZOS BLUEPRINT

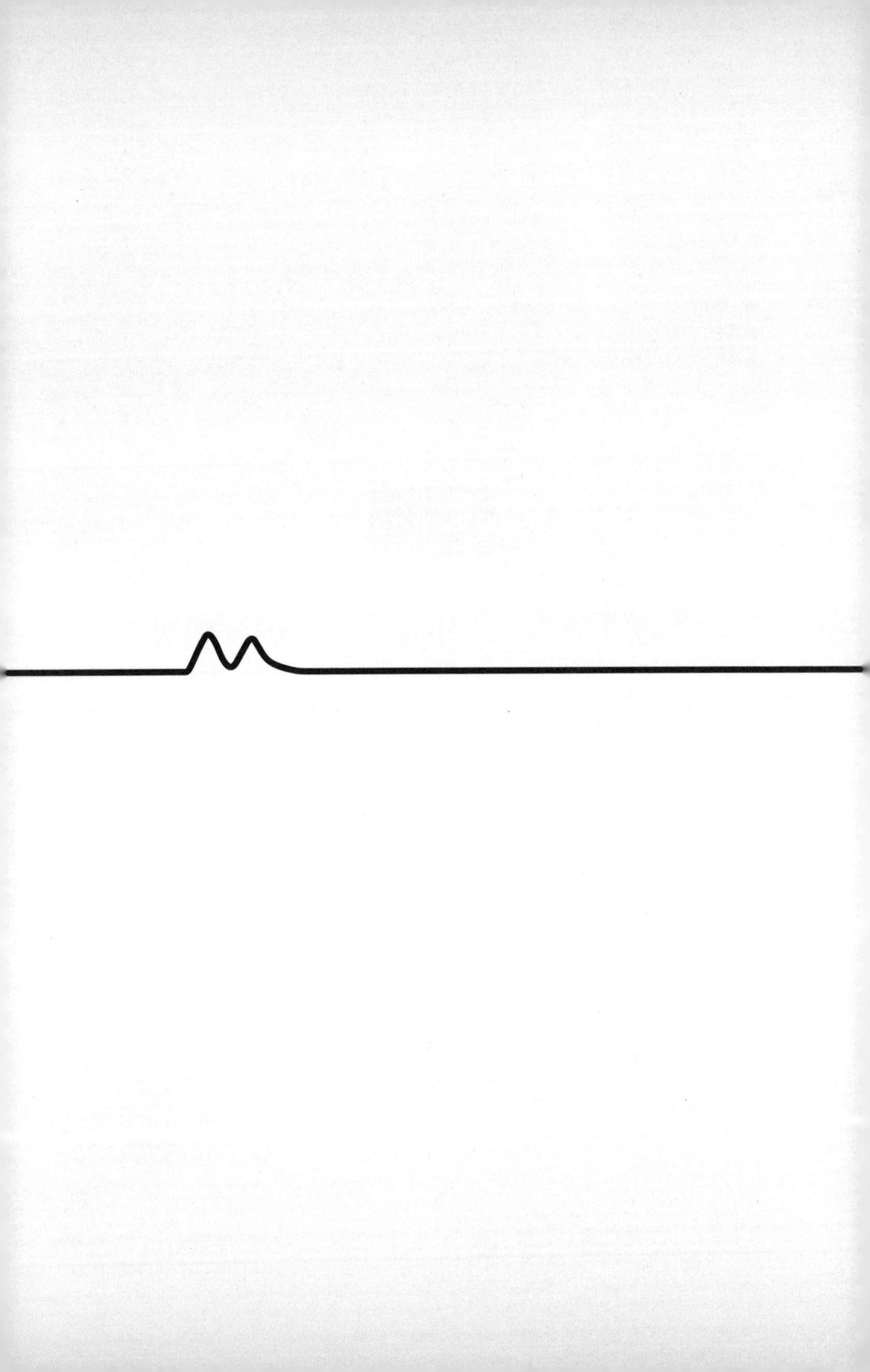

15장

데이터를 인간화하다

인간은 기하급수적인 성장을 이해하는 데 능숙하지 않다.

_제프 베조스

THE BEZOS BLUEPRINT

    2,300퍼센트. 여러분에게는 이 숫자가 별 의미가 없을지 모르지만, 제프 베조스에게는 깊은 인상을 남겼다. 그는 그 숫자를 따라 여러분이 쇼핑하는 방식에서부터 엔터테인먼트 소비 방식, 전 세계 수백만 개 정부, 대학, 기업들과 디지털로 소통하는 방식에 이르기까지 우리 삶의 거의 모든 측면에 영향을 미치는 회사를 설립했다.

    1994년 봄, 베조스는 월스트리트 투자 회사인 D. E. 쇼_{D.E.Shaw}에서 일하고 있었다. 어느 날 상사는 베조스에게 인터넷의 상업적 잠재력을 연구해 보고하라는 지시를 내렸다. 베조스는 산더미처럼 쌓인 연구 논문을 훑어보다가 눈에 띄는 사실 한 가지를 발견했다. 바로 웹 사용량이 2,300퍼센트 증가하고 있다는 사실이었다. 나중에 그는 "그렇게 빨리 성장하는 경우는 흔치 않다. 매우 이례적인 일이었다"면서, 자신이 깨달음을 얻은 순간이었다고 말했다.[1]

    베조스는 컴퓨터 시스템 네트워크에 관한 월간 간행물인 《매트릭스 뉴스_{Matrix News}》에서 그 통계를 접했다. 다른 사람들도 같은 수치를 봤지만, 베조스는 그 수치가 암시하는 바를 그 누구보다 빨리 파악했다. 나중에 그는 말했다. "인간은 기하급수적인 성장을 이해하는 데 능숙하지 않습니다."

15장 ● 데이터를 인간화하다

베조스의 말이 맞다. 복리의 마법을 통해 처음에 작아 보였던 숫자도 천문학적인 숫자로 늘어날 수 있다. 알버트 아인슈타인_Albert Einstein은 복리를 '세계 8대 불가사의'라고 불렀다. 복리란 7퍼센트의 수익률로 한 달에 25달러씩을 투자하면 어떻게 40년 후 6만 5,000달러가 되는지를 설명하는 과정인데, 이때 실제로 투자한 자금은 1만 2,000달러에 불과하다.

복리 개념은 바이러스학자들이 코로나19 바이러스 사례가 몇 건밖에 보고되지 않은 상황에서 경보를 발령한 이유도 설명해 준다. 감염자 한 명이 다른 두 명을 감염시키면 그 두 명이 네 명을, 또 그 네 명이 여덟 명을 감염시키는 식으로 감염자 수가 빠르게 늘어나게 된다. 이런 기하급수적인 증가가 바로 2020년 1월 21일 코로나19 확진자가 단 한 명이던 미국이 불과 5주 후 심각한 팬데믹 사태를 맞은 이유다.

기하급수적 성장은 선형적 성장과 다르다. 대부분 사람은 선형적 성장에 익숙하다. 가령 마당에 있는 토마토가 하루에 세 개씩 열린다고 치면 오늘은 세 개, 내일은 여섯 개, 그 다음 날에는 아홉 개의 토마토가 열릴 것이다. 2주 후에는 총 42개의 토마토를 재배했다고 자랑스럽게 말할 수 있다.

기하급수적 성장이라는 개념은 이해하기가 훨씬 어렵다. 토마토 밭의 성장을 가속화하는 비료 제조 비법이 발견된 가상의 마법 정원이 있다고 해보자. 토마토 한 개가 다른 토마토 세 개를 만들고, 그 토마토가 또 다른 토마토 세 개를 만드는 식으로 토마토 수가 늘어난다. 2주 동안 토마토가 기하급수적으로 늘어난 후에는 토마토 159만 4,323개를 기르기 위한 아주 큰 정원이 필요할 것이다.

이러한 유형의 가속은 오해의 소지가 많고, 심리학자들은 이 현상에 '지수 성장 편향_exponential growth bias'이라는 이름을 붙였다. 지수 성장 편향은 단순한 수학적 오류이지만 이를 과소평가할 경우 부정적인 결과를 초래할 수 있고, 이를 올바르게 인식할 경우 엄청난 기회를 얻을 수 있다. 베조스는 기하급수적 성장을 이해하고, 그것이 암시하는 의미를 인식하고, 데이터에 담겨 있는 이야기를 활용했다.

데이터는 그 숫자가 전달하는 이야기를 사람들이 이해할 수 있을 때에만 행동으로 이어진다.

첨단 기술 세계의 고대 두뇌

인간의 뇌는 상상력과 정보 처리 면에서 놀라운 능력을 발휘할 수 있지만 한계가 있다. 그것은 단순히 뇌가 많은 숫자를 처리하도록 만들어지지 않았기 때문이다.

IDC$_{\text{International Data Corporation}}$는 전 세계 데이터 총량이 매년 60퍼센트씩 증가하여 2018년 33제타바이트$_{\text{zettabyte}}$에서 2025년 175제타바이트까지 도달할 것으로 예상하고 있다. 맥락 없이는 이러한 수치를 이해할 수 없다. 달리 설명해 보겠다. 175제타바이트는 1조 기가바이트에 해당한다. 아직 이 수치가 와닿지 않는가? 또 다른 방식으로 생각해 보자. 175제타바이트를 DVD에 저장해 그 디스크를 쌓아올리면 그 높이는 지구를 무려 222바퀴 돌 수 있는 길이와 같다.[2]

여러분이 설득하고자 하는 사람들은 점점 더 많은 양의 데이터, 즉 그들의 두뇌가 처리하도록 설계된 양보다 훨씬 더 많은 정보에 시달리고 있다. 우리 뇌는 매일같이 우리에게 쏟아지는 상상도 안 되는 숫자가 아니라, 1부터 7까지의 아주 작은 숫자를 처리하도록 진화했다. 하지만 그 거대한 데이터나 정보에는 모든 분야, 모든 산업, 모든 삶을 변화시킬 수 있는 귀중한 통찰이 담겨 있다. 사람들이 데이터의 의미를 파악할 수만 있다면 의료 서비스, 제조,

지속 가능성, 그 외에 모든 분야에서 혁신의 물결을 일으키고 획기적인 발전을 이끌어내게 될 것이다.

숫자로 사람들의 관심을 끌고, 그들이 여러분의 아이디어를 실천할 수 있도록 설득하는 비결은, 더 많은 숫자, 통계, 데이터로 그들을 압도하지 않는 것이다. 핵심은 잠시 멈추는 데 있다. 그런 다음 여러분의 청중이 알아야 할 가장 중요한 숫자를 파악하고 신중하게 선택해야 한다. 그 다음 단계는 그 데이터에 공감할 수 있게 만드는 것이다.

6장에서 인간의 뇌는 새롭고 추상적인 것과 오래되고 익숙한 것을 끊임없이 비교하는 유추 기계라고 설명했던 것을 기억할 것이다. 새로운 아이디어를 청중이 이미 알고 있는 것과 비교해 설명하면 기억에 남을 가능성이 높다. 데이터 전달에도 동일한 접근 방식이 적용될 수 있다. 인지과학자들은 "사람들은 인간의 지각을 벗어난 크기를 추론하는 것을 어려워한다"[3]고 말한다. 나노초$_{nanosecond}$처럼 너무 작거나 우주에 있는 별의 수처럼 너무 큰 숫자는 우리 인간이 상상할 수 있는 범위 너머에 있다. 다행히 숫자를 이해하기 쉽게 재조정할 수 있는 간단한 방법이 있다. 가장 일반적인 방법은 숫자를 크기, 거리, 시간에 빗대어 설명하는 것이다.

- 크기

크기와 무게 비교는 그 효과 덕분에 자주 사용된다. 베조스는 이러한 비교 방식을 좋아해 일찍부터 주주 서한과 공개 프레젠테이션에서 자주 사용했다.

- "아마존닷컴 카탈로그를 인쇄하면 뉴욕시 **전화번호부 40권**을 합친 것보다 더 많은 분량이 될 것입니다."[4]
- "우리는 다른 방법으로는 얻을 수 없는 것을 고객에게 제공하기로 했고, 책을 제공하기 시작했습니다. 우리는 오프라인 매장보다 훨씬 더 많은 상품 선택지를 고객에게 제공했습니다(현재 우리 온라인 서점은 축구장 6개를 합친 것과 맞먹는 규모입니다)."[5]

- "현재 우리 전자 제품 매장에는 4만 5,000개가 넘는 품목이 있습니다(대형 전자 제품 매장에서 구할 수 있는 품목의 약 7배에 달하는 품목 수입니다)."[6]

베조스는 인구 증가로 인한 지구의 부담을 덜어주고자 사람들이 우주로 이주할 있게 해줄 빌딩 블록_building block_을 만들기 위해 블루 오리진을 설립했다. 알다시피 우주 이주는 우리 세대와는 거리가 먼 대담한 비전이다. 베조스가 블루 오리진의 정당성을 입증하려면 그가 지난 30년간 갈고닦아 온 모든 수사적 도구를 사용해야 한다. 놀랄 것도 없이 베조스는 지구의 자원이 유한하다는 주장을 펼치기 위해 데이터를 비교해 설명하는 방식을 활용한다.

전 세계 에너지 소비량의 복리 증가율은 연간 3퍼센트입니다. 연간 3퍼센트는 그리 큰 수치가 아닌 것 같지만, 여러 해에 걸친 복리의 힘은 매우 극단적일 수 있습니다. 연간 3퍼센트의 복리 증가율은 25년마다 인류의 전체 에너지 소비량이 두 배로 증가하는 것과 같습니다. 오늘날 전 세계 에너지 소비량을 고려하면 **네바다주 전체를 태양 전지로 덮었을 때** 그에 해당하는 전력을 공급할 수가 있습니다. 쉽지 않은 일처럼 보입니다. 가능해 보이기도 하고요. 하지만 수백 년 안에 우리는 **지구 표면 전체를 태양 전지로 덮어야 할 것**입니다. 그건 매우 비현실적인 해결책이죠.[7]

베조스는 말한다. 행성의 지면이 아닌 우주에 식민지를 건설하는 것이 해결책이라고.

스티브 잡스는 크기와 무게를 사용해 데이터를 설명하는 것을 좋아했다. 《스티브 잡스 프레젠테이션의 비밀》에서 나는 잡스가 데이터를 맥락에 맞게 잘 활용한 많은 사례를 소개했지만, 아이팟 출시 발표만큼 기억에 남은 프레젠테이션도 없을 것이다. 2001년 잡스는 애플의 첫 번째 아이팟을 출시해 음악 산업에 혁명을 일으켰다. 잡스는 이 기기에 5기가바이트의 데이터(음악)가 저장된다는 사실을 이해하거나 관심을 가질 사람이 거의 없을 것을 알고 있었다. "잠깐만요!" 그가 외쳤다. 아이팟은 5기가바이트의 데이터 이상을 담을 수 있었다. "여러분 주머니 속에 **천 개의 곡**이 들어 있는 셈이죠." 청중이 열광하며 환호하는 가운데, 잡스는 마술사의 화려한 손놀림으로 청바지 주머니에서 아이팟을 꺼냈다.

이 책을 집필하는 중에 한 과학자 그룹이 보안이 철저한 어느 정부 연구소에 나를 초대했다. 그곳에서 그룹은 미래 세대를 위해 깨끗하고, 안정적이며, 풍부한 에너지를 생산할 수 있는 기술을 연구하고 있다. 그들은 내게 세계 최대 규모의 레이저를 보여줬다. '**축구장 3개**' 크기의 건물에서 빔 192개를 연결해 만든 이 레이저는 '**연필 지우개**' 크기의 표적을 조준할 수 있도록 설계됐다. 핵융합 발전(태양에서 동력을 생산하는 과정)의 실현은 과학 분야의 그랜드 챌린지$_{Grand\ Challenge}$로 여겨지고 있다. 그러나 복잡한 과학을 일상적인 언어로 바꿔 펀드, 파트너십, 언론의 관심을 끌어내는 것도 도전 과제 중 하나다. 연구소 소장부터 실험을 수행하는 현장 과학자까지 내 견학에 동참한 모든 사람이 동일하게 크기의 비교 방식을 사용해 그들의 연구를 설명했다. 그들 모두 큰 숫자를 우리가 이해할 수 있는 현실적인 크기로 단순화하도록 교육받았다.

모두가 이해할 수 있는 크기와 무게 비교 방식을 사용해 데이터를 가시화할 수 있어야 한다.

거리

거리 측정값을 사용하는 것도 데이터의 연관성을 높일 수 있는 또 하나의 방법이다. AWS에서 나와 함께 일했던 한 임원은 고객이 대용량 데이터 파일을 클라우드로 안전하게 전송하는 데 사용하는 자사의 스노볼$_{Snowball}$ 서비스에 대한 프레젠테이션을 진행했다. "AWS 스노볼 장비는 온프레미스$_{on\text{-}}$

premise(기업이 서버를 자체 설비로 보유하고 운영하는 방식을 말한다_역주)에서 AWS 설비로 데이터를 전송하기 위해 **지구 250바퀴**에 해당하는 거리를 이동했습니다."

뉴욕 이타카에 있는 세이건 플래닛 워크Sagan Planet Walk는 우주의 천문학적인 거리를 일반인이 이해할 수 있는 맥락으로 설명하기 위해 만들어졌다. 돌로 만든 방첨탑obelisk은 태양과 행성들을 나타내며, 태양과 행성들 사이의 공간은 50억 배율로 축소돼 있다. 방문객들은 지구에서 태양까지 가려면 9야드(8.2미터) 정도만 걸어가면 되지만, 명왕성까지 가려면 15분 동안 걸어야 한다. 또 태양계에서 가장 가까운 별로 4.3광년 떨어진 곳에서 빛나는 별인 알파 센타우리Alpha Centauri를 상징하는 돌을 추가해 전시를 크게 확장했다. 축소해 만든 알파 센타우리의 방첨탑은 5,000마일(8046.72킬로미터) 떨어진 하와이 이밀로아 천문 관측 센터Imiloa Astronomy Center에 있다.

세이건 플래닛 워크는 단순히 큰 숫자를 일반인이 이해할 수 있는 언어로 바꾸는 데 그치지 않았다. 사람들이 직접 걸으며 체감할 수 있도록 맥락에 맞게 거리를 나타낸 것이다.

- ### 시간

베조스는 소비자가 얼마나 많은 시간을 절약했는지 보여주는 데이터를 통해 비교 설명하는 것을 특히 좋아한다.

베조스는 2020년 주주 서한에 "아마존에서 구매하는 고객 중 28퍼센트가 3분 이내에 구매를 완료합니다"라고 썼다.[8] 28과 3이라는 두 숫자만으로는 의미를 제대로 전달할 수 없다. 그래서 베조스는 다음과 같은 설명을 덧붙였다.

운전, 주차, 매장 통로 탐색, 계산대 줄 대기, 주차된 차 찾기를 거쳐 집까지 운

전해야 하는 일반적인 오프라인 매장 쇼핑 활동과 비교해 보십시오. 연구에 따르면 보통 오프라인 매장을 방문하는 데 한 시간 정도가 소요된다고 합니다. 아마존에서 일반 구매를 하는 데 15분 정도가 걸리고, 매주 오프라인 매장에 가는 빈도를 두어 번 줄인다고 가정하면 **1년에 75시간 이상을 절약**할 수 있습니다. 의미 있는 발견이죠. 우리는 모두 바쁘니까요.

베조스는 비교에 효과를 가미하기 위해 이렇게 덧붙였다.

달러로 환산하기 위해 시간 절약 효과를 대략 시간당 10달러라는 금액으로 계산해 봅시다. 75시간에 시간당 10달러를 곱하면 (…) 프라임 회원 한 명당 대략 630달러의 가치가 창출됩니다. 우리는 2020년 기준 프라임 회원 2억 명을 보유하고 있으므로, 총 1,260억 달러의 가치를 창출할 것으로 예상됩니다.

> **★개인 코칭**
>
> "그런데 사이즈 모카 프라푸치노에는 약 55그램의 설탕이 들어 있다"라는 측정 데이터$_{\text{data point}}$를 문맥에 맞게 설명하는 연습을 해보자.
>
> 55그램은 많은 양일까, 적은 양일까? 55그램이라는 양을 맥락 없이 제시하면 그냥 숫자에 불과하다. 하지만 여러분이 가당 커피 음료 섭취를 줄이도록 고객을 설득해야 하는 영양사라고 가정해 보자. 55그램의 설탕이 얼마나 많은 양인지 어떻게 설명하면 될까? 55그램이 티스푼으로 몇 티스푼인지 비교해 설명할 수 있다(정답: 12티스푼). 엠앤엠즈초콜릿과 비교할 수도 있다. 그런데 사이즈 모카 프라푸치노에는 엠앤엠즈 펀사이즈가 한 봉지도 아니고, 두 봉지도 아니고, 무려 세 봉지나 들어 있다. 이제 고객들도 너무 많은 양의 프라푸치노를 마시는 것에 대해 다시 생각해 보게 될까?

가치를 창출하라

영향력 있는 연사는 청중을 압도하는 데이터의 홍수를 피한다. 대신에 몇 가지 중요한 통계를 선택해서, 비전문가도 쉽게 이해하고 기억할 수 있는 구체적인 예를 사용해 그 데이터 항목을 중심으로 이야기를 만들어낸다. 구글 수석 이코노미스트인 할 베리안 Hal Varian 박사는 "데이터를 이해하고, 처리하고, 가치를 추출하고, 시각화하고, 전달할 수 있는 능력은 향후 수십 년 동안 매우 중요한 기술이 될 것"이라고 말한다.[9]

여러분이 독자나 청중이 데이터에 공감할 수 있게 만들어주면, 그들은 새로운 방식으로 숫자를 이해할 수 있게 된다. 이렇게 설득력 있는 소통 기술을 개발하면 숫자로부터 받는 좌절을 기회로 재구성하는 능력을 키울 수 있는데, 이는 다른 사람들이 여러분의 아이디어를 실천하도록 설득하는 데 핵심 요소로 작용한다.

나는 여러분 자신이 자기 이야기를 하지 않으면 다른 누군가가 대신 이야기할 것이라고 말하곤 한다. 그리고 다른 사람이 하는 이야기는 여러분 마음에 들지 않을 수 있다. 예를 들어, 세상에서 가장 부유한 사람들은 늘 타깃이 된다. 활동가, 규제 당국, 대중 매체는 대중이 최고 위치에 있는 사람이나 기업에 관심이 많다는 것을 알고 있다. 2018년 한 인터뷰에서 베조스는 세계 최고 부호로 선정된 것에 대해 어떻게 생각하느냐는 질문을 받았다. 그는 답했다. "저는 그런 타이틀을 원한 적이 없습니다. 세계에서 두 번째로 부유한 사람이 된 것만으로도 충분했거든요."[10] 청중은 베조스가 어떤 의미로 그 말을 했는지 정확히 알고 있었기 때문에 웃었다.

이 인터뷰 중에, 베조스는 2년 뒤 2020년 주주 서한에서 재차 언급하게 될 지표를 소개했다. 먼저 베조스는 아마존이 1조 6,000억 달러에 달하는 주주들의 부를 창출한 사실을 인정했다. 물론 그 자신도 주주였다. 그렇지만 "1조 4,000억 달러의 부를 창출한 주식 중 8분의 7 이상은 다른 사람들이 소유하고 있습니다."[11] 누구일까? "연기금, 대학 그리고 401(k)(401(k)는 미국의 퇴직 연금 제도를 말한다_역주)죠." 그런 다음 베조스는 1997년에 독서광이었던 열두 살짜리 아들 라이언에게 아마존 주식 2주를 선물한 메리와 래리 부부에게서 받은 편지를 보여주며, 아마존이 창출한 부를 한층 개인화했다. 그 주식 2주는 보유 기간 동안 여러 번 분할되어 24주가 됐다. 2021년 아마존 주식은 주당 3,000달러가 넘는 가격에 거래되었다. 라이언은 자신이 보유한 주식 중 일부를 매도해 집을 사는 데 보탰다. 메리와 래리 부부는 이렇게 썼다. "아마존 주식 2주는 우리 가족에게 엄청난 영향을 미쳤습니다. 우리는 해마다 아마존의 가치가 성장하는 것을 즐겁게 지켜봤고, 이건 다른 사람들과 기분 좋게 나눌 수 있는 이야기가 되어주었습니다."

베조스는 편지 이야기와 그를 뒷받침하는 데이터를 사용해 다음과 같은 조언을 했다. "여러분이 사업에서 (더 나아가 인생에서) 성공하고 싶다면, 여러분이 소비하는 것보다 더 많은 것을 창출해 내야 합니다. 여러분의 목표는 여러분과 영향을 주고받는 모든 사람을 위한 가치를 창출하는 것이어야 합니다. 겉보기에는 성공한 것처럼 보일지라도, 사업과 관련된 사람들을 위한 가치를 창출하지 못하고서는 그 어떤 사업도 오래 가지 못합니다. 사라지고 말 겁니다." 우리는 이야기를 통해 생각한다는 사실을 잊지 말자. 데이터를 이야기에 담아 전달하면 청자나 독자가 여러분의 메시지를 훨씬 더 쉽게 이해할 수 있다.

여러분의 청자가 데이터에 공감하게 할 수 있다면, 여러분이 창출하는 가치를 그들에게 보여줄 수 있다. 여러분의 스타트업이 제공할 가치(회사의 수익 규모, 목표 달성 시기, 투자금 회수 시점 등)를 보여주자. 새 직장에 고용된 후 여러분이 제공할 수 있는 가치를 보여주자(여러분이 전 직장에서 매출을 25퍼센트 늘린 경험이 있다면 어떻게 그러한 성과를 냈고, 또 어떻게 같은 성과를 낼 수 있는지 설명해 보자). 여러분의 업무가 고객과 직원에게 제공하는 가치(시간과 비용을 절약해 주거나 더 많은 매출을 창출하는 데 도움을 주는 등)를 보여주자. 모든 사람을 위한 가치를 창출해야 한다는 베조스의 말은 값진 교훈을 제시한다. 그러나 때로는 이러한 교훈을 얻는 데 그치지 않고, 여러분이 직접 나서서 보여주어야만 한다.

THE BEZOS BLUEPRINT

16장

갤로 메소드:
15초 안에 아이디어 설득하기

다른 사람들과 소통하고 대화하며
자신의 아이디어를 전달할 수 없다면
자신이 가진 잠재력을 포기하는 것입니다.

_ 워런 버핏

퓰리처상을 수상한 역사학자 도리스 컨스 굿윈Doris Kearns Goodwin은 50년 이상 리더십을 연구해 왔다. 그녀는 리더십의 본질을 "자신의 재능, 기술, 감성 지능을 사용해 사람들을 공동 목적에 맞게 결집시키는 능력"이라고 말한다.¹

스티븐 스필버그 감독의 영화 〈링컨〉에 영감을 준 《권력의 조건Team of Rivals》의 저자이기도 한 굿윈은, 훌륭한 리더는 사람들이 서로가 공동 목표를 향해 나아가는 여정의 일부임을 느낄 수 있게 하는 이야기를 통해 소통한다고 말한다.

훌륭한 리더는 회사가 누구를 위해 일하고, 어떤 문제를 해결하고, 어떻게 이해관계자 모두의 삶을 풍요롭게 할지에 대한 비전을 갖고 있기 때문에, 성공적인 회사를 만들 수 있다. 커뮤니케이션은 이러한 비전을 중심으로 사람들을 연대하게 하고, 그들이 장대한 여정을 함께할 동반자가 되도록 설득할 수 있는 열쇠다.

갤로 커뮤니케이션 그룹에서 우리는 한 페이지에 여러분의 이야기를 담을 수 있는 템플릿을 개발했다. 우리는 명확하고, 간결하며, 설득력 있는 메시지를 작성하기 위한 템플릿을 '갤로 메소드Gallo Method'라 부른다. 갤로 메소드의 목적은 여러분의 여정에 동참하여 여러분의 아이디어를 실천해 달라고 사람들을 설득하는 것이다. 이 템플릿은 여러분의 여정에 동참하는 사람들을 현재의 위치에서 여러분이 원하는 목적지로 안내하는 가이드 역할을 한다.

갤로 메소드는 유연하고, 간단하며, 확장성이 뛰어나다. 따라서 15초짜리 제안 설명 자료나 15분짜리 프레젠테이션을 만들 때 모두 사용할 수 있다. 갤로 메소드는 여러분이 이 책에서 배운 개념, 즉 글쓰기, 로그라인 만들기, 이야기 전달하기, 의미 있고 기억에 남는 데이터 만들기, 유추와 은유로 표현하기 등을 총망라한다. 앞서 우리가 논의한 여러 커뮤니케이션 도구 외에 효과적인 메시지 맵$_{map}$을 만드는 데 중요한 요소가 한 가지 더 있다. 바로 '3의 법칙'이다.

커뮤니케이션에서 가장 강력한 숫자

3의 법칙은 고대와 현대의 문화와 문학을 관통하는 커뮤니케이션의 한 요소다. 3의 법칙은 인간의 뇌는 세 가지 이상의 정보를 단기 기억으로 '쉽게' 저장할 수 없다는 이론이다. 전화번호와 같은 세 자리 이상의 긴 숫자를 외울 때에도 우리는 숫자를 서너 개씩 묶어서 외운다.

양자 물리학자 도미닉 월리먼$_{Dominic\ Walliman}$은 3의 법칙을 이해하면 누구에게나 무엇이든 전달할 수 있다고 말한다. 월리먼의 전문 분야는 물리학, 나노 기술, 로켓 과학과 같이 어렵고 복잡한 주제를 단순화해 어린이 책을 쓰고 유튜브 동영상을 제작하는 것이다. 그는 자기 자신만큼 특정 주제에 익숙하지 않은 사람들에게 그 주제를 설명하고자 할 때, 너무 깊이 들어가서는 안 된다고 조언한다. 사람들은 한 번에 일정한 양의 정보만 받아들일 수 있다. 월리먼에 따르면, "처음부터 많은 정보를 쏟아내 지금까지의 모든 노력이 수포로 돌아가도록 하기보다는 상대방이 이해할 수 있는 세 가지 정도만 설명하는 것이 좋다."[2]

조지타운 대학교 연구진은 "세 개는 매력적인 반면, 네 개는 불편하게 느껴질 수 있다"는 사실을 발견했다. 연구의 목표는 소비자가 특정 제품의 메시지를 다른 메시지보다 더 매력적으로 느끼는 이유를 밝혀내는 것이었다. 연구 결과 소비자는 제품 설명에 세 가지 정보가 담겨 있을 때 설득력이 있다고 느끼는 것으로 나타났다. 제품 설명 정보가 네 가지, 다섯 가지 또는 그 이상으로 늘어나기 시작하면, 소비자는 흥미와 관심을 잃는다. 또한 제품을 판매하거나 아이디어를 제안할 때, 한 가지 메시지만으로 여러분의 주장을 뒷받침할 경우에도 설득력이 떨어진다.[3] 여러분의 주장을 입증하는 메시지는 한 개보다 두 개가 낫다. 그런데 세 개는 차원이 다르다. 3은 마법의 숫자다.

주목할 만한 한 연구에 따르면 3의 법칙은 스타트업과 벤처캐피털 투자 세계에서 널리 사용되고 있다. 클라우드 기반의 문서 공유 플랫폼인 독센드DocSend는 데이터 기반 설문조사를 실시한 결과, 투자자들이 제안 설명 자료를 검토하는 데 평균 3분을 쓴다는 사실을 발견했다. 투자자들은 창업자가 3명인 스타트업에 더 많은 자금을 투자한다. 그리고 투자자들은 제안 설명 자료 중 3개 슬라이드, 즉 솔루션, 제품, 팀에 관한 슬라이드를 검토하는 데 대부분 시간을 할애한다. 다시 말해서, 제안 설명 자료의 슬라이드 20개 중 3개가 특히 더 중요하다는 의미다.[4]

제프 베조스와 같이 유능한 커뮤니케이터는 세 가지로 나눠 이야기한다.

- "아마존에서 우리가 18년간 지켜온 세 가지 핵심 개념이 있습니다. 우리를 성공으로 이끈 개념들은 바로 '고객을 최우선으로 삼아라', '발명하라', '인내하라'입니다."
- "성공의 열쇠는 인내, 끈기, 세부 사항에 대한 집착입니다."
- "아마존의 성공은 선택의 폭, 편의성, 저렴한 가격이라는 세 기둥 위에 이루어졌습니다."

- "격변하는 세계 경제 속에서 우리의 기본 접근 방식은 변함없이 유지됩니다. 우리는 일에 몰두하고, 장기적인 관점에 집중하고, 고객에게 집착합니다."
- "우리는 직원 채용을 결정하기 전에 세 가지 질문을 던져 보라고 권합니다. 이 사람에게 감탄할 점이 있는가? 이 사람이 그룹의 효율을 높여줄 수 있을까? 이 사람은 어떤 면에서 슈퍼스타가 될 수 있을까?"
- "열심히 일하고, 재미있게 즐기고, 역사를 만들어 갑시다."

갤로 메소드 메시지 맵 템플릿

갤로 메소드 메시지 맵_{Gallo Method Message Map} 템플릿은 '3의 법칙'을 활용해 이야기를 강화하는데, 다음 순서로 진행한다.

첫째, 로그라인 초안을 작성한다. '청중이 알았으면 하는 가장 중요한 것이 무엇인가'라고 자문해 보자. 로그라인은 구체적이고, 명확하고, 간결해야 한다. 로그라인은 30단어를 넘지 않아야 한다(10단어 정도면 더 좋다). 140자 트위터 게시물로 로그라인을 올릴 수 없다면 너무 긴 것이다. 베조스가 아마존에 대해 반복해 말한 내용을 떠올려 보자. "우리의 사명은 세상에서 가장 뛰어난 고객 중심 기업이 되는 것입니다." 10단어로 작성된 비전이다. 여러분의 비전을 간결하고 대담하게 표현해 보자.

둘째, 세 가지 메시지를 작성해 로그라인을 강화한다. 여러분의 핵심 개념보다 더 중요한 메시지는 없다. 세 가지 메시지는 큰 그림을 뒷받침하는 역할을 한다.

셋째, 이야기, 데이터, 유추를 통해 메시지에 생동감을 불어넣는다. 이러한 비유적 표현은 여러분의 메시지를 강화해 설득력을 높여준다.

메시지 맵을 이해하기 위해 간단한 제품 중 하나인 셔츠를 예로 들어 보자.

언럭잇_{UNTUCKit}은 뉴욕에 본사를 둔 소매업체로 바지 속에 집어넣지 않아도 되는 셔츠를 유행시켰다. 언럭잇의 창업자 크리스 리코보노_{Chris Riccobono}는 효과적인 커뮤니케이션을 연구하는 기업가다. 리코보노는 말한다. "여러분이 경쟁업체와 차별화할 수 있는 점을 한 문장으로 설명할 수 없다면 시간 낭비를 하고 있는 겁니다."[5] 언턱잇의 차별점은 "집어넣지 않고 입을 수 있는 셔츠"라는 하나의 로그라인으로 압축될 수 있다. 이 여섯 단어는 언턱잇이라는 회사와 그 회사가 판매하는 제품에 대해 여러분이 알아야 할 거의 모든 것을 말해 준다. 또 이 여섯 단어는 웹 사이트, 소매점, 소셜 미디어, 공개 프레젠테이션 등 회사의 모든 플랫폼에서 일관되게 사용된다.

전달하고자 하는 메시지는 거기서 멈추지 않는다. 언턱잇은 '완벽한 길이', '모든 체형과 사이즈에 맞는 옷', '셔츠를 바지에 집어넣지 않아도 보기 좋은 밑단'이라는 세 가지 보조 메시지를 전달한다.

이 모든 메시지는 갤로 메소드 메시지 맵 템플릿에 쉽게 담길 수 있다. 세 메시지는 매우 간결하며, 북미와 영국에 있는 실제 매장 80여 곳의 벽면에 표기되어 있다. 그림 16.1은 언턱잇의 메시지 맵을 보여준다.

● 그림 16.1: 언턱잇 메시지 맵

언턱잇은 간단한 제품 예시다. 여러분은 회사 창업, 제품 판매, 아이디어 제안, 취업 면접을 포함한 모든 유형의 커뮤니케이션을 준비하는 데 갤로 메소드를 사용할 수 있다.

예를 들어, 나는 이 장을 집필하던 주에 시가총액 1,000억 달러의 영향력 있는 상장 기술 회사 CEO를 만났다. 투자 커뮤니티는 해당 업계의 동향을 참고하기 위한 지표로서 이 회사의 분기별 실적을 기다리고 있었다.

CEO 사무실에 딸린 대형 회의실에서 CEO를 만났을 때, 그는 한 시간 동안 회사를 담당하는 주식 분석가들과 복잡한 논의가 오간 분기별 재무 보고 전화 회의를 막 마친 참이었다. 투자자들은 일반 CNBC 시청자들보다 그 회사에 대해 더 많이 알고 있었기 때문에, 내 임무 중 일부는 CEO를 복잡한 상황에서 끌어내 문제를 더 명확하게 파악할 수 있게 하는 것이었다. 우리는 로그라인과 세 가지 보조 메시지로 구성된 메시지 맵을 제작하기로 했다.

먼저 로그라인부터 작성해야 했다. "투자자들이 이 회사에 대해 알았으면 하는 한 가지는 무엇인가요?" 내가 물었다.

CEO는 길고 복잡한 답을 내놨다. "강력한 기술 리더십과 체계적인 재무 관리 덕분에, 우리 회사가 핵심 활동에 영향을 미치는 시장 동향을 활용할 수 있는 유리한 위치에 있다는 것입니다."

"그러니까, 회사의 재무 상태가 건실하고, 제품 믹스$_{\text{product mix}}$(생산하거나 판매하는 모든 제품의 집합을 말한다_역주)에 대해서도 낙관적이라는 말씀이시죠?" 나는 다시 물었다.

"물론입니다. 지금 그 어느 때보다 상황이 낙관적입니다."

"그럼 본론으로 들어가 보죠. 투자자들이 알고 싶어 하는 것은 딱 한 가지입니다. 이 회사가 어느 때보다 더 건실하고 강하다는 사실이죠. 그들에게 이 사실을 명확하고 간결하게 전달해야 합니다."

인터뷰를 위한 로그라인이 구체화되기 시작했고, 다음과 같은 로그라인이 작성됐다.

저희 회사는 그 어느 때보다 건실하고 강합니다.

다음으로 투자자들이 알고 싶어 하는 내용, 알아야 하는 내용, 알아야 하지만 (아마도) 모르는 내용을 전달하는 세 가지 메시지로 로그라인을 뒷받침하는 작업을 진행했다.

CEO는 재무팀과 내 의견을 수렴해 다음과 같은 세 가지 보조 메시지에 집중하기로 결정했다.

- 1. 모든 제품 카테고리에서 기록적인 매출을 달성했습니다.
- 2. 제품 가격이 매우 높게 유지되었기에, 다음 분기 매출과 영업 이익 추정치를 상향 조정했습니다.
- 3. 데이터 센터, 5G 휴대 전화, 전기 자동차, 회사의 성장을 견인하는 이 세 부문에서 미래 수요 동향이 강세를 보였습니다.

CEO가 인터뷰를 마친 다음 날 아침, CNBC는 회사의 분기 실적을 '폭발적 성과_{blowout}'라고 칭하며 CEO의 발언을 보도의 헤드라인으로 사용했다. 텔레비전 기자들이 기삿거리를 쉽게 찾은 이유는 우리가 그 내용을 이해하기 쉽게 만들었기 때문이다.

개인 코칭

갤로 메소드를 따라 다음에 수행할 투자 설명회나 프레젠테이션을 위한 내용을 구성해 보자. 그림 16.2가 제시하는 메시지 맵 템플릿을 사용해 로그라인과 세 가지 보조 메시지 초안을 작성할 수 있다.

첫 번째 단계는 글쓰기를 시작하는 것이다. 그다음 불필요한 내용을 삭제하고, 편집하고, 문장을 다듬을 수 있다. 다른 사람들과 함께 작업하면서 그들의 의견도 수렴하도록 하자. 메시지 맵을 완성하면 한 페이지의 간결하고 이해하기 쉬운 이야기를 얻게 될 것이다. 발표, 담화, 인터뷰를 진행하기 위해 그 내용을 숙지하도록 하자.

이제 메시지 맵을 프레젠테이션 슬라이드의 개요로 사용해 보자. 메시지 맵을 팀과 공유하면 모두가 같은 정보를 확인할 수 있다. 웹 사이트 개발자나 회사의 마케팅 자료를 작성하는 사람에게도 메시지 맵을 전달해 보자. 메시지 맵은 한 페이지에 담긴 여러분의 이야기다.

• 그림 16.2: 메시지 맵 템플릿

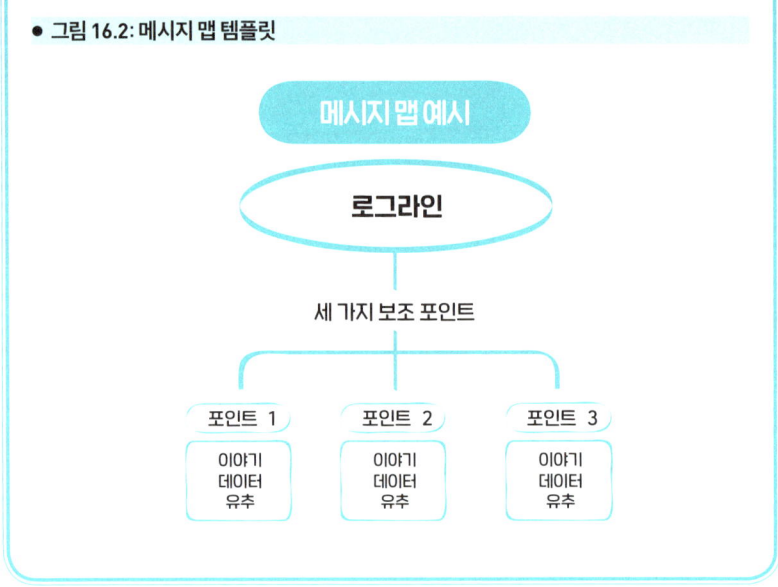

하버드에서 내 수업을 듣는 한 임원은 팀의 가상 회의를 더욱 효과적이고 효율적으로 만들기 위해 메시지 맵 개념을 도입했다. 콜린$_{Colin}$은 유럽에서 두 번째로 큰 금융 서비스 회사에서 일하며 직원 60명으로 구성된 자산관리팀을 이끌고 있다. 콜린의 팀은 부유한 고객을 대신해 돈을 투자한다.

콜린은 수업이 끝나고 내게 이렇게 말했다. "메시지 맵은 믿을 수 없을 정도로 훌륭했습니다. 저희 팀이 고객 프레젠테이션을 준비하는 데 걸리는 시간을 50퍼센트나 단축해 줬어요."

콜린의 팀은 신규 고객을 유치하기 위한 프레젠테이션과 기존 고객에게 최신 정보를 제공하기 위한 프레젠테이션, 일주일에 최소 두 번의 프레젠테이션을 준비해 수행한다. 갤로 메소드를 사용하면 팀원 중 일부가 프레젠테이션을 통해 서로 다른 청중과 나눌 대화에 맞는 개별 메시지를 쉽게 작성할 수 있다. 나머지 팀원들은 논의의 흐름을 한 페이지에서 쉽게 확인할 수 있다.

또한 메시지 맵은 프레젠테이션 길이를 슬라이드 30개에서 10개로 줄여줬다. 로그라인은 한 슬라이드에 담겨 전달되고, 다음으로 세 가지 보조 메시지를 강화하기 위한 슬라이드 두세 개가 이어졌다. 그림 16.3은 메시지 맵 템플릿을 활용해 구성한 14개 슬라이드 레이아웃을 시각화한 것이다.

● 그림 16.3: 메시지 맵 템플릿으로 구성한 14개 슬라이드 레이아웃

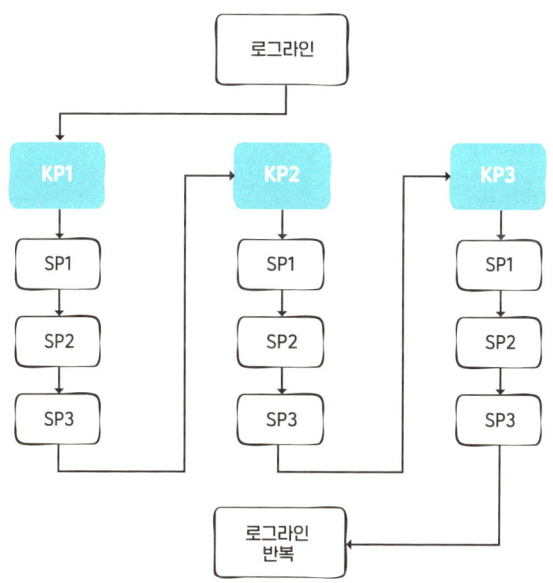

(KP= 핵심 포인트, SP= 보조 포인트)

갤로 메소드는 시간도 절약했다. 아주 간단한 메시지 맵 덕분에 팀은 각 프레젠테이션을 준비하기 위해 세 차례에 걸쳐 30분 회의를 여는 대신, 한 차례의 30분 회의만으로도 프레젠테이션 내용을 조율할 수 있었다. 갤로 메소드 템플릿을 사용하면서 프레젠테이션 준비에 소요되는 회의 시간이 3분의 2만큼 줄어든 것이다.

고객들도 매우 좋아했다. 45분 동안 업데이트가 끝날 때까지 지켜보는 대신 20분만에 필요한 정보를 얻을 수 있었고, 나머지 20분은 팀과 소통하는 데 사용할 수 있었기 때문이다. 대부분 고객이 프레젠테이션이 아주 간단하고 이해하기 쉽다고 여겼으며, 결과물에 만족했고, 바쁜 일상 속에서 시간을 절약하게 되어 기쁘다고 말했다.

콜린은 내게 전했다. "25년 동안 금융 분야에서 일하면서, 저는 팀을 단결시키고 명확하고 간결한 프레젠테이션을 만드는 데 있어 이보다 더 간단한 커뮤니케이션 도구를 접해본 적이 없습니다."

시인 헨리 데이비드 소로Henry David Thoreau는 파워포인트가 발명되기 거의 200년 전에 태어났다. 그러나 "단순하게, 단순하게, 단순하게 살아라! 백 가지나 천 가지 일이 아닌 두세 가지 일을 할 수 있도록 하라"고 적었을 때, 그는 오늘날의 커뮤니케이터들을 향해 말하고 있었는지도 모른다.

훌륭한 리더는 대담한 비전을 갖고, 공동 목표를 중심으로 사람들을 성공적으로 결집시킨다. 분명히 말하지만, 그들은 자신이 할 말을 단순한 구조에 영리하게 담아서, 미리 공들여 준비해 온 것이다. 그들은 자신이 어디로 가고 있는지 잘 알고 있고, 명확하고 단순한 로드맵을 선택해 다른 사람들이 그 여정에 동참하도록 설득한다.

THE BEZOS BLUEPRINT

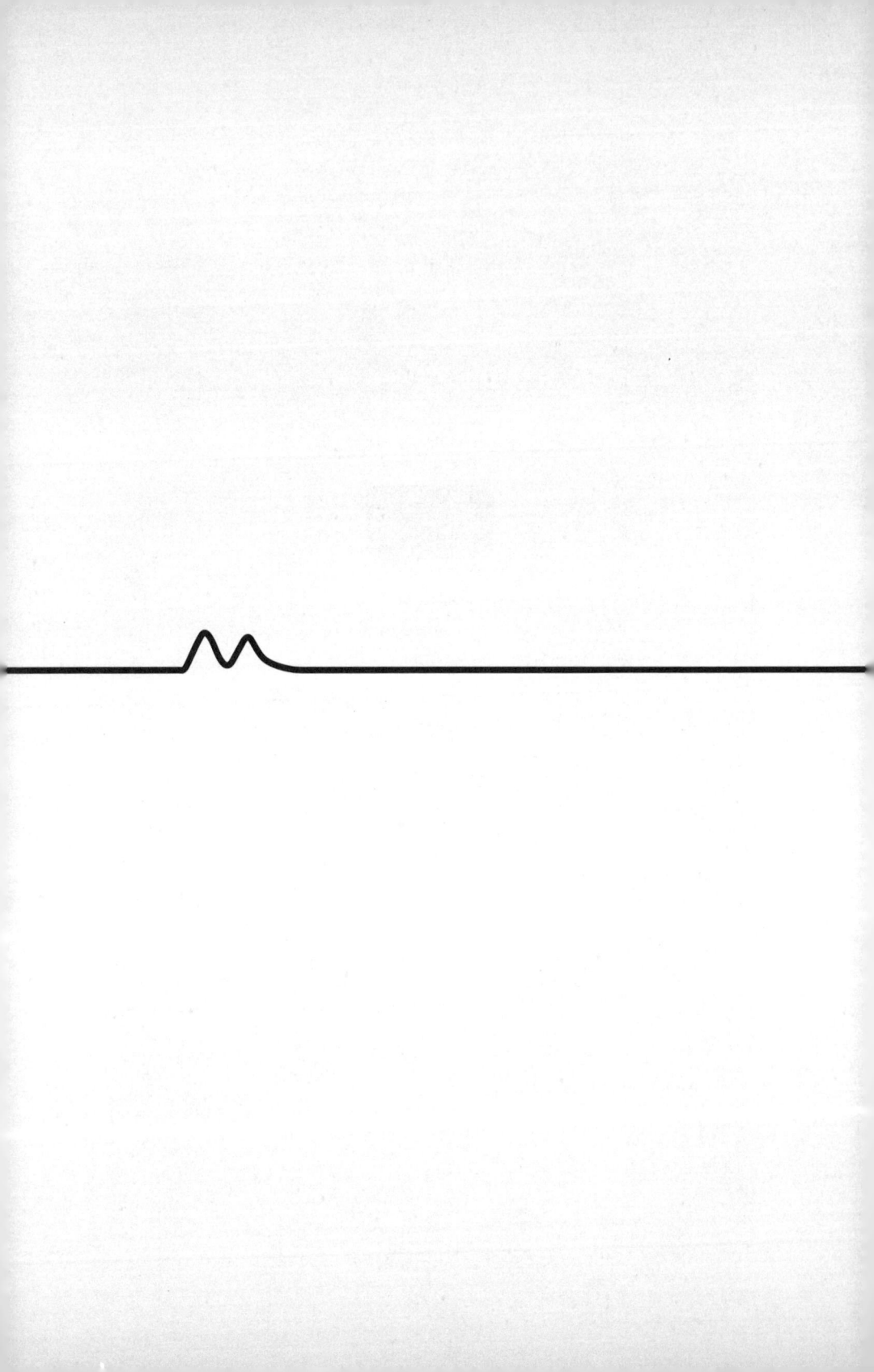

발명하고 방황하라

**여러분이 열정을 선택하는 게 아닙니다.
여러분의 열정이 여러분을 선택하는 겁니다.**

_제프 베조스

THE BEZOS BLUEPRINT

창의성은 혁신, 리더십, 커뮤니케이션의 필수 요소다. 하지만 창의성을 최대한 발휘하려면 창의성을 제대로 발휘할 수 있는 환경을 먼저 조성해야 한다.

획기적인 아이디어는 갑자기 떠오르는 게 아니다. 컴퓨터 화면의 빈 페이지를 응시하고 있다가 갑자기 창의적인 아이디어가 불쑥 떠오르는 경우는 거의 없다. 통찰은 그보다는 다음과 같은 다섯 가지 조건이 충족될 때 생겨난다.

첫째, 충분한 수면을 취해야 한다.

베조스는 말한다. "저는 여덟 시간 수면을 취하는 데 매우 집중하는 편입니다. 잠을 잘 자고 나면 좋은 생각이 더 잘 떠오르고, 더 많은 에너지를 얻습니다."[1] 베조스는 일어나자마자 업무에 바로 뛰어들지 않는다. 실제로 그는 매일 아침 시간을 따로 내 '빈둥거리기'를 좋아한다. 그는 신문을 읽고, 커피를 마시고, 아이들과 함께 아침 식사를 즐긴다. 베조스는 자신의 에너지가 가장 충만한 오전 10시에 첫 번째 중요한 회의를 잡는다. 베조스에 따르면, 리더는 하루에 몇 가지 중요한 양질의 결정을 내리는 대가로 급여를 받는다. 그는 양질의 결정을 세 번 정도 내릴 수 있다면 평균 이상은 하는 것이라고 말한다. 충분한 수면을 취함으로써, 양질의 결정을 내리고 새로운 아이디어를 떠올릴 수 있는 에너지를 얻을 수 있다.

둘째, 활동적으로 지내야 한다.

스티브 잡스는 긴 산책을 하며 진지한 대화를 나누는 것을 선호했다. 애플과 픽사 직원들은 회의실에서 하는 회의보다 '브레인스토밍 산책brainstorming walk'이 훨씬 더 생산적이었다고 회상한다. 잡스가 가장 독창적인 아이디어를 떠올린 곳도 바로 산책로였다.

스탠퍼드 연구에 따르면, 산책은 창의력을 60퍼센트까지 향상시킨다고 한다.[2] 해당 연구 참가자들은 독창적이거나 혁신적인 아이디어를 평가하는 '확산적 사고divergent thinking' 테스트를 받았다. 연구진은 참가자들이 산책을 하고 있을 때와 앉아 있을 때에 각각 그들을 테스트하고 평가했다. 그 결과, 대부분 참가자가 활동적인 상태에서 훨씬 더 창의적이었다.

우리 뇌는 하루에 최대 12마일(약 19킬로미터)을 걷던 조상을 거쳐 진화했기 때문에, 걷는 행위는 여전히 독창적인 아이디어를 불러일으키는 도화선 역할을 한다. 교실에 몇 시간씩 앉아 있거나, 하루 종일 줌 통화를 하거나, 디지털 기기 화면을 응시하면서 창의력이 샘솟기를 기대하는 것은 자연스럽지 못하다. 잠을 자고, 활동적으로 움직이고, 이리저리 빈둥거릴 때 아이디어가 나온다. 창의적인 아이디어는 억지로 만들어낼 수 없다. 적절한 조건에서 자연스럽게 창의성이 발휘될 수 있도록 해야 한다.

셋째, 열정이 여러분을 선택할 수 있게 해야 한다.

"닐 암스트롱은 제가 다섯 살 때 달 표면을 밟았고, 그때부터 저는 우주, 로켓, 로켓 엔진, 우주여행에 대한 열정을 품어 왔습니다." 베조스는 우주 탐사 기업인 블루 오리진에 몰두하기 위해 아마존 CEO에서 물러나는 이유를 설명하면서 이렇게 말했다. "저는 우리 모두가 열정을 갖고 있다고 생각합니다. 그렇지만 열정은 여러분이 선택할 수 있는 게 아닙니다. 열정이 여러분을 선택하는 것이죠. 그렇다고 방심해서는 안 됩니다. 여러분이 열정을 좇아야 합니다."[3]

넷째, 무엇이든 다 배우려는 사람이 돼야 한다.

아마존의 리더십 원칙 중 하나는 "학습하고 호기심을 가져라Learn and Be Curious"이다. 리더는 배우기를 멈추지 않고 항상 자신을 발전시키기 위해 노력한다. 세상에는 두 유형의 사람이 있다. 바로 '모든 것을 다 안다고 생각하는 사람'과 '무엇이든 다 배우려는 사람'이다. 급변하는 세계 환경 속에서는, 오직 끊임없이 학습하는 사람만이 세상을 발전시킬 독창적인 아이디어를 개발할 수 있다.

전기 작가 월터 아이작슨은 제프 베조스가 레오나르도 다빈치를 떠올리게 한다고 말한다. "즐거움으로 가득 찬 그의 노트에서 우리는 활기가 넘치고 장난기 가득한 호기심으로 자연계의 모든 분야를 춤추듯 누비고 다니는 그의 마음을 엿볼 수 있다. (…) 제프 베조스는 그러한 특성을 구체화하고 있다. 그는 아직 자신의 경이로운 시절을 벗어나지 않았다. 여전히 그는 만족할 줄 모르는 어린아이처럼, 거의 모든 것을 알고 싶어 하는 즐거운 호기심을 갖고 있다."[4]

마지막으로 다섯째, 한계 없는 마음가짐을 함양해야 한다.

세상을 바꾸는 기업가들은 그들이 하는 거의 모든 일에서 현상 유지 편향status quo bias과 적극적으로 싸운다. 현상 유지 편향은 우리가 새로운 것을 시도하기보다는 현재의 방식을 선호하는 경향이 있음을 말해 준다. 베조스는 온라인 서점에 대한 아이디어를 제안하면서 이러한 편향된 사고를 이겨냈다. 그는 전자 상거래, 스트리밍 엔터테인먼트, 클라우드 컴퓨팅, 당일 배송, 우주 탐사 등과 같은 '정신 나간' 아이디어를 추구하면서도 현상 유지 편향을 극복해 냈다. 그 어떤 것도 더 이상 무모해 보이지 않았다.

베조스는 자신의 아이디어에 제약을 두지 않았다. "달에 간다는 생각이 너무나도 현실성이 없는 나머지, 과거 사람들은 실제로 그 개념을 불가능에 대한 은유로 사용하곤 했죠. 여기서 여러분이 배웠으면 하는 것은, 마음만 먹으면 무엇이든 할 수 있다는 겁니다."[5]

성공하고 창의성을 발휘할 수 있는 환경을 조성했을 때, 비로소 여러분의 진가가 드러날 것이다. 다들 여러분이 그저 보통 사람이 되길 바라는 세상에서, 차별화 전략은 여러분이 살아남는 데 꼭 필요한 열쇠다. 베조스는 CEO로서 마지막으로 보낸 주주 서한에서 세상이 여러분을 평범하게 만들려 드는 와중에, 차별화된 사람이 되려면 노력이 필요하다고 썼다. 다른 사람들처럼 사는 편이 더 쉽고, 에너지도 덜 든다.

"우리 모두가 특수성과 독창성이 가치 있다는 것을 알고 있습니다. 하지만 세상은 여러분이 평범한 사람이 되기를 바라며 수천 가지 방법으로 여러분을 방해할 겁니다. 그런 일이 벌어지지 않도록 하세요."[6]

독창적인 사람이 되려면 지속적인 노력, 평생 교육, 충분한 에너지, 끊임없는 열정이 필요하다. 베조스는 "여러분이 처한 환경에 절대로, 절대로, 절대로 순응하지 마십시오"라고 쓰고는 이렇게 덧붙였다.

"여전히 첫날입니다."

THE BEZOS BLUEPRINT

찾아보기

숫자 & 알파벳

190포인트 규칙 326
3막 구조 187
3의 법칙 364
A/B 테스트A/B test 243
BLOTbottom line on top 123
BLUF 123
J. 피터 킨케이드J. Peter Kincaid 43
O링 얼음물 증명O-ring ice water demonstration 235
PR/FAQ 254
S3 174

한국어

ㄱ

가독성 점수readability score 42
가스 브룩스Garth Brooks 140
가이 가와사키Guy Kawasaki 326
갈등 188
개념 은유 이론conceptual metaphor theory, CMT 142
개리 프로보스트Gary Provost 97
갤로 AMP 모델 299
갤로 메소드Gallo Method 363
경제적 해자economic moat 155
고객 집착customer obsession 315
골드러시gold rush 170
교차 대구법chiasmus 76
귀벌레earworm 현상 78
그래서 요점이 뭐지?So what? 126
그레이록 파트너스Greylock Partners 50
그린 베레Green Berets 31

근거리 도메인 유추 166
글머리 기호 225, 228
기원설Origin Story 211, 216
기하급수적 성장 350
김범석 72
끝장All Is Lost 192

ㄴ

나사NASA 271
나심 니콜라스 탈레브Nassim Nicholas Taleb 74
내러티브narrative 16, 230
내러티브 메모 232
네이트 블레차르지크Nate Blecharczyk 214
노출 치료exposure therapy 295
논쟁Debate 191
능동태 94
닐 블루멘탈Neil Blumenthal 217

ㄷ

다이앤 핼펀Diane Halpern 166
다이앤 스웡크Diane Swonk 157
단순 노출 효과mere-exposure effect 318
단일신화monomyth 208
닷컴dot-com 붕괴 111
대니얼 카너먼Daniel Kahneman 47
대니얼 핑크Danial Pink 22
데이비드 루벤스타인David Rubenstein 284
데이비드 콘웰David Cornwell 101
도리스 컨스 굿윈Doris Kearns Goodwin 71, 363
도미닉 윌리먼Dominic Walliman 364
도서관library 175

동사 수식어 100
드림 인스티튜트DREAM Institute 278
드웨인 '더 록' 존슨Dwayne "The Rock" Johnson 87
디지털 유창성digital fluency 25

ㄹ

로그라인logline 117
로니 코하비Ronny Kohavi 241
로이 피터 클라크Roy Peter Clark 91
루돌프 플레시Rudolf Flesch 42
루크 콤즈Luke Combs 79
리드 헤이스팅스Reed Hastings 210
리사 펠드먼 배럿Lisa Feldman Barrett 47
리처드 듀프리Richard Deupree 232
리처드 파인만Richard Feynman 234

ㅁ

마가리타빌Margaritaville 141
마이클 모리츠Michael Moritz 333
마크 랜돌프Marc Randolph 191, 210
만년 시계ten-thousand-year clock 339
매켄지McKenzie 209
매킨토시 사용 설명서 49
맨먼스 미신The Mythical Man-Month 144
메드트로닉Medtronic 331
메모memo 16
메시지 맵 템플릿 366
메커니즘mechanism 230
멘탈 모델mental model 53

멜라니 퍼킨스Melanie Perkins 212
모의 보도 자료 254, 264
목업mock-up 252
목적purpose 327
목적 옹호자purpose champion 328
목적 중심purpose-driven 기업 317
무한 리필all-you-can-eat 263
문으로 만든 책상 342
문제 단락 258
물구나무서기 배우기 168
미스터비스트MrBeast 119

ㅂ

바네사 갤로Vanessa Gallo 128
백캐스팅backcasting 271
버너 보겔스Werner Vogels 174
버락 오바마Barack Obama 80
버크셔 해서웨이Berkshire Hathaway 52
베스트 바이Best Buy 330
베이글 한 다스 150
병렬 구조 104
보도 자료press release, PR 253
복리 350
부제subheading 257
브라이언 체스키Brian Chesky 214
브래드 스톤Brad Stone 46, 152
브래드 포터Brad Porter 238, 246
브랜들 챔블리Brandel Chamblee 283
브레인스토밍 산책brainstorming walk 378
브렛 마이클스Bret Michaels 140
블루 오리진BLUE ORIGIN 133, 304, 353
비트beat 190
빈 의자 341
빌 위더스Bill Withers 79
빌 카Bill Carr 163, 251
빨간 펜 263

ㅅ

사라 블레이클리Sara Blakely 192
사명mission 316
상징symbol 341
설정 187
세스퀴피데일리언 sesquipedalian 58
세이건 플래닛 워크Sagan Planet Walk 355
솔루션 단락 259
숀다 라임스Shonda Rhimes 118
숀 버튼Shawn Burton 70
수동태 94
순서 파괴Working Backwards 254
스토리텔링 207
스티브 잡스Steve Jobs 306, 324
스티븐 모레Stephen Moret 55
스티븐 킹Stephen King 95
시드 필드Syd Field 187
식스 페이저six-pager 232
싱글 스레드single-thread 146

ㅇ

아담 셀립스키Adam Selipsky 19, 241
아르키메데스Archimedes 165
아리스토텔레스Aristotle 187
아마조니언스Amazonians 19
아마존닷컴Amazon.com 24
아마존 웹 서비스Amazon Web Services 50
아마존 제2본사 56
아마존 프라임Amazon Prime 262
아마존 프라임 비디오Amazon Prime Video 201
아포리즘aphorism 74
애플Apple 324
앤디 그로브Andy Grove 114
앤디 재시Andy Jassy 54, 261
앤 하이엇Ann Hiatt 22
야산타Yasantha 40
어이쿠Ouch 111
얼 바켄Earl Bakken 331

에드워드 터프티Edward Tufte 225
에릭 라슨Erik Larson 67
에어비앤비Airbnb 214
에이브러햄 링컨Abraham Lincoln 71
연속극soap opera 232
영웅의 여정The Hero's Journey 208
오프라식 화법Oprah-speak 256
오프라 윈프리Oprah Gaile Winfrey 256
와비 파커Warby Parker 216
요약 단락 258
워드 판스워스Ward Farnsworth 139
워런 버핏Warren Buffett 52, 77
원거리 도메인 유추 167
원 페이저one-pager 234
월터 아이작슨Walter Isaacson 25, 186
위기 커뮤니케이션crisis communication 69
위베르 졸리Hubert Joly 329
윈스턴 처칠Winston Churchill 67
윌리엄 스트렁크William Strunk 95
윌리엄 진서William Zinsser 95
유발 노아 하라리Yuval Noah Harari 207
유사 관계similarity relationship 167
유추analogy 164
의사소통 17
의사소통 경로 공식 144
이언 플레밍Ian Fleming 94
인드라 누이Indra Nooyi 58
인지적 압박cognitive strain 47
일치alignment 270

ㅈ

자습 시간study hall 238
자주 묻는 질문FAQ 254
자포스Zappos 320
재미와 게임Fun and Games 192
잭 라이언 202

전기의 등장 172
전도사missionary 317
정복왕 윌리엄 1세William the Conqueror 64
정신 소음 이론mental noise theory 69
제니퍼 캐스트Jennifer Cast 264
제리 사인펠트Jerry Seinfeld 85
제목headline 257
제이 엘리엇Jay Elliot 48
제임스 스타브리디스James Stavridis 279
제임스 패터슨James Patterson 113
제프 로슨Jeff Lawson 149
제프 베조스Jeff Bezos 16
제프 와이너Jeff Weiner 24
제프이즘Jeff-isms 75, 229
조 게비아Joe Gebbia 214
조셉 캠벨Joseph Campbell 208
족제비 말weasel word 100, 130
존 도어John Doerr 21
존 로스만John Rossman 341
존 매키John Mackey 240, 327
존 코터John Kotter 316
주문mantra 316
쥘 베른Jules Verne 278
지미 도널드슨Jimmy Donaldson 119
지미 버핏Jimmy Buffett 141
지수 성장 편향exponential growth bias 350

지휘관의 의도Commander's Intent 122
짐 콜린스Jim Collins 151
집착obsession 334

ㅊ

찰스 치터 벨라Charles Cheater Bella 185
참나무oak 164
챌린저호 폭발 사고 235
처리 유창성processing fluency 27
첫날Day 1 28, 137
청사진blueprint 17
촉매제Catalyst 190

ㅋ

캔바Canva 212
커뮤니케이션 기술 24
컬럼비아 우주 왕복선 사고 227
콜린 브라이어Colin Bryar 145, 286
쿠팡 72
크리스토퍼 보글러Christopher Vogler 209
크리스 해드필드Chris Hadfield 154
클레이 크리스텐슨Clay Christensen 114
킨들Kindle 63, 256

ㅌ

태블로Tableau 19
토니 셰이Tony Hsieh 320

톰 알버그Tom Alberg 21
톰 테일러Tom Taylor 147
트윌리오Twilio 149
팀 쿡Tim Cook 127

ㅍ

파괴적 기술disruptive technology 114
파워포인트의 인지 스타일 The Cognitive Style of PowerPoint 225
파워포인트 프레젠테이션 226
프라임 데이Prime Day 263
프레데릭 랄롱드Frederic Lalonde 147
프록터 앤드 갬블Procter & Gamble 232
플라이휠flywheel 152
플레시-킨케이드Flesch-Kincaid 테스트 43
피자 두 판 팀two-pizza teams 144

ㅎ

해결 190
현상 유지 편향status quo bias 379
호퍼Hopper 147
홀 푸드Whole Foods 240, 327
화이트 패스 트레일White Pass Trail 171
확산적 사고divergent thinking 378
훅hook 78